AF318792

EFFETS INTERNATIONAUX

DES

JUGEMENTS

EN

MATIÈRE CIVILE

EFFETS INTERNATIONAUX

DES

JUGEMENTS

EN

MATIÈRE CIVILE

PAR

FÉLIX MOREAU

AVOCAT, DOCTEUR EN DROIT

———

(Ouvrage couronné par la Faculté de Droit de Bordeaux)

PARIS

L. LAROSE & FORCEL

LIBRAIRES-ÉDITEURS

22, RUE SOUFFLOT, 22

—

1884

BIBLIOGRAPHIE

Dans le but de simplifier et de réduire les renvois aux diverses autorités que nous citerons, nous avons cru devoir indiquer les principaux auteurs qui ont écrit sur la matière. Cette bibliographie ne mentionne pas les ouvrages généraux de Droit civil et de Procédure que chacun connaît.

DELL'ADAMI. — De l'exécution des jugements étrangers, *Magyar Thémis*, Buda-Pesth, 1879.

D'AGUESSEAU. — *Œuvres*, Paris, 1759-89.

ALEXANDER. — De l'exécution des jugements étrangers en Angleterre dans le *Journal de Droit international privé*, 1878, p. 22 ; 1879, p. 135 et 516.

Annuaire de Législation étrangère, publié par la Société de Législation Comparée, Paris, 1872-82.

Annuaire de l'Institut de Droit International, 1877-81.

ANTHOINE DE SAINT-JOSEPH. — *Concordance entre les Codes civils étrangers et le Code Napoléon*, 2ᵉ éd., Paris, 1856.

D'ARGENTRÉ. — *Commentarii in patrias Britonum leges, seu consuetudines generales antiquissimi ducatus Britanniæ, aliique tractatus*, 1621.

ASPIROZ. — *Codigo de Extranjera*, compte rendu par M. *Montluc* dans le *Bulletin de la Société de Législation comparée*, 1876, p. 380.

ASSER. — De l'effet ou de l'exécution des jugements rendus à l'étranger en matière civile et commerciale, dans la *Revue de Droit international privé*, publiée à Gand, 1869.

AUBRY. — De l'exécution des jugements rendus par un tribunal étranger, trad. libre d'un article de *Mittermaier*, *Archiv für die civilitische Praxis*, t. XIV, p. 84. — *Revue étrangère et française*, t. III, 1836, p. 127 et 165.

BAR. — *Das International Privat und Strafrecht*, Hanovre, 1862.

BARDE. — *Théorie traditionnelle des Statuts, ou principes du Statut réel et du Statut personnel d'après le droit civil français*. Bordeaux, 1880. (Thèse pour le doctorat.)

BARTOLE. — Omnia quæ exstant opera, 1602.

BASNAGE. — *Traité des Hypothèques*. Rouen, 1709.

BASNAGE. — *Commentaire sur la coutume de Normandie*. Rouen, 1709.

BEACH-LAWRENCE. — *Commentaire sur les éléments du droit international de Whealon*. Leipzick, 1868-1880.

BERTAULD. — *Questions pratiques et doctrinales du Code Napoléon*. Paris,
1869.

BLUNTSCHLI. — *Droit International codifié*, trad. par M. *Lardy*, 2° éd. Paris
1874.

BONFILS. — *De la compétence des tribunaux français à l'égard des étrangers*
Paris, 1865.

BONIFACE. — *Arrêts notables de la Cour du Parlement de Provence, de la Cour
des Comptes, Aides et Finances du même pays*. Lyon, 1689-1708.

BONNIER. — *Traité des Preuves en droit civil et en droit criminel*, 4° éd.
Paris, 1873.

BOUCHEL. — *La Bibliothèque du Droit français*, avec les additions de *Bechefer*,
1671.

BOUHIER. — *Observations sur les Coutumes du duché de Bourgogne*. Dijon,
1787.

BOULLENOIS. — *Traité de la personnalité et de la réalité des Coutumes*. Paris,
1766.

BOURJON. — *Le Droit commun de la France et la Coutume de Paris, réduits
en principes*. Paris, 1747.

BOURNAT. — Revue de la jurisprudence : jugements des tribunaux étrangers;
— effets de ces jugements en France, *Revue Pratique*, t. V, 1858, p. 327.

BOYER-PEYRELEAU. — *Les Antilles françaises.*

BRILLON. — *Dictionnaire des arrêts, ou Jurisprudence universelle des Parlements de France et autres tribunaux, par ordre alphabétique*. Paris, 1727.

BROCHER. — *Nouveau traité de Droit international privé*. Paris, 1876.

BROCHER. — *Commentaire du traité franco-suisse du 15 juin 1869 sur la
compétence judiciaire et l'exécution des jugements*. Genève, 1879.

BRODEAU. — *La Coutume de Paris commentée*. Paris, 1669.

Bulletin de la Société de Législation comparée, 1869-83.

DE CLERCQ et DE VALLAT. — *Guide pratique des consulats*. Paris, 1880, 4° éd.

DE CLERCQ. — *Recueil des Traités de la France*. Paris, 1864-81.

CLUNET. — *Journal de droit international privé et de la Jurisprudence comparée*. Paris, 1874-83.

CONSTANT. — *De l'exécution des jugements étrangers dans divers pays*. Paris,
1883.

CORTOT. — Étude sur le tit. I du Liv. prélim. du Code de Procédure civile
belge, dans le *Bulletin de la Société de Législation comparée*, 1876, p. 520.

COUDERT frères. — De l'exécution des jugements étrangers aux États-Unis,
dans le *Journal de Droit international privé*, 1879, p. 21.

DAVID. — Étude sur le projet de Code de Procédure civile de la République
Argentine, dans le *Bulletin de la Société de Législation comparée*, 1879,
p. 266.

DEMANGEAT. — *Histoire de la condition civile des Étrangers en France dans
l'ancien et le nouveau droit*. Paris, 1844.

DENISART. — *Collection de décisions nouvelles et de notions relatives à la
jurisprudence actuelle*, mise dans un nouvel ordre, corrigée et augmentée
par *Camus* et *Bayard*, 1783-90.

DUBARLE. — Étude sur le projet de loi d'organisation judiciaire, présenté au
Parlement allemand, dans le *Bulletin*, 1876, p. 103.

DUBOIS. — Notes sur *Carle*, la *Faillite en droit international privé.*

Dubois. — Notes sous divers arrêts dans *Sirey*.

Dubois. — *Bulletin de jurisprudence belge en matière de Droit international privé*. — *Revue de Droit international* publiée à Gand, 1872, p. 148 et 641 ; 1874, p. 275 ; 1876, p. 483 ; 1881, p. 52.

Dudley-Field. — *Prime linee di un codice internazionale*, trad. italienne par *Pierantoni*. Naples, 1874.

Duguit. — *Des Conflits de législation relatifs à la forme des actes civils*. Bordeaux, 1882. (Thèse pour le doctorat.)

Dumoulin. — *Opera quæ exstant*, 1681.

Emerigon. — *Traité des Assurances et du contrat à la grosse*, éd. *Boulay-Paty*. Rennes, 1827.

Eyssautier. — Lettres rogatoires en France et dans les États Sardes, *Revue Historique*, t. VI, 1860, p. 443.

Faber. — *Opera omnia*. Lyon, 1658-61.

Fauchille. — De l'exécution en France des jugements rendus par les Tribunaux mixtes d'Égypte, dans le *Journal*, 1880, p. 457.

Fenet. — *Recueil complet des travaux préparatoires du Code Civil*. Paris, 1827.

Féraud-Giraud. — *De la juridiction française dans les Echelles du Levant et de Barbarie*, 2ᵉ éd. Paris, 1866.

Féraud-Giraud. — *France et Sardaigne*. Paris, 1859.

De Ferrière. — *Corps et compilation de tous les commentaires sur la Coutume de Paris, avec les observations de Le Camus*, 2ᵉ éd., Paris, 1714.

Fiore. — *Effetti internazionali delle sentenze e degli atti. Parte prima : Materia civile*. Pise, 1875.

Fiore. — *Droit international privé*, trad. par *Pradier-Fodéré*. Paris, 1875.

Fiore. — *Traité de droit pénal international et de l'extradition*, trad. par *Antoine*, 2ᵉ éd. Paris, 1880.

Fiore. — *Nouveau Droit public international*, trad. par *Pradier-Fodéré*. Paris, 1868.

Fiore. — De l'exécution des jugements étrangers en Italie, dans le *Journal*, 1878, p. 235 ; 1879, p. 244.

Fœlix et Demangeat. — *Traité de droit international privé*, 4ᵉ éd. Paris, 1866.

Funck-Brentano et Sorel. — *Précis du droit des gens*. Paris, 1877.

Goos. — De l'exécution des jugements étrangers en Danemark, dans le *Journal*, 1880, p. 368.

Grenier. — *Traité des Hypothèques*, 3ᵉ éd. Clermont-Ferrand, 1829.

Griolet. — *Traité de l'autorité de la chose jugée*. Paris, 1868.

Guyot. — *Répertoire*.

Guy-Pape. — *Decisiones Senatus Delphinensis* cum annotationibus *Rambaudi, Ferrerii*, trad. avec des remarques par *Chorier*. Lyon, 1692.

Huc et Orsier. — *Le Code Civil Italien et le Code Napoléon*. Paris, 1868.

Humblet. — De l'exécution des jugements étrangers en Belgique, *Journal*, 1877, p. 336.

Isambert. — *Recueil général des anciennes lois françaises*. Paris, 1821-33.

Jousse. — *Traité de l'administration de la justice*. Paris, 1771.

KEYSSNER.— De l'exécution des jugements étrangers dans l'Empire d'Allemagne, trad. par *F. Daguin, Journal*, 1882, p. 25.

KLÜBER. — *Droit des gens modernes de l'Europe,* revu par *Ott,* 2ᵉ édit., 1874.

LABBÉ. — Notes sous divers arrêts dans *Sirey*.

DE LACHENAL. — De l'inutilité des lettres rogatoires pour l'exécution, dans les États Sardes, des jugements étrangers, *Revue Pratique*. t. VII, 1859, p. 383.

LAMOIGNON. — *Recueil des arrêts de M. le premier Président*. Paris, 1777.

LAROMBIÈRE. — *Théorie et Pratique des Obligations*. Paris, 1858.

LAURENT. — *Le Droit Civil International,* 1880-82 (en cours de publication).

LEDERLIN. — Étude sur le projet de Code de Procédure civile allemand, dans le *Bulletin*, 1875, p. 185.

LE BOURDELLÈS. — De l'application du traité du 24 mars 1760 entre la France e la Sardaigne dans les relations actuelles de la France et de l'Italie, dans le *Journal*, 1882, p. 369.

LEMOINE. — *Effets produits par les jugements étrangers en matières civiles et commerciales en France et dans les autres États*. (Thèse pour le doctorat.) Nancy, 1881.

LIMANTOUR ET MONTLUC.— Notice sur l'organisation judiciaire au Mexique, dans le *Bulletin*, 1876, p. 519.

LOKWITZKY. — *De l'exécution des jugements étrangers en Russie,* 1879.

LOMBARD. — De l'exécution des jugements étrangers en Autriche, *Journal*, 1877, p. 210.

DE LOTH. — De l'exécution des jugements et actes étrangers dans la Principauté de Monaco, *Journal*, 1817, p. 121.

MAGNE. — Notice sur le Code Civil de la Louisiane, *Bulletin*, 1872, p. 216.

MAILHER DE CHASSAT. — *Traité des Statuts d'après le droit ancien et moderne,* 1845.

MANIEZ. — Dissertation citée par *Valette*.

MANSORD. — *Des droits d'aubaine et des étrangers en Savoie*.

DE MARTENS. — *Précis du Droit des Gens de l'Europe,* éd. *Vergé,* 2ᵉ éd., Paris, 1864.

DE MARTENS. — De l'exécution des jugements étrangers en Russie, *Journal*, 1878, p. 139.

MASSÉ. *Droit commercial dans ses rapports avec le droit des gens et le droit civil*. Paris, 1874.

MERLIN. — *Répertoire universel et raisonné de jurisprudence*. 1807-21, 3ᵉ éd.

MERLIN. — *Recueil alphabétique des questions de droit qui se présentent le plus fréquemment devant les tribunaux,* 1803-05.

MORIN. — *Les lois relatives à la guerre*. Paris, 1872.

MORNACIUS.— *Observationes in XXII libros Digestorum et librum I Codicis ad usum fori Gallici,* 1646.

NORSA.— Note sous un arrêt, *Journal*, 1874, p. 93.

NOUGUIER, — *Des Tribunaux de Commerce,* 1844.

D'OLIVECRONA. — De l'exécution des jugements étrangers en Suède, *Journal*, 1880, p. 83.

OUDIN. — Étude sur le Code Civil du Chili, *Bulletin*, 1878, p. 508,

OULIF. — Travaux des Chambres Belges, *Bulletin*, 1879, p. 278.

De Paepe. — *De l'exécution des jugements rendus en matière civile ou commerciale par les juges étrangers.*

Papon. — *Recueil d'arrêts notables des Cours Souveraines de France.* Lyon, 1568, 5° éd.

Persil. — *Régime Hypothécaire,* 1820, 3° éd.

Petroni. — De l'exécution des jugements étrangers en Roumanie, *Journal,* 1879, p. 351.

Phillimore. — *Commentaries upon international Law,* 2° éd. Londres, 1871-75.

Piggott. — *Foreign judgments, there effect in the English Courts.* 1879-81.

Polain. — Chronique pour la Belgique, dans le *Journal,* 1874, p. 341.

Pothier. — *Traité de l'Hypothèque.*

Pothier. — *Traité de la Procédure Civile.*

Pradier-Fodéré. — De la condition légale des étrangers au Pérou, *Journal,* 1879, p. 250.

Quétand. — Droit international : des jugements rendus en France; de leur exécution à l'étranger; — Lettres rogatoires ; — Traités de 1760 et 1860. — *Revue critique,* 1869, II, p. 253.

Regnault. — De la capacité en France au point de vue du mariage des étrangers divorcés, *Revue Pratique.* 1878, p. 29.

Renault. — *Introduction à l'étude du Droit International.* Paris, 1879.

Renault. — Note sous un arrêt dans la *Revue Critique,* 1881, p. 473.

Revue de Droit International et de Législation comparée, publiée à Gand.

De Rossi. — *La esecuzione delle Sentenze et degli atti delle autorita straniera secondo il Codice di Procedura Italiano.*

Rousseau de Lacombe. — *Recueil de jurisprudence civile des pays de droit écrit et coutumier par ordre alphabétique,* 1753, 3° éd.

Saripolos. — De l'exécution des jugements étrangers en Grèce, *Journal,* 1880, p. 173.

De Savigny. — *Système de Droit Romain,* trad. *Guénoux.* Paris, 1840-51.

Sélim. — *Aperçu de la loi anglaise au point de vue pratique et commercial.* Paris, 1880.

Serres. — *Les Institutes du Droit Français suivant l'ordre de celles de Justinien,* 1778.

Silvela. — De l'exécution des jugements étrangers en Espagne, *Journal,* 1881, p. 20.

Silvela. — Discurso pronunciado en la Academia matritense de Jurisprudencia y Legislacion, compte rendu par M. *P. David,* dans le *Bulletin,* 1881, p. 557.

Story. — *Commentaries on the conflit of laws,* 7° éd. Boston, 1872.

Thévenet. — *Autorité internationale des jugements.* (Thèse pour le doctorat.) Paris, 1880.

Timmermans (1). — *La réforme judiciaire en Égypte et les capitulations.*

Valette. — De l'hypothèque et de l'exécution forcée qui peuvent résulter en France des jugements étrangers, *Revue de droit français et étranger,* t. VI, 1849, p. 597. Dans les *Mélanges,* t. I, p. 333.

De Vareille-Sommières. — *L'Hypothèqne judiciaire.*

---

(1) Nous ne citons que cet ouvrage sur la matière des tribunaux mixtes, mais on formerait une bibliothèque avec ce qui a été écrit à ce sujet dans tous les pays.

De Vattel. — *Le Droit des Gens*, éd. *Royer-Collard*. Paris, 1830.

Voet (J.). — *Commentarius ad Pendectas*. La Haye, 1778.

Voet (P.). — *De statutis eorumque concursu*. La Haye, 1699.

Waechter. — Ueber die Collision der Privatrechtsgesetze verschiedener Staaten, *Archiv fur die civilitische Praxis*, t. XXIV, p. 220 ; t. XXV, p. 361.

Westlake. — *A Treatise on private international law with pratical reference to its pratice in England*, Londres, 1880.

Westlake. — La doctrine anglaise en matière de droit international privé, *Journal*, 1881, p. 31? ; 1882, p. 5.

Wheaton. — *A Treatise on the conflict of laws, or private international Law*, 2ᵉ éd. Philadelphie, 1881.

Wheaton. — *International Law*. Londres, 1878.

X. — Foreign judgments, *Law Magazine*, 1879, p. 417.

X. — De la réciprocité en matière d'exécution des jugements, *Magyar Jogasz*, 1878.

X. — De la force exécutoire des actes et jugements étrangers à Monaco, *Deutsche Juristen Zeitung*, 1877.

X. — Des relations judiciaires des étrangers dans le Levant, et des projets de réforme de l'Égypte, *Journal*, 1874, p. 53.

X. — Comment les jugements rendus par les consuls français dans les pays où le pouvoir judiciaire leur est attribué peuvent être mis à exécution en France, *Journal*, 1877, p. 572.

EFFETS INTERNATIONAUX

DES JUGEMENTS

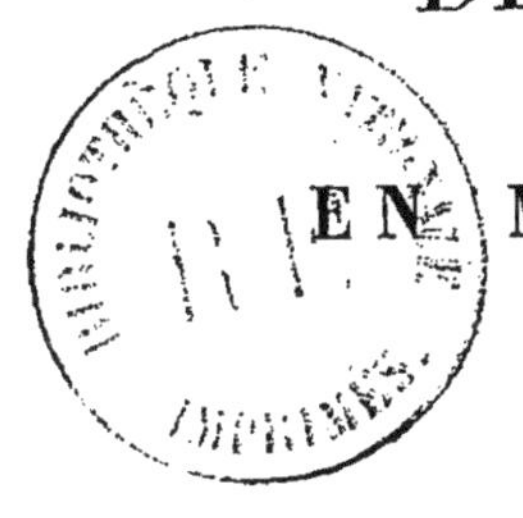 EN MATIÈRE CIVILE

> Quelle vérité est-ce que ces montagnes
> bornent, mensonge au monde qui se
> tient au delà? (Montaigne, *Essais*, liv. II,
> ch. xii.)

1. Quels effets la loi attribue-t-elle aux décisions émanées des juges étrangers ? Telle est la question que nous nous proposons d'examiner au quadruple point de vue de l'histoire, de la loi positive française, des lois étrangères, des principes théoriques.

Pour en comprendre l'importance et la difficulté, il faut d'abord connaître quels sont les principes qu'elle met en jeu et les intérêts qu'elle place en présence.

2. Tout jugement a pour but et pour effet de dire le droit ; de plus il constitue un titre d'une valeur éminente pour ramener le droit à exécution. En deux mots, les jugements ont l'autorité de la chose jugée et la force exécu-

toire ; à celle-ci se rattache, comme garantie réelle, l'hypothèque judiciaire.

Or juger est avant tout un acte de Souveraineté. L'administration de la justice est au nombre des droits et des devoirs essentiels du Souverain, quel qu'il soit, de ceux dont la violation constitue une atteinte au respect et à l'égalité que se doivent réciproquement les Souverainetés entre lesquelles se partage l'humanité. On peut se demander si ce pouvoir judiciaire est bien, parmi les attributs du Souverain, distinct du pouvoir exécutif et du pouvoir législatif; si, au contraire, ce n'est pas seulement un organe de la puissance exécutive. Mais quel que soit le parti à prendre sur cette question, on ne peut du moins méconnaître que dans tous les systèmes le pouvoir judiciaire est une fraction de la Souveraineté, exercée par voie de délégation médiate ou immédiate, selon les temps et les peuples, partout et toujours rattachée étroitement à l'autorité publique, à la Souveraineté. — Or toute Souveraineté est, d'essence, territoriale, ses pouvoirs expirent aux frontières du pays où elle commande, et les actes qui émanent d'elle perdent au delà de ces frontières la valeur exceptionnelle qu'ils possèdent sur le territoire qui lui est soumis. Il en résulte qu'il y aurait empiètement d'une Souveraineté sur les droits d'une autre, si les actes qui émanent de la première pouvaient, sans le consentement la seconde, produire effet sur le territoire soumis à celle-ci, puisque sur ce territoire la seconde seule a le droit de commander. Cette règle s'applique naturellement aux décisions judiciaires comme à tous les actes du Souverain, et les jugements rendus dans un pays doivent, en vertu de ces principes, rester sans effet dans les autres pays.

3. Voilà un premier point de vue. Il faut dire tout de suite qu'il est vrai de l'autorité de la chose jugée comme de la force exécutoire, ces deux effets des décisions judi-

ciaires. On peut même affirmer sans paradoxe qu'il est plus spécial à celle-là qu'à celle-ci. La force exécutoire en effet n'est pas à proprement parler l'œuvre du pouvoir judiciaire. Le rôle essentiel du tribunal, c'est de juger. La sentence, en tant qu'elle met fin à un débat et qu'elle fixe des droits, voilà le but de l'institution des juges, et dans un intérêt d'ordre social, on attache à cette sentence une valeur éminente, une force invincible, qui est l'autorité de la chose jugée. La décision une fois rendue, la mission du juge est accomplie, il est dessaisi, ses pouvoirs sont épuisés. C'est maintenant au pouvoir exécutif proprement dit d'assurer l'exécution de la sentence, de lui donner la force d'un commandement de l'autorité publique. Aussi chez plusieurs peuples l'exécution d'une décision judiciaire est-elle confiée aux agents de l'administration. En France, comme en d'autres pays, on a adopté un système différent. C'est le tribunal lui-même qui revêt sa décision d'une formule conçue au nom du Souverain et contenant injonction à tous de s'y conformer. Mais en le faisant, le juge exerce une délégation spéciale de l'autorité exécutive, distincte de son pouvoir judiciaire, lequel se borne à rendre des jugements disant le droit. Or même avec cette valeur restreinte les jugements, œuvre du pouvoir judiciaire proprement dit, sont des actes de Souveraineté dont l'autorité ne peut s'étendre au delà des limites mêmes de cette Souveraineté.

4. D'un autre côté, est-il bien conforme au principe même de l'égalité des Souverainetés de refuser tout effet aux jugements étrangers, et n'est-ce pas un manque de respect que de les tenir pour non avenus ? En tous cas n'est-ce pas au moins une atteinte à la courtoisie internationale ?

D'ailleurs d'où vient cette autorité invincible qu'ont dans un pays les décisions de ses tribunaux ?

D'après quelques-uns, ce serait du quasi-contrat judiciaire qui se forme entre les plaideurs, qui les oblige à tenir pour bonne et irrévocable la décision à intervenir. Lors donc qu'il s'agira de donner effet à cette décision, c'est en réalité ce quasi-contrat que l'on exécutera, au moins quant à l'autorité de la chose jugée, et les obligations nées de ce quasi-contrat judiciaire, de cette convention que la loi suppose entre les plaideurs, pourront, comme toutes les obligations contractuelles nées des conventions réellement conclues par les particuliers, être ramenées à exécution en tous pays, car il n'y a pas, dans cette convention de fiction légale, un acte de Souveraineté dont le maintien ou l'exécution sur un autre territoire blesse la Souveraineté étrangère. Tout au plus pourrait-on autoriser un contrôle de cette Souveraineté vérifiant l'observation des principes d'ordre public.

Cette idée est repoussée par d'autres. Le caractère cosmopolite dont on parle ne peut être reconnu qu'aux conventions qui sont l'expression libre d'un consentement, parce que ce consentement reste le même sous tous les cieux du monde. Mais il est impossible de le retrouver dans les conventions qui sont imposées ou supposées par la loi, comme l'est incontestablement le quasi-contrat judiciaire. Ceux qui plaident le font en général par nécessité; pour le demandeur lui-même, c'est par une véritable nécessité résultant de la violation de son droit et de l'absence de tout autre moyen de le faire respecter, qu'il saisit les tribunaux de son action; pour le défendeur surtout, il y a la menace d'une condamnation par défaut, qui enlève tout caractère volontaire à sa comparution. Cette observation tendrait même à faire écarter l'idée du quasi-contrat judiciaire, car on ne peut le supposer chez celui qui n'a même pas plaidé; et cette induction trouverait un appui solide dans l'organisation même du pouvoir judiciaire, et l'institution des voies de recours contre les jugements.

5. Enfin le parti que l'on suivra sous l'influence de tel ou tel des principes qui précèdent, sera fécond en conséquences pratiques intéressantes.

Lorsqu'un législateur attribue des effets déterminés aux jugements rendus par les tribunaux qu'il a institués, il le fait légitimement, parce qu'il le fait en connaissance de cause, parce qu'il sait quelle est la valeur intellectuelle et morale des magistrats, quelles lois ils appliqueront et dans quelles formes. A l'égard des jugements étrangers, tous ces points essentiels ne sont pas connus, ou du moins ne sont pas censés l'être, et l'ignorance où l'on est de la valeur de la justice rendue à l'étranger est un motif puissant pour ne pas accepter sans examen ses décisions.

Supposez maintenant que la sentence frappe un national, et aussitôt le sentiment national s'éveille (nous ne discutons pas, nous exposons) et réclame contre une décision préjudiciable à un régnicole.

Enfin n'y aurait-il pas un danger social à laisser s'exécuune sentence inique ?

Seulement, il faut aussi songer que les peuples ne donnent rien pour rien et usent volontiers de réciprocité. Donc repousser en principe les jugements étrangers, c'est accepter tacitement un traitement égal pour les jugements nationaux à l'étranger, c'est admettre que la justice nationale sera soumise à la méfiance dont elle aura usé à l'égard de la justice étrangére.

De plus la difficulté d'obtenir exécution des condamnations sera une entrave funeste au développement des relations internationales et nuira gravement aux intérêts du pays sous couleur de faire respecter sa Souveraineté.

Enfin il faut prendre en considération la situation de celui qui a obtenu un jugement à l'étranger, devant les tribunaux compétents, qui n'avait que cette ressource à sa disposition, et qui ne peut être puni pour en avoir usé.

6. Telles sont en résumé les principales idées qu'éveille la question d'exécution des jugements étrangers. Voyons maintenant comment elles ont été appliquées et combinées dans les diverses législations anciennes et modernes, et essayons de présenter une conciliation des principes multiples et des intérêts divers dont nous venons d'indiquer l'antagonisme.

Cette étude se divisera donc en quatre parties :

Première partie : *Introduction historique ;*
Deuxième partie : *Droit français ;*
Troisième partie : *Législations étrangères ;*
Quatrième partie : *Principes théoriques.*

PREMIÈRE PARTIE

INTRODUCTION HISTORIQUE

7. — I. Droit romain. — On ne conçoit pas que la question de l'exécution des jugements étrangers puisse se poser dans une société qui prétend à l'empire du monde et qui ne reconnaît à côté d'elle aucune personnalité nationale. C'est dire que le droit romain classique ne dut pas avoir à la résoudre. Rome, qui ne veut voir dans les peuples étrangers que des ennemis ou des sujets, n'a pas à se demander ce que valent les décisions judiciaires rendues chez ceux-ci ou chez ceux-là. Rendues chez des ennemis, elles ne peuvent être d'aucun effet dans l'empire romain. Rendues chez des sujets, ce sont des sentences romaines dont l'efficacité absolue est indiscutable et s'étend à tout le territoire où Rome commande. Il est vrai que parmi ces derniers, il y a des degrés divers dans l'autonomie ou, si l'on préfère, dans la servitude. Aux uns, la conquête a été clémente ; elle leur a laissé leurs lois civiles, leur organisation judiciaire, la nomination de leurs magistrats : ce sont les municipes. A d'autres, elle a enlevé toute indépendance, la justice y est rendue par un magistrat romain : ce sont les préfectures, dont les colonies partagent la condition. Mais cette diffé-

rence n'est d'aucune conséquence quant au caractère des jugements ; ce sont toujours des jugements romains, et le magistrat qui préside à l'administration de la justice, qu'il soit nommé par ses concitoyens ou qu'il soit envoyé par Rome, est toujours le représentant du même Souverain. Ce qui achève d'enlever tout intérêt à notre question en droit romain, c'est que, le jugement une fois rendu, l'exécution n'en peut être poursuivie que devant un magistrat romain. En principe, c'est le magistrat qui a nommé le juge qui doit connaître de l'exécution de la sentence rendue par ce juge (1) ; mais lorsque la *jurisdictio* appartient à un magistrat municipal, celui-ci n'ayant pas l'*imperium* ne peut assurer l'exécution du jugement, et c'est à un magistrat romain qu'il faut avoir recours (2). Ce dernier motif cependant ne peut s'appliquer qu'aux actes d'exécution et serait sans force à l'égard de l'*exceptio rei judicatæ*. Mais pour celle-ci subsiste le premier motif, dont la valeur est absolument indépendante de celui que nous venons de formuler.

8. En fait, les textes du droit classique que nous possédons ne paraissent pas soupçonner que la question puisse faire difficulté. Ils semblent tous ne se préoccuper que de la compétence et admettre que toute décision rendue par un juge compétent sera valable partout et susceptible d'être ramenée à exécution en tous lieux, tandis qu'une sentence émanée d'un juge incompétent est dépouillée de toute valeur. C'est là tout le sens d'un texte célèbre sur lequel on a, bien à tort, essayé d'appuyer la pratique moderne, qui a,

---

(1) D. de re judicata 42. 1. 15 pr. Ulp. : « A divo Pio rescriptum est, magistratus populi romani ut judicum a se datorum vel arbitrorum sententiam exequantur hi qui eos dederunt. »

(2) D. ad municipalem 50. 1. 26 pr. Paul : « Ea quæ magis imperii sunt quam jurisdictionis, magistratus muuicipalis facere non potest. » — De jurisdictione, 2. 1. 4 Ulp. : « Jubere caveri prætoria stipulatione et in possessionem mittere imperii magis est quam jurisdictionis. »

nous le dirons, de meilleures raisons pour ne pas admettre *de plano* l'exécution des jugements rendus hors du territoire où l'on veut leur donner effet (1).

On peut d'ailleurs citer quelques exemples où la théorie qui précède reçoit application.

Ainsi une femme ayant emprunté de l'argent à Rome, et la tutelle de sa fille s'étant ouverte en province, les tuteurs de l'enfant héritière de sa mère sont condamnés en province envers le créancier, et le jurisconsulte affirme que le jugement pourra être exécuté à Rome, contre les curateurs des biens que l'enfant possède dans cette ville (2).

De même un rescrit de Septime Sévère et de Caracalla déclare que les gouverneurs de province peuvent, s'ils en reçoivent l'ordre, exécuter un jugement rendu à Rome (3).

Ce dernier texte est assez remarquable; il se place aussitôt après celui qui donne compétence pour l'exécution au magistrat qui a institué le juge auteur de la sentence. Il n'est pas à croire cependant qu'on ait dû attendre jusqu'au commencement du IIIe siècle de l'ère chrétienne pour permettre d'exécuter en province un jugement rendu à Rome; il est probable que le rescrit en question ne créa pas une règle nouvelle, mais se contenta de constater et peut-être de consacrer expressément un usage que nous avons montré conforme aux principes. On remarquera en effet que dans le premier exemple que nous avons cité, il n'est pas question du *jussus* dont parle Ulpien; or le texte qui donne ce premier exemple est un fragment de Papinien, antérieur par conséquent à celui d'Ulpien; peut-être

(1) D. de jurisd. 2. 1. 20 Paul : « Extra territorium jus dicenti impune non paretur. »

(2) D. de judiciis 5. 1. 45 § 1 Papin. : « Nomine puellæ tutoribus in provincia condemnatis, curatores puellæ judicatum Romæ facere coguntur, ubi mutuam pecuniam mater accepit, cui filia heres extitit. »

(3) D. de re judicata 42. 1. 15. § 1 Ulp. : « Sententiam Romæ dictam etiam in provinciis posse præsides, si hoc jussi fuerint, ad finem persequi, imperator noster cum patre rescripsit. »

même est-il antérieur au rescrit qui nous occupe (Papinien fut préfet du prétoire sous Septime Sévère). Dans cette conjecture, qu'autorise le silence du texte sur le rescrit cité par Ulpien, il serait certain que l'usage existait avant le rescrit et que la décision impériale n'en est que la reconnaissance, avec peut-être l'indication des formes à suivre. Si l'on croit le texte de Papinien postérieur au rescrit, on trouvera au moins étrange que le rescrit, s'il créait un droit nouveau, n'ait pas été cité par le jurisconsulte contemporain qui constatait ce droit. — Le texte ajoute : *si hoc jussi fuerint*, sans dire si cet ordre est adressé par le magistrat auteur de la sentence ou par toute autre autorité, par exemple l'Empereur. Il y aurait en ce dernier cas comme un précédent de ce *pareatis du grand sceau* dont nous aurons à parler plus tard, avec cette différence que le *pareatis* donne force exécutoire au jugement lui-même et dans toute l'étendue du royaume, tandis que le *jussus* romain commandait seulemenl au *præses* de procéder aux diverses voies d'exécution, et que ce *jussus* devait en fait être spécial au *præses* dans la province duquel l'exécution se poursuivait. Il est certain d'ailleurs que si l'on avait besoin de faire exécuter un même jugement dans plusieurs provinces, il fallait s'adresser successivement au *præses* de chacune d'elles, car ce *jussus* n'obligeait que le *præses* seul auquel il était adressé.

9. Nous n'avons parlé jusqu'ici que du droit classique. Or on sait que son épanouissement se place à une époque où le développement de la puissance romaine permettait d'appliquer dans doute leur rigueur les principes qui viennent d'être exposés. Il reste à savoir si ces principes furent toujours vrais, même aux temps où la République romaine ne se distinguait pas sensiblement des petits États, ses voisins, qu'elle devait absorber plus tard.

La négative nous paraît résulter d'un texte qui montre,

non pas que notre question ait été expressément prévue et résolue, mais qu'elle avait été aperçue et éludée par un détour consistant à faire rendre le jugement entre parties de nationalités différentes par un tribunal composé de juges pris dans les deux nations. Telle est une des stipulations du traité conclu en 267 entre Rome et la Confédération Latine (1). Le tribunal dont la création était ainsi convenue devait juger dans le pays où le contrat avait été conclu, et non pas dans le pays du demandeur, comme on l'a dit par erreur (2). Il est évident que le jugement ainsi rendu hors du territoire de Rome devait cependant y recevoir exécution. — Les juges ainsi institués sont des *recuperatores,* ainsi nommés, d'après Festus, parce que leur office est de faire restituer à chacun ce qui lui appartient(3).

Ces textes et quelques autres ont permis de conjecturer que c'était un vieil usage des cités latines de nommer des récupérateurs pour faire juger les procès « qui ne sont pas du domaine de la juridiction civile de l'État ou même du droit en général ».

On sait que, dans la suite, l'institution des récupérateurs pénétra dans le droit civil romain. On la trouve citée déjà dans Plaute (4), et on en rencontre des exemples, même relativement récents, qui attestent à la fois que son origine se rattache aux guerres des premiers Romains et que tout d'abord elle ne fut admise que dans les affaires où l'une des parties au moins était de nationalité étrangère (5).

(1) Denys d'Halicarnasse liv. VI, ch. xi, n° 3 : «... Que les affaires des contrats particuliers soient terminées dans l'espace de dix jours chez celle des deux nations où le contrat aura été fait et passé... »

(2) Accarias, *Précis de Droit Romain*, t. II, p. 801, note 1.

(3) Festus, V° *Reciperatio* : « Reciperatio est, ut ait Aelius Gallus, cum inter populum romanum et reges nationesque et civitates peregrinas lex convenit, ut res privatae reddantur singulis recuperanturque. »

(4) *Bacchides*, III, v. 36 : « Postquam quidem prætor recuperatores dedit. »

(5) Tit. Liv. XLIII, 2 : « Hispaniæ deinde utriusque legati aliquot populorum in senatum introducti. Ii de magistratuum romanorum avaritia superbiaque con questi, nisi genibus, ab senatu petierunt ne se socios fœdius spoliari vexarique quam hostes patiantur. Quum et alia indigna quererentur, manifestum autem

10. En résumé, notre question ne peut trouver de solution en droit romain, ni dans les premiers temps, parce qu'on a soin de donner compétence à un tribunal spécial, ni dans le droit classique, parce qu'alors c'est toujours un jugement romain qu'on exécute.

11. — II. Ancien droit. — Il ne nous paraît pas que dans notre ancienne jurisprudence la question de l'exécution des jugements étrangers ait été pendant longtemps dégagée de la question de compétence. Nous venons de voir que le droit romain faisait de l'une la conséquence de l'autre ; la doctrine semble bien avoir passé dans l'ancien droit français. Toutefois elle y produit des résultats bien différents de ceux que la législation romaine nous a présentés, parce que l'organisation sociale est tout autre, et que le même principe va s'appliquer à des situations toutes dissemblables.

L'invasion barbare ne dut apporter aucun élément nouveau quant au sujet qui nous occupe, et les anciens principes durent continuer à s'appliquer grâce au règne de la personnalité des lois.

Mais aussitôt après, lors de la formation de la féodalité, de nouvelles idées se firent jour, dont l'influence fut considérable sur l'organisation et le fonctionnement du pouvoir judiciaire. Ce pouvoir, rattaché rigoureusement à la Souveraineté territoriale, aura, comme cette Souveraineté, une étendue strictement limitée par les frontières du pays.

esset pecunias captas, L. Canuleio prætori qui Hispaniam sortitus erat, negotium datum est ut in singulos a quibus Hispani pecuniam repeterent, quinos recuperatores ex ordine senatorio daret, patronosque quos vellent sumendi potestatem faceret. » — Orelli, Inscr. 6428 : Edict. Aug. de aquæ ductu colon. Venafr : «... Negotium datum erit agent eum qui inter cives et peregrinos ius dicet, iudicium recuperatorium in singulas res HS X reddere. — Plebisc. de Termessibus (anno 683 ?) : « Quos Thermenses majores Pisidiæ liberos servosve bello Mitridatis ameiserunt, magistratus prove magistratu quojus de ea re jurisdictio erit, quum de ea re ious deicunto, iudicia recuperationesve danto ulei iei eos recuperare possint. » (Giraud, *Novum Enchiridion*, p. 609). »

Chaque seigneur, petit ou grand, a droit de justice sur ses terres, mais non pas au delà, tout comme il a dans les mêmes limites l'autorité en général. D'ailleurs, le seigneur suzerain doit, en vertu de ce principe, prétendre à exercer son droit de justice, à faire respecter ses décisions dans toute l'étendue des terres soumises à sa suzeraineté ; nous verrons s'il en fut exactement ainsi pour le roi de France, chef de la féodalité française et suzerain général. Puis s'ajoutent de nouveaux éléments. La centralisation royale poursuit son œuvre ; d'une part elle rattache au domaine de la couronne des provinces, d'autre part dans sa lutte contre la féodalité, elle aura une attention particulière à l'administration de la justice ; alors se multiplient les justices royales à côté ou au-dessus des justices seigneuriales. Enfin il y a des justices ecclésiastiques à compétence spéciale.

En fait, la question d'exécution pouvait se poser soit pour un jugement rendu dans une juridiction française, et qu'il fallait exécuter dans une autre juridiction française, soit pour un jugement rendu hors du royaume et dont l'exécution était poursuivie en France.

12. — 1° *Jugements rendus en France, mais qui doivent être exécutés hors du ressort de la juridiction qui les a prononcés.* — En ces cas, l'application des principes que nous venons d'énoncer a pour conséquence que les jugements rendus dans une justice ne peuvent être *de plano* exécutoires hors du ressort de cette justice. Les juridictions étant limitées, c'eût été empiéter sur elles que de faire exécuter directement une sentence rendue au dehors. Seul le juge du lieu est compétent pour les actes d'exécution à accomplir sur le territoire soumis à sa juridiction ; et il faut son autorisation et son concours pour exécuter toutes sentences étrangères. Mais logiquement, si la sentence émane des juges du seigneur suzerain, elle doit être

exécutée sur les terres de ses vassaux, sans autorisation ni *pareatis*, car l'inférieur ne peut donner *pareatis* au supérieur (1).

Puis progressivement le pouvoir royal se fortifie ; l'unification territoriale s'accomplit, en même temps les Parlements sont institués au nom du roi et réalisent au point de vue judiciaire l'unité de la France qui, sous toutes ses formes, est le but des efforts constants de la royauté.

13. Dans le ressort d'un Parlement, les arrêts de ce Parlement sont exécutoires *de plano*, sans *pareatis*, permission ni formalité d'aucune sorte (2). Spécialement, dans le ressort du Parlement de Paris, les arrêts du Châtelet étaient exécutoires *de plano* dans toute l'étendue de la vicomté de Paris par les sergents à verge ; dans le reste du ressort, au moyen d'une commission du Prévôt de Paris (3).

Entre les diverses justices établies dans le ressort d'un même Parlement, la nécessité du *pareatis* subsistait. On cite cependant comme exception les sentences du juge du Graisivaudan, qui, en vertu d'un règlement du Parlement de Grenoble en date du 12 novembre 1459, étaient exécutoires dans toute l'étendue de la province (4). Mais l'exception confirme la règle, et en principe toute autorité judiciaire sur le territoire de laquelle on veut exécuter un jugement rendu par un juge auquel elle n'est pas hiérarchiquement subordonnée, a la libre faculté d'autoriser ou de refuser l'exécution. Dans certains Parlements même il était d'usage que le *pareatis* ne fût accordé qu'en connaissance de cause, et que le défendeur pût proposer ses

(1) Arrêt du 27 février 1599, dans Bouchel, *Biblioth. du Droit Français.* V° *Pareatis,* t. II, p. 883.

(2) Arrêt du Parlement de Paris du 3 mars 1599, dans Bouchel, loc. cit.

(3) De Ferrière sur l'art. 164 de la *Cout. de Paris,* t. II, p. 1080, nᵒˢ 20 et 23.

(4) Chorier sur Guy-Pape, liv. II, sect. VII, art. 11, p. 100. — Brillon, *Dict. des Arrêts.* V° *Exécution,* t. III, p. 217.

moyens, ce qui était à proprement parler une revision au fond. Tel était notamment l'usage suivi au Parlement de Grenoble (1).

14. La même coutume existait, comme on peut bien le penser, lorsqu'il s'agissait d'exécuter dans le ressort d'un Parlement les arrêts rendus par un autre Parlement ou les sentences rendues par des juridictions ressortissant à un autre Parlement. Il fallait dans la pratique demander l'autorisation au juge du lieu d'exécution (2).

Et cependant cet usage était ouvertement contraire aux ordonnances royales. Les légistes paraissaient avoir eu un sentiment très net de l'unité nécessaire dans l'administration de la justice comme corollaire de l'unité dans l'autorité politique. Ils font ressortir que toutes les justices royales étant instituées par le même Souverain, rendant la justice au nom du roi de France, leurs décisions, qui sont censées être celles du roi, n'ont besoin d'aucune autorisation, d'aucun *pareatis* pour être exécutées sur toute l'étendue du royaume. C'est en ce sens que sont conçues l'ordonnance du 2 septembre 1474, enregistrée au Parlement de Paris le 7 avril de la même année (3), et celle du mois d'août 1560 (4). Mais la répétition même des actes législatifs sur ce sujet nous avertit que leurs injonctions n'étaient pas obéies. Les ordonnances d'ailleurs constatent toutes les deux que les parlements se refusent à laisser exécuter sans *pareatis* les arrêts des autres Parlements ; qu'ils exercent à l'égard des jugements pour lesquels on demande leur *pareatis* un contrôle qui équivaut à une revision au fond et qui très souvent aboutit à refuser l'exécution. Elles rappellent que les diverses juridictions

(1) Chorier, loc. cit.
(2) Bourjon, *Droit commun de la France*, liv. VI, tit. VIII, ch. vi, sect. I. p. 579.
(3) Isambert, *Coll. des Ordonnances*, t. X, p 687.
(4) Isambert, t. XIV, p. 46.

ont une origine commune, qui les rend égales entre elles et supprime toute condition d'autorisation. En conséquence, elles ordonnent que tous les arrêts, jugements, sentences seront exécutés *de plano* dans tout le royaume. Or l'édit de 1560 constate exactement le même état de choses que l'ordonnance de 1474 s'était proposé de corriger. L'usage ancien avait donc conservé toute sa force. Un arrêt du Parlement de Bretagne du 16 avril 1558 exigeait que tout arrêt rendu hors du ressort fût présenté à la Cour et communiqué au Procureur général dans l'intérêt des privilèges du pays (1). De même un arrêt du Parlement de Grenoble du 27 janvier 1649 défendait à tout sergent d'exécuter un jugement étranger au ressort sans prendre un *pareatis* du Parlement (2). Il paraît même que l'usage était invinciblement établi, car l'Ordonnance de 1667, au lieu de le combattre et de le proscrire, le consacre expressément dans l'art. 6 du titre XXVII (3), en prohibant, il est vrai, l'examen du fond.

Ce texte offre d'ailleurs trois moyens d'arriver à l'exécution d'un jugement rendu hors du ressort de la juridiction où l'on veut l'exécuter. En première ligne, il place l'obtention du Grand Sceau royal ; il reconnaît aussi la faculté de demander un *pareatis* au Parlement du lieu d'exécution, et celle de présenter au juge local une requête

(1) Brillon. Vᵉ Exécution, t. III, p. 214.
(2) Brillon, loc. cit., p. 217
(3) Tit. XXVII, art. 6, dans Isambert, t. XXVIII, p. 155 : « Tous arrests seront exécutés dans toute l'étendue de notre Royaume en vertu d'un *pareatis* du Grand Sceau, sans qu'il soit besoin d'en demander aucune permission à nos Cours de Parlements, baillifs, sénéchaux et autres juges dans le ressort ou détroit desquels on les voudra faire exécuter... Sera néanmoins permis aux parties et exécuteurs des arrêts hors l'étendue des Parlements et Cours où ils auront été rendus de prendre un *pareatis* en la Chancellerie du Parlement où ils devront être exécutés, que les gardes des sceaux seront tenus de sceller à peine d'interdit, sans entrer en connaissance de cause. Pourront même les parties prendre une permission du juge des lieux au bas d'une requête, sans être tenues de prendre en ce cas *pareatis* au grand sceau et petites chancelleries. Mandons à nos gouverneurs et lieutenants-généraux de tenir la main à l'exécution de la présente ordonnance, sur la simple représentation des *pareatis* ou de la permission du juge des lieux. »

à fin d'exécution. L'autorité du sceau royal, universellement reconnue dans tout le royaume, offrait cet avantage important que le juge auquel on présentait une sentence ainsi sanctionnée devait la mettre à exécution sans en examiner le fond, à moins cependant que le défendeur n'alléguât l'incompétence du premier juge ou une violation de l'ordre public ; de telles exceptions devaient être examinées par le juge requis d'exécuter, et, si elles étaient vérifiées, faire repousser l'exécution (1). De plus, le jugement revêtu de ce *pareatis* était exécutoire en tout point du royaume, et par conséquent, si l'exécution devait être poursuivie en plusieurs lieux ressortissant à des juridictions différentes, il n'était pas nécessaire de se pourvoir à plusieurs reprises d'un *pareatis*. Aussi ce moyen est-il celui que les auteurs conseillent de préférence (2), de même que l'Ordonnance de 1667 l'indique le premier. Cependant il pouvait parfois entraîner des lenteurs que l'on n'aurait pas subies en s'adressant au Parlement ou au juge du lieu d'exécution ; en sorte qu'à ce point de vue il y aurait eu en certains cas avantage à employer l'un ou l'autre de ces recours, dont les résultats étaient à d'autres points de vue beaucoup moins avantageux. Le Parlement ou le juge local, malgré la défense que l'Ordonnance de 1667 sanctionne de l'interdit, avaient coutume d'examiner l'affaire au fond avant d'autoriser l'exécution ; très souvent ils refusaient l'*exequatur*. Quand ils l'autorisaient, leur *exequatur* n'avait de force que dans les limites de leur juridiction, et s'il fallait exécuter le même jugement en plusieurs lieux ressortissant à des juges différents, il était nécessaire d'obtenir en chaque lieu un *exequatur*.

Enfin à côté de ces règles généralement admises on

---

(1) Boniface, *Arrêts notables*, t. I, p. 64. — Boullenois, t. I, p. 626. — Brillon, V° Hypothèque, t. III, p. 655.

(2) Bouchel, V° *Pareatis*.

trouve des décisions particulières. Par exemple, en Normandie, les jugements rendus dans la province emportent hypothèque du jour où l'instance a été engagée, les autres seulement du jour où ils ont été rendus (1).

15. Quant aux jugements émanés des juridictions non royales, ils devaient de même recevoir le *pareatis* du juge royal dans le ressort duquel l'exécution devait avoir lieu. Ainsi les sentences rendues par les justices seigneuriales n'étaient exécutoires *de plano* que sur les justiciables de ces juridictions, et pour les exécuter sur un autre territoire, il fallait l'autorisation du juge local (2). De même au témoignage de Lamoignon (3), « les actes et contrats reçus par notaires apostoliques, jugements rendus par juges d'église, actes, contrats et jugements passés et rendus hors le pays de notre obéissance, sont écritures pures privées quant aux biens situés dans notre royaume et n'emportent pas hypothèque. » Ainsi encore il est jugé au Parlement de Rouen, par arrêt du 9 mars 1551, que les sentences des juges ecclésiastiques n'emportent hypothèque que du jour où elles ont été reconnues ou vérifiées par-devant les juges laïques (4).

On remarquera l'assimilation aux jugements ecclésiastiques des jugements rendus en pays étranger, elle montre bien que c'est à cause des droits de la Souveraineté dans la dispensation de la justice que l'on refuse la force exécutoire *de plano* aux décisions des juges qui n'ont pas reçu du roi de France leur institution. On cite cependant des coutumes qui admettaient à produire hypothèque les aveux faits devant un juge ecclésiastique, notamment celle d'Étampes (art. 69) et celle de Montfort (art. 71) ; mais les

---

(1) Basnage, *Traité de l'Hypothèque*, ch. v, p. 16. Il cite en ce sens un arrêt du Parlement de Normandie du 7 décembre 1683.
(2) Bouchel, V° Scel, t. III, p. 432.
(3) *Arrêtés*, partie III, tit. XXI, n° 5, p. 100.
(4) Brillon, V° Hypothèque, t. III, p. 665.

auteurs mentionnent ces dispositions comme singulières et exceptionnelles et constatent que l'usage général est contraire (1).

16. Ainsi en principe entre juridictions françaises, l'usage du *pareatis* est consacré, et l'on ne saurait exécuter un jugement sans l'autorisation du juge local (2). Ce n'est que par exception que certains jugements échappent à cette nécessité, notamment les jugements rendus par les juges consuls et la Conservation de Lyon, lesquels sont *de plano* exécutoires dans tout le royaume (3).

17. — 2° *Jugements rendus en pays étrangers.* — Il s'était formé, quant à l'exécution de ces jugements, un usage et une jurisprudence que vint consacrer un document législatif dont nous verrons que la valeur fut et est encore contestée.

En dehors des usages, des arrêts et des ordonnances, l'utilité réciproque poussa les peuples à conclure des traités sur la matière, en sorte que dès l'Ancien Régime, la France possédait à cet égard un droit conventionnel important et qui a presque tout entier force et vigueur encore aujourd'hui. Depuis 1789, on n'a guère fait que confirmer, avec de légères modifications, les anciens traités.

Voyons d'abord en quoi consistaient les usages et la jurisprudence ; nous rechercherons ensuite sous quels rapports et dans quelle mesure les traités y dérogeaient.

18 — A. *Droit commun, ou usages suivis en l'absence de traité.* — Ces usages paraissent s'être formés d'une façon définitive au xvi⁰ siècle.

---

(1) Dumoulin sur ces textes, cité par Mornac, ad. leg. ult. D. de jurisd., §1 2, t. I, p. 142.

(2) Brillon, Vᵒ Exécution, t. III, p. 216. — D'Argentré sur la *Cout. de Bretagne*, art. 17. — Guy-Pape, loc. cit.

(3) Boullenois, loc. cit.

Au moyen âge, sous l'influence tout à la fois du droit romain et de la suprématie universelle de l'autorité papale, les jurisconsultes paraissent être très portés à considérer l'Europe comme une confédération de peuples frères dans la foi religieuse et confondus sous la même puissance spirituelle du Saint-Siège (1). De ce point de vue, qui assimilait dans une certaine mesure l'Europe du moyen âge à l'Empire Romain, devait découler nécessairement l'application des règles du droit romain ; et le principe devait conduire à reconnaître en tous lieux une valeur absolue aux jugements rendus par le juge compétent (2), car telle était, nous l'avons dit, la doctrine romaine. Il aurait donc dû suffire de réclamer l'exécution d'un jugement pour qu'elle fût poursuivie *de plano*.

Ce système toutefois fut tempéré par l'organisation féodale. Le principe de la territorialité des lois et celui de la territorialité de la Souveraineté, joints à ces considérations que la justice est un des attributs de la Souveraineté, — que chaque seigneur était profondément jaloux de ses prérogatives, — que les mœurs belliqueuses du temps n'étaient pas propres à amener une entente sur les principes du droit international, durent avoir pour première conséquence cette nécessité d'un *pareatis* qui sauvegarde le respect dû à la Souveraineté et satisfait les susceptibilités féodales.

Mais l'action décentralisatrice de la féodalité fut plus énergique et plus efficace encore. En présence de l'éparpillement de l'autorité entre une myriades de petits souverains dont les liens de dépendance souvent méconnus tendaient chaque jour à se rompre, quand le but poursuivi par chacun était l'autonomie et l'indépendance, la conception d'une confédération européenne sous l'hégémonie papale s'effaça progressivement. Le sentiment indistinct encore des natio-

---

(1) Balde ad leg. I. *Cod. de Sancta Trinitate*, n° 93. — Bartole ad eamd. leg. n° 14.

(2) J. Voet *de Statutis*, § 7, — P. Voet. *de Statutis*, ch xIv. — Huberus, § 6.

nalités commença à poindre sous la forme de l'attachement au suzerain, grâce aux guerres sans fin qui armèrent les uns contre les autres les vassaux des différents chefs de féodalité, et habituèrent les peuples qui combattaient ainsi les uns contre les autres à regarder comme d'un même sang ceux qui luttaient avec eux, et comme une autre nation, ceux contre lesquels ils portaient les armes. De là, d'une part la persistance d'un simple *pareatis* pour les décisions des juridictions françaises et d'autre part probablement la méconnaissance absolue des jugements rendus en pays étrangers. Puis sous l'influence de la centralisation royale, la nationalité s'affirme, prend corps ; les principes relatifs à la Souveraineté, à ses attributions, à ses droits se dégagent, se posent même avec une certaine exagération de raideur qu'il est facile de comprendre. Cette évolution a pour résultat de faire exprimer la volonté d'assurer le respect de cette Souveraineté et en même temps la nécessité de donner avantage aux régnicoles sur les aubains.

Ce sont là les points de départ essentiels de la jurisprudence. Ils ne s'opposent pas d'une façon absolue à ce qu'il soit donné effet aux jugements des tribunaux étrangers ; mais ils exigent des précautions rigoureuses au profit de la Souveraineté et des nationaux français. Aussi déclare-t-on que l'exécution des jugements rendus à l'étranger n'est admise que par pure courtoisie ; qu'elle ne constitue pas un droit, et qu'elle n'est accordée que pour des motifs d'utilité, en vue de s'assurer un traitement semblable et d'aider ainsi dans une certaine mesure au développement des relations de la France avec les autres nations. En tous cas, cet acte de courtoisie, cette décision d'utilité ne saurait porter tort à un régnicole, et jamais un jugement étranger ne pourra avoir effet contre un Français. C'est dans ce sens que furent conçus les arrêts du 13 août 1534, du 21 mai 1585, du 14 mars 1603, du 31 août 1611 (1), du 3 juin

(1) Brodeau sur l'art. 165 de la *Cout. de Paris*, n° 9, t. II, p. 330. — Chopin

1588 (1), de 1598 (2), du 27 mars 1599 (3), du 11 juillet
1598 (4), du 14 juillet 1599 (5), du 27 février 1564 (6),
du 7 janvier 1609 (7), de 1617 (8), de 1627 (9).

19. Vint l'ordonnance de 1629, ou, comme on l'appela
par dérision et du nom de son auteur, le Code Michaud.
Elle contenait sur notre matière un seul article, l'art. 121,
texte important qui résuma la pratique antérieure, qui fut
la base de la pratique postérieure, et qu'aujourd'hui encore
quelques-uns veulent appliquer soit comme disposition
légale toujours en vigueur, soit comme expression exacte
des véritables principes. Voici ce texte : « Les jugements
rendus, contrats ou obligations reçus ès royaumes et sou-
verainetèz étrangères pour quelque cause que ce soit,
n'auront aucune hypothèque ni exécution en notre dit
Royaume, ains tiendront les contrats lieu de simples promesses, et nonobstant les jugements, nos sujets contre
lesquels ils auront été rendus pourront de nouveau débattre leurs droits comme entiers par devant nos officiers. »

La première observation qu'appelle la simple lecture du
texte est qu'il ne s'explique formellement que sur une seule
classe de jugements : ceux qui ont été rendus contre les
Français; mais il ne s'occupe pas, du moins expressément,
des jugements rendus contre des étrangers. De plus il ne
parle formellement que d'hypothèque et d'exécution et

sur la *Cout. d'Anjou*, ch. xliii, n° 15. — Bouchel, *Bibl. du Droit Français*
V° Compétence, t. I, p. 597, et V° Scel. t. III, p. 432. — Boullenois, I, p. 636.
(1) Chopin sur la *Cout. de Paris*, liv. III, tit. II, n° 20. — Rousseau de
Lacombe, *Rec. de jurispr.*, V° Hypothèque, p. 347.
(2) Brillon. *Dict. des Arrêts*, V° Jugement, t. IV, p. 917.
(3) Rousseau de Lacombe, op. cit., p. 567.
(4) Bouchel, loc. cit.
(5) Bouchel, loc. cit.
(6) Brillon, op. cit., V° Exécution, t. III, p. 216.
(7) Tronçon sur l'art. 165 de la *Cout. de Paris*. — Boullenois, loc. cit.
(8) Boullenois, Brodeau, Mornac, locc. citt.
(9) Boullenois, loc. cit.-Montholon, *Arrêts*, ch. cxxxvi.

peut paraître de prime d'abord étranger à l'autorité de la chose jugée. De là quelques difficultés d'interprétation qu'il convient d'exposer en distinguant le cas où le jugement a été rendu contre un Français et le cas où il l'a été contre un étranger.

20. **1ᵉʳ *Cas : Le jugement a été rendu contre un Français*.** — La première question qui se posait dans cette hypothèse manifestement régie par l'Ordonnance était de savoir si cette ordonnance était en vigueur. On en doutait fort à cause surtout de la disgrâce de Michel de Marillac, son auteur, disgrâce qui semblait avoir atteint même les actes du ⸢chancelier. On avait aussi, pour appuyer cette raison peu juridique, des arguments qui l'étaient un peu plus. L'ordonnance de 1629 dans son ensemble avait été mal accueillie ; un grand nombre de Parlements avaient refusé de l'enregistrer et conséquemment de l'appliquer. Elle avait été acceptée cependant par ceux de Bordeaux, de Grenoble, de Toulouse, de Normandie, de Bourgogne et de Bretagne. Ces derniers, à l'exception du Parlement de Dijon, l'avaient enregistrée, sinon sans réserves, du moins sans modifications à l'art. 121, le seul qui nous intéresse. Il en fut autrement au Parlement de Dijon : il est actuellement impossible de savoir exactement quelle fut la décision de cette compagnie. Selon les uns, par son arrêt du 10 sept. 1629, le Parlement de Dijon aurait écarté dans son ensemble et sans réserves l'art. 121 (1). Selon d'autres il ne l'aurait écarté que pour les jugements émanant des tribunaux des pays limitrophes (Savoie, Suisse, Génève, Lorraine, comté de Bourgogne, Besançon), à l'égard desquels un simple *pareatis* fut jugé nécessaire (2). D'autres

____

(1) Bouhier, *Cout. de Bourgogne*, ch. xxvi, n° 13. — Besançon, 18 messidor an XII. S., 6, 1, 32.

(2) Thibaut, *Traité des Criées*, p. 266, cité par Guyot, *Rép.*, Vᵒ Hypothèque. t. VIII, p. 637.

introduisent une autre distinction d'après laquelle le Parlement n'aurait écarté l'art. 121 que pour les actes passés à l'étranger, les jugements restant soumis à cette disposition reconnue en vigueur (1). Quoi qu'il en soit de ce point sans importance doctrinale, l'Ordonnance de 1629, de l'accord des auteurs, ne pouvait être considérée comme étant en vigueur en France et devait être tenue pour non avenue (2), à ce point que pendant plus d'un siècle on n'osa pas la citer en plaidant au Parlement de Paris.

Mais si on lui refusait la valeur d'une loi, on reconnaissait qu'elle n'avait fait que codifier les usages suivis très généralement en France sur la matière ; et en effet l'application des principes qu'elle consacrait continua à être faite après 1629, non pas peut-être en exécution de l'Ordonnance, mais en vertu d'une tradition universellement admise. C'est ainsi que furent rendus les arrêts de mai 1646 (3), du 30 août 1698 (4), du 30 avril 1647 (Parlement de Toulouse) (5), du 5 septembre 1688 (Parlement de Bordeaux) (6), et les auteurs constatent que les dispositions de l'art. 121 forment le droit commun de la France à titre d'usage (7).

21. Donc d'après le droit commun de la France, « nonobstant les jugements rendus à l'étranger, les sujets du roi de France contre lesquels ils ont été rendus pouvaient de nouveau débattre leurs droits comme entiers devant les officiers français. » — Au regard du Français condamné

<hr>

(1) D'Aguesseau, cité par Thévenet, Thèse, n° 40.
(2) D'Aguesseau, loc. cit. — Boullenois, t. I, p. 646.
(3) Boniface, *Jurisp. des arrêts*, t. I, p. 64, Iʳᵉ partie, liv. I, tit. XVI, n° 6. — V. aussi un arrêt sans date dans Denisart, *Collect. de Jurisp.*, V. Hypothèque, n° 56 ; t. II, p. 658.
(4) Brillon. *Dict. des arrêts*, Vᵉ Étranger, t. II, p. 146.
(5) Brillon. V, Étranger, t. II, p. 18.
(6) Boniface, loc. cit. — Lapeyrère, *Arrêts*, lett. L, n° 53, p. 189.
(7) D'Aguesseau, *Œuvres*, t. XIII, p. 635. — Emerigon, *Traité des Assur.* — ch. xliii, sect. viii, t. I, p. 123. — Boullenois, t. I, p. 606. — Pothier, *Traité de la Procédure*, VIᵉ partie, ch. II, sect. ii, art. II, § 3.

à l'étranger, le jugement est considéré comme non avenu, et reste sans effet aux mains de celui qui l'a obtenu ; il ne s'agit même pas de le reviser avec examen du fond ; les auteurs s'accordent à dire qu'il faut procéder par une nouvelle action (1), tout comme si le jugement étranger n'existait pas. Et cependant à la lecture des auteurs on peut se demander si cette doctrine s'appliquait sans distinction à tous les jugements et à tous leurs effets et si elle ne profitait qu'aux seuls Français.

22. Et d'abord s'applique-t-elle sans distinction à tous les jugements ? L'affirmative est certaine. En matières réelles comme en matières personnelles, l'Ordonnance a une portée générale. On sait que la principale préoccupation des juristes du moyen âge, quant à notre matière, était la question de compétence. Dans leur doctrine, pour qu'un jugemement fût exécutoire en tous lieux, il fallait, mais il suffisait qu'il eût été rendu par un juge compétent. C'est la même doctrine qui est appliquée, mais sous une autre forme, à notre matière. Si on écarte les jugements rendus à l'étranger contre des Français, c'est parce que ces Français ont été détournés de leurs juges naturels et jugés par des tribunaux incompétents. A fortiori doit-il en être ainsi lorsqu'il s'agit au procès d'immeubles situés en France ; ces immeubles en effet sont exclusivement régis par la loi française et soumis aux juridictions françaises, et les jugements étrangers sont dénués de tout effet à leur égard, pour une double raison d'incompétence.

Ce motif général d'incompétence est d'une telle puis-

---

(1) Brodeau sur l'art. 165 de la *Cout. de Paris.* — Cl. Serres, *Instit. du Droit français,* p. 8, liv. I, tit. II, § 9. — Chopin, sur la *Cout. d'Anjou,* liv. III, ch. III, tit. III, n° 11. — Tronçon, sur l'art. 165 *Cout. de Paris.* — Rousseau de Lacombe, *Rec. de jurisp.,* V° Hypothèque, sect. II, n° 5, p. 347. — Emerigon, loc. cit. — Jullien, *Stat. de Provence,* t. II, p. 443. — Brodeau, sur Louet, lett. D, ch. XLIX. — Le Camus sur Ferrière, *Cout. de Paris,* art. 164, n° 12.

sance que même en matières personnelles, le Français ne peut renoncer à la compétence exclusive des tribunaux français, ne peut se soumettre à la juridiction étrangère et en accepter par avance la décision. « En vain, dit d'Aguesseau au Parlement de Paris, voudrait-il lui-même y donner son consentement. La loi réclamerait pour lui contre lui-même, et vous ne lui permettriez pas de violer cette portion de l'ordre public qui regarde l'utilité commune de l'État et non pas seulement l'avantage des particuliers (1). » Cette rigueur dans l'application était loin d'être poussée jusqu'au bout par tous les auteurs. Boullenois n'admettait l'application des principes de l'Ordonnance que si le Français avait été défendeur, s'il n'avait pas contracté dans le pays, s'il n'avait pas promis d'y faire le payement (2), restrictions importantes qui atténuaient considérablement et pour la grande majorité des cas pratiques le caractère d'exception et de faveur des principes en vigueur, car vraisemblablement, c'est à la suite de contrats passés à l'étranger ou devant y être exécutés que pouvaient le plus souvent intervenir les jugements des tribunaux étrangers. En conséquence le Français qui avait formé sa demande à l'étranger et qui avait été débouté pour le tout ou pour partie ne pouvait plus dans ce système recommencer son action en France (3). Mais cette opinion était isolée et manifestement contraire aux motifs sur lesquels on se fondait pour écarter en principe l'autorité du jugement rendu à l'étranger contre un Français, la compétence internationale étant regardée comme d'ordre public et d'utilité d'État; elle fut formellement condamnée par un arrêt du Parlement de Paris de 1743 (4).

(1) 57° Plaidoyer. *Œuvres*, t. V, p. 87. — V° aussi Boullenois, t. I, p. 646.
(2) Loc. cit.
(3) Boullenois, t. I, p. 606.
(4) Nouveau Denisart, V° Exécution des jugements en matière civile, § 1, n° 4, t. VIII, p. 186.

Toutefois cette méconnaissance absolue en principe des jugements rendus contre un Français ne s'étendait pas à certains actes de procédure accomplis à l'étranger. C'est ainsi que les enquêtes et, comme le dit Emerigon, les « autres preuves dûment authentiquées par le juge étranger », étaient prises avec leur valeur de preuve devant les tribunaux français (1). En sorte que d'une part on reconnaissait sous certains rapports au jugement étranger la valeur d'un acte authentique, et d'autre part on lui refusait les effets spéciaux attachés à un jugement.

En pratique d'ailleurs, les juges avaient un moyen de tempérer les rigueurs de l'Ordonnance, en autorisant l'exécution provisoire du jugement sur le vu d'un *pareatis* du Grand Sceau ; mais cette exécution provisoire laissait intact au défendeur le droit de faire valoir contre la sentence étrangère tous ses moyens de fond et de forme (2).

23. L'ordonnance s'applique-t-elle à l'autorité de la chose jugée comme aux actes d'exécution? On pourrait en douter, car le texte ne parle que d'hypothèque et d'exécution, et l'on trouve en effet un auteur pour affirmer que les jugements étrangers ont toujours force de chose jugée (3). Cette opinion, d'ailleurs isolée, n'est guère soutenable en présence des derniers mots de l'art. 121 qui autorisent les Français à débattre leurs droits comme entiers, ce qui ne respecte guère l'autorité de la chose jugée.

(1) Emerigon, *Traité des Assur.*, ch. IV, sect. VIII, t. I, p. 125. — Raviot, *Observ. sur Périer*, t. II, quest. 256, n°° 16 et 17. — Jousse, *Traité de l'Adm. de la Justice civile*, t. I, p. 43, n° 83. — Merlin, *Quest.*, V° Suppléant, § 2. — Arrêt du 16 déc. 1745. — Contra : Bouchel, V° Scel, t. III, p. 432, qui cite en sa faveur deux arrêts, l'un de 1534 et l'autre de 1585.

(2) Boullenois, t. I, p. 646. — Serres, *Inst. au droit français*, liv. I, tit II, § 59. — Arrêt du Parlement de Toulouse du 17 juill. 1730.

(3) Bourjon, liv. VI, tit. VI, ch. I, sect. V, p. 432. Il cite un arrêt rendu en ce sens dans une affaire où il plaida ; mais il n'en donne pas la date.

24. Enfin ne profite-t-elle qu'aux Français seulement ?
Le principe qui donnait compétence au juge du domicile
avait été étendu des relations des Français entre eux aux
relations avec les étrangers, et devait conduire à assimiler, quant au droit de méconnaître un jugement étranger,
l'aubain domicilié en France au véritable régnicole. C'est
ce qu'enseignent les auteurs (1) et ce que décident les
arrêts (2).

25. L'ordonnance conçue en termes généraux en faveur
du Français ne distinguait pas selon que le jugement était
rendu entre Français et étrangers, ou entre Français seulement. En ce dernier cas, il fallait donc appliquer
l'art. 121. Ajoutons immédiatement que l'édit de juin 1778
sur les fonctions des consuls de France à l'étranger, avait,
dans son art. 2, défendu aux Français d'assigner d'autres
Français devant les tribunaux étrangers sous peine
d'amende.

Quant aux jugements rendus par les consuls français,
on les considérait comme des jugements français (3).

26. *2ᵉ Cas : Le jugement a été rendu contre un étranger.* — L'Ordonnance, nous l'avons dit, ne statuait pas
sur cette hypothèse ; mais comme elle consacrait un usage
antérieur qui se perpétua dans la suite, il faut admettre
que, de même que cet usage, elle autorisait l'exécution des
jugements rendus contre des étrangers non domicilés en
France. Tous les auteurs étaient en ce sens (4) et les

---

(1) Emerigon , *Traité des Assur.*, t. I, p. 123, ch. iv, sect. viii. — Jullien,
Stat. de Provence, t. II, p. 442.

(2) Arrêt du 27 févr. 1564, dans Brillon, Vᵒ Exécution, t. III, p. 216.

(3) Pothier, *Traité de l'Hypothèque*, ch. i. sect. i, art 2.

(4) Jullien, loc. cit. — Boullenois, t. I, p. 605. — Emerigon, loc. cit. —
Bourjon, *Droit commun de la France*, sur l'art. 165 *Cout. de Paris* — Boniface, *Arrêts notables du Parl. de Provence*, t. III, liv. I, ch. iv.

arrêts de même (1). Les uns et les autres continuant à appliquer le principe que le jugement n'est valable que si le juge est compétent, et que, en matière immobilière, le juge de la situation seul est compétent, refusaient toute espèce d'effet aux jugements rendus en pays étranger quant à des immeubles situés en France. Ce n'est qu'en matière personnelle et mobilière qu'ils admettaient l'exécution du jugement, sans obliger à se pourvoir par nouvelle action.

Cette exécution d'ailleurs ne pouvait pas être poursuivie *de plano* et sans le consentement de l'autorité française ; il fallait un *pareatis* pour sauvegarder les droits de la Souveraineté (2). Par qui devait être donné ce *pareatis* ? Selon Boullenois (3), par le Grand Sceau seulement. Émerigon refusait le droit de le donner aux juges inférieurs, mais le reconnaissait aux Parlements, et cite à l'appui un arrêt de règlement du 4 mai 1750 (4). D'après une consultation fournie par MM. du Portant et Mars, le 12 mai 1717, il faudrait une permission du Roi sur le rapport du Ministre des Affaires étrangères (5).

27. On eut spécialement à s'occuper des jugements rendus à l'étranger en matière d'état et de capacité, et à se demander quelle serait en France la valeur de ces jugements. En ces matières, la compétence du juge du domicile étant généralement admise, on décidait généralement aussi que les jugements qu'il avait rendus avaient en

---

(1) Arrêt du 10 mars 1687, dans Brillon, t. III, p. 5, liv. I, tit. I, ch. IV. — Arrêt de règlement du 4 mai 1750, cité par Émerigon, loc. cit. — Arrêts du Parl. de Paris de 1777 et 1778, cités par Sapey, *Condit. civ. des Etr. en France*, p. 230, et par Joubaire, *Essai sur la revision du Code Civ.*, p. 17, note 5.

(2) Émerigon, Jullien, Boullenois, locc. citt. — Arrêts du Parl. de Dijon du 28 avril 1614 et du Parl. de Provence du 10 mars 1687.

(3) Loc. cit.

(4) Loc. cit. — V. aussi Jullien, loc. cit.

(5) Citée dans Brillon, V° Hypothèque, t. III, p. 665.

France *de plano* pleine valeur et efficacité (1). C'est ainsi qu'on reconnaissait les jugements qui prononçaient une interdiction pour imbécillité, démence, fureur ; ceux qui enlevaient le droit de faire certains actes, plaider notamment, sans l'autorisation d'un conseil. Vattel cite à ce propos la fausse application qui fut faite des principes ci-dessus au cas de l'abbé d'Orléans, prince de Neufchâtel, que sa faiblesse d'esprit empêchait de gérer ses affaires. Le roi de France lui donna pour curatrice la duchesse douairière de Longueville, qui fut reconnue par les Trois-États de la Principauté de Neufchâtel, malgré l'opposition de la duchesse de Nemours, sœur du prince. L'avocat de la duchesse soutenait la validité de la curatelle ainsi déférée, pour le motif qu'elle l'avait été par le juge du domicile, erreur évidente puisque le domicile d'un prince ne peut être ailleurs que dans ses États. Aussi l'autorité de la duchesse de Longueville ne fut-elle légitime et ferme que par l'arrêt des Trois-États, qui la confirma dans ses fonctions (2). — On reconnaissait de même la validité des nominations de tuteurs faites par jugements.

En ce qui concerne particulièrement les incapacités résultant des condamnations criminelles prononcées à l'étranger, il ne paraît pas qu'on les ait jamais admises. C'est ainsi qu'il fut jugé qu'un individu condamné aux galères en pays étranger avait pu valablement disposer, même par voie de donation, d'immeubles qu'il possédait en France (3) ; et c'est en application de la même idée qu'il est déclaré par un auteur comme maxime constante, qu'un jugement condamnant à la peine de mort n'emporte pas confiscation au profit du roi de France des biens

____

(1) Boullenois, t. I, p. 202. — D'Argentré, art. 218, *Cout. de Bretagne,* glose 6, n° 46.

(2) Vattel, *Droit des Gens,* liv. VII, § 85.

(3) Arrêt du Parlement de Provence du 21 nov. 1641, dans Boniface, t. II, art. III, liv. I, tit. I, ch. xvi, p. 279.

français lesquels devront être donnés aux héritiers, et que ce jugement n'autorise même pas en France une action en dommages-intérêts à raison du meurtre (1). Cependant en sens opposé nous voyons déclarer non recevable une action en dommages-intérêts intentée contre un meurtrier prétendu, poursuivi mais absous en pays étranger (2). Boullenois est d'un avis contraire (3).

28. — B. *Conventions diplomatiques*. — Les Parlements français qui refusaient toute force aux jugements étrangers, admettaient, sans hésiter, la réciprocité ou, comme disent quelques-uns, les représailles, et plusieurs arrêts prouvent que l'on acceptait pour les jugements français à l'étranger le même traitement qu'on infligeait aux jugements étrangers en France (4). Aussi pour éviter les inconvénients pratiques qui auraient pu résulter de ces usages peu libéraux, était-on porté à admettre des exceptions, mais spéciales, profitant aux jugements venant de tel ou tel pays, et toujours sous la condition qu'un égal traitement serait accordé dans ces pays aux jugements rendus en France.

La réciprocité, nous venons de le dire était la cause essentielle de ces exceptions. Il ne suffisait pas d'une réciprocité purement de fait ou simplement accidentelle (5), il fallait qu'elle eût été stipulée expressément entre les souverains ou tout au moins qu'elle eût été pratiquée d'une façon assez constante et assez longue pour faire présumer un consentement de ces souverains et suppléer à la

---

(1) Le Camus, *Obs. sur de Ferrière, Cout. de Paris*, art. 164, n° 12, t. II, p. 1080. — Brodeau sur l'art. 165, *Cout. de Paris*, cité par Persil, *Régime Hypothécaire*, art. 2123, n° 19.

(2) Arrêt de la Chambre de Tournelle du 24 mars 1631. — Basnage, sur la *Cout. de Normandie*, art. 145, t. I, p. 215.

(3) T. I, p. 64.

(4) Arrêts du Grand Conseil du 1er mars 1570 et du 23 fév. 1601, cités par Brodeau sur l'art. 165 de la *Cout. de Paris*, n° 9, t. II, p. 390.

(5) Arrêt du Parl. de Paris dans l'affaire de la princesse de Carignan, cité par Persil, loc. cit., n° 20.

lettre d'un traité (1). Cependant on trouve dans certains auteurs une tendance à admettre l'exécution en dehors de toute réciprocité établie, lorsque des lettres rogatoires à ces fins étaient adressées aux juges français par le tribunal étranger auteur de la sentence (2). Cet usage était consacré par certaines coutumes (3). Il se fondait vraisemblablement sur la promesse de réciprocité que contenaient les lettres rogatoires. Mais il ne paraît pas qu'il ait été fréquemment suivi et les arrêts le condamnent formellement (4).

29. La réciprocité fut stipulée par plusieurs traités.

Le premier en date parmi ceux que nous connaissons est le traité d'alliance conclu avec la Suisse le 1er juin 1658 à Aarau. Aux termes de l'art. 19 du traité, en cas de procès entre Suisse et Français, le demandeur devait toujours assigner le défendeur devant le tribunal du domicile de celui-ci, qui ferait bonne et prompte justice (5). A vrai dire, cette stipulation n'établissait pas la réciprocité, mais elle donnait en tous cas compétence au juge du domicile du défendeur sans distinction de nationalité. Or, dans les idées du temps, reconnaître compétence à une juridiction,

(1) D'Aguesseau, *Œuvres*, t. XIII, p. 635.

(2) Voet. *ad Pand. de re judic.*, 42. 1, 15, § 1. n° 47, t. II, p. 656. Il cite Gaill, liv. II, Obs. 130, n° 14. — Godefroy, ad leg. 15 § 1 D., de re judic. — Gronovius, ad leg. 75 D., de judiciis et 15, § 1, de re judic. — V. aussi Loyseau, *Des Offices*, p. 59, liv. I, ch. vi, n° 84.

(3) *Cout. de Lorraine*, tit. 13, art. 19, dans Bouchel. V° *Pareatis*, t. II, p. 883. « Solet magistratus per se vel per officiales suos sententiam suam exequi in sua provincia et territorio; nec potest extra provinciam suam pignora condemnati capere in causam judicati, et necesse est mandatum et rogatus ejus qui sententiam dixit ut alterius territorii magistratus vel judex in quo sunt condemnati bona ea capiat in causam judicati. »

(4) Arrêt du Parl. de Dijon du 4 mars 1606, dans Bouchel. V° *Pareatis*, et Brillon, eod. V°, t. VI, p. 28.

(5) Art. 19 : « Et si entre les sujets de Nous Louis Roy et des Ligues, avenait querelle, prétention et demande pour quelque cause que ce fût, les demandeurs seront tenus de chercher les défendeurs aux lieux et juridictions où ils seront demeurans ou résidans, auxquels sera faite bonne et brièue justice, selon le contenu de la paix. » Brillon, V° Suisse, t. VI, p. 432.

c'était accepter par avance ses décisions comme valables et s'engager à les faire exécuter. Dès 1658 donc, les jugements suisses rendus conformément au traité étaient reçus en France. D'ailleurs cette convention ne rendait pas les jugements suisses exécutoires *de plano* en France, et les laissait soumis à la nécessité du *pareatis* du juge du lieu d'exécution (1).

Plus tard le traité d'alliance entre la France et les cantons catholiques de la Suisse, en 1715, renferma des dispositions analogues (2).

Le traité d'alliance signé à Soleure le 28 mai 1777 entre la France et le Corps Helvétique contient non plus une disposition qui, dans ses conséquences, influe sur l'exécution des jugements, mais un article qui s'exprime en termes formels sur la question. Après avoir formulé la règle de compétence que nous avons relevée dans le traité de 1658, celui de 1777 déclare que les jugements rendus en conformité de cette règle seront exécutoires dans les deux pays comme s'ils avaient été rendus dans le pays où l'exécution s'en poursuit (3).

Ces diverses dispositions sont rappelées et résumées dans l'édit de décembre 1781, qui fixe et précise les privilèges des Suisse en France (4).

Une situation analogue existait entre la Lorraine et la

---

(1) Guyot, *Répert.*, V° *Pareatis*, t. XII, p. 559.

(2) Emerigon, *Traité des Assur.*, ch. iv, sect. viii, t. I, p. 123.

(3) Art. 9 : « Comme il peut arriver fréquemment que les sujets de Sa Majesté et ceux du Corps Helvétique contractent des mariages, fassent des acquisitions ou se lient par des sociétés, obligations ou contrats quelconques, dont il peut résulter des contestations ou procès, il est convenu que toutes les fois que des particuliers des deux nations auront entre eux quelque affaire litigieuse, le demandeur sera obligé de poursuivre son action par devant les juges naturels des défendeurs... et que les jugements définitifs en matière civile rendus par les tribunaux souverains seront exécutoires réciproquement selon leur forme et teneur dans les États de Sa Majesté et ceux du Corps Helvétique, comme s'ils avaient été rendus dans le pays où se trouvera après ledit jugement la partie condamnée. » — Émerigon, loc. cit.

(4 Émerigon, loc. cit.

France. La Lorraine avait été réunie à la France par le traité de Vienne en 1735. L'art. 15 du traité stipulait le respect des privilèges qui appartenaient aux Lorrains, et le maintien de tous les jugements rendus jusqu'alors, stipulation qui fut réalisée dans des lettres patentes en forme d'édit datées du 18 janvier 1737. Dès avant cette annexion, le traité de Paris du 21 janvier 1718 avait établi la réciprocité, au moins quant à l'hypothèque judiciaire, pour plusieurs parties de la généralité de Metz. Un édit de juillet 1738, enregistré au Parlement de Paris le 12 août, intervenu en conséquence du traité de Vienne, généralisa la disposition du traité de 1718 et décida que tous les jugements rendus dans les nouveaux États de l'ancien roi de Pologne devenu souverain de la Lorraine emporteraient hypothèque sur les biens situés en France, comme s'ils avaient été rendus suivant les usages du royaume de France. Un peu auparavant, un édit de juin 1738 du roi de Lorraine avait promulgué pour la Lorraine une disposition semblable relative aux jugements français. Vint enfin la déclaration du 9 avril 1747, dont l'art. 2, rappelant l'édit de 1738, permit l'exécution des jugements lorrains moyennant un *pareatis* préalable du Grand Sceau royal (1).

Le 24 mars 1760 fut conclu avec l'Italie un traité dont l'art. 22 réglait la question. Nous aurons à revenir dans notre II° Partie sur ce traité, dont le développement se placera plus avantageusement parmi les conventions postérieures à 1789, à cause des questions encore pendantes aujourd'hui sur la validité et la force actuelle de ce traité.

En 1780 un traité entre la France et l'évêque de Bâle

---

(1) Déclaration du 9 avr. 1747, art. 2 : « Ordonnons conformément audit édit que tous les jugements rendus par les juges des pays ci-dessus marqués, en vertu desquels les biens ou effets du débiteur auront été ou pourront être saisis, comme aussi tous les jugements qui interviendraient dans le cours de la discussion desdits biens et effets soient mis à exécution dans l'étendue desdits États, après avoir préalablement obtenu de nous les *pareatis* sur ce nécessaires. »

établissait réciproquement entre les deux pays l'*exceptio rei judicatæ* (1).

Ces diverses conventions pouvaient-elles être invoquées par toute personne même étrangère aux deux nations contractantes ? Nous manquons à cet égard de renseignements précis ; on peut citer cependant un arrêt de 1722 qui paraît bien consacrer la négative (2).

30.—III. DROIT INTERMÉDIAIRE.—Les principes qui avaient été appliqués dans notre ancienne jurisprudence ne paraissent pas avoir été modifiés, ni dans leur teneur, ni dans leur application. La distinction entre les jugements en matières réelles et ceux en matières personnelles et, parmi ceux-ci, entre les jugements rendus contre un Français et ceux rendus contre un étranger, continue à subsister, et elle constituera essentiellement le droit commun de la France lors de la rédaction de nos Codes. Nous aurons à dire quelle peut avoir été l'influence de cette situation sur la décision adoptée par le législateur moderne, et de quel poids peut être cette considération dans l'interprétation des textes du Code civil et du Code de procédure civile.

Nous aurons également l'occasion dans notre IIe Partie de signaler quelques actes du droit intermédiaire statuant sur des questions qui se posent dans notre droit actuel. Qu'il nous suffise pour le moment de constater que les lois qui se firent entre 1789 et 1804 ne s'occupèrent pas de régler les questions relatives à l'exécution des jugements étrangers. Mentionnons aussi un traité du 4 vendémiaire an XII entre la France et la Suisse, dont l'art. 13 stipule l'exécution réciproque des jugements définitifs et passés en force de chose jugée, sous la condition qu'ils aient été

---

(1) Martens, t. II, p. 93. — Klüber, § 59, note c.
(2) Denisart, V° Hypothèque, n° 55, t. II, p. 657.

légalisés par les envoyés respectifs ou, à leur défaut, par les autorités à ce compétentes de chaque pays (1). Déjà un traité dans le même sens avait été conclu, toujours avec la Suisse, le 2 fructidor an VI.

31. En continuant la tradition de l'ancienne jurisprudence, il semble que les jurisconsultes et les tribunaux de la période intermédiaire se soient beaucoup plus attachés à la valeur législative de l'art. 121 de l'ordonnance de 1629 qu'aux usages qu'elle consacre et qui continuèrent après elle. Un jugement du tribunal de commerce du Havre en date du 29 vendémiaire an X, confirmé par un arrêt du Tribunal d'appel de Rouen du 29 ventôse an X, avait admis comme ayant l'autorité de la chose jugée un jugement rendu en pays étranger, pour le motif que c'était le Français lui-même qui avait saisi de sa demande le tribunal étranger. Ces décisions semblaient bien ressusciter une opinion que nous avons vue se produire avec Boullenois et qui distinguait selon que le Français avait été demandeur ou défendeur devant les juges étrangers. Toutefois elles avaient refusé de laisser exécuter la sentence étrangère, à laquelle elles avaient reconnu l'autorité de la chose jugée. L'arrêt de Rouen fut déféré au tribunal de Cassation. Merlin, procureur général, conclut à la cassation, parce que l'ordonnance de 1629, dont le tribunal de Cassation avait plusieurs fois reconnu l'autorité, excluait ces distinctions entre l'autorité de la chose jugée et l'exécution, entre les cas où le Français avait été demandeur à l'étranger et le cas où il avait été défendeur. L'arrêt fut cassé le 26 ventôse an XII (2). C'est également dans ce sens

---

(1) « Les jugements définitifs en matières civiles ayant force de chose jugée, rendus par les tribunaux français, seront exécutés en Suisse et réciproquement, après qu'ils auront été légalisés par les envoyés respectifs, ou, à leur défaut, par les autorités compétentes de chaque pays. »

(2) S., 4, 1, 267.

qu'il fut jugé par le Tribunal d'Appel de Paris le 16 prairial an XII (1) et par le Tribunal d'Appel de Liège le 15 floréal an X, confirmant un jugement du tribunal civil de l'Ourthe en date du 14 floréal an VIII (2).

32. En même temps que s'appliquait cette jurisprudence conforme aux précédents de l'Ancien Droit, le mouvement législatif qui devait produire nos Codes commençait à naître. Voyons quelles étaient les dispositions que contenaient les différents projets successivement élaborés.

Dans le premier projet de Cambacérès, projet rédigé, comme on sait, avec une rapidité extraordinaire, on trouve les dispositions suivantes, livre III, titre XII, art. 12 : « Les actes passés hors du territoire français ne portent hypothèque en France que du jour où ils ont été reconnus par un acte authentique ou par un jugement. « — Art 13 : « Il en est de même des jugements rendus par les tribunaux des puissances étrangères ».

Ainsi, dans ce premier projet, le jugement étranger ne pouvait produire hypothèque qu'après avoir été reconnu par un acte authentique ou un jugement. La décision est conçue en termes généraux, elle ne reproduit pas la distinction traditionnelle entre les jugements rendus contre un étranger et les jugements rendus contre un Français : c'est l'application du système libéral en faveur dans les idées du temps, qui tendait à assimiler l'étranger au national.

Sur quel pied se faisait ici cette assimilation? en quoi consistait cette situation commune ? Le texte ne le dit pas ; mais il est peu probable qu'on ait voulu faire prendre aux Français la condition des étrangers ; il est plus vraisemblable qu'on a voulu, comme partout ailleurs, faire entrer l'étranger dans la condition du Français, lui permettre de

(1) S., 2, 2, 283.
(2) S., 5, 2, 73.

jouir des mêmes droits, l'autoriser en conséquence à réclamer la revision des jugements étrangers. Le mot *reconnus* dont on se sert le texte ne pouvait évidemment s'entendre d'un *pareatis* pur et simple. Et qu'on n'objecte pas que le jugement peut, d'après ces dispositions, être reconnu par un acte authentique, ce qui exclut la revision ; d'abord il n'est pas sûr que cette conséquence fût dans l'esprit de la loi et que l'art. 13 ait voulu consacrer pour les jugements l'assimilation que l'art. 12 avait faite par les actes étrangers entre la confirmation par jugement et celle par un acte authentique français. Cela même fût-il démontré, l'acte authentique dont il est question ne saurait être un acte unilatéral du demandeur, il s'agit évidemment d'une reconnaissance authentique faite par le défendeur. Or de deux choses l'une : ou la demande d'exécution n'ira pas devant les tribunaux, et alors pas de question ; ou elle ira, et alors comment se refuser à faire exécuter la convention authentique intervenue entre les parties pour reconnaître le jugement ? On pourrait objecter avec plus de raison que, si l'on veut faire monter l'étranger dans la situation du Français, il faudrait l'autoriser à exiger une nouvelle action, ce qui ne conduit pas à une reconnaissance du jugement étranger. Mais ceci n'est qu'un mirage des mots. Le projet prévoyait le cas le plus facile à concevoir et le plus pratiquement réalisable, celui où le Français ayant été défendeur et condamné devant les juges étrangers, on poursuit en France l'exécution de ce jugement. Or, dans cette hypothèse, si en droit l'Ordonnance de 1629 ou les usages exigent qu'on vienne par nouvelle action, en fait devant les juges français le jugement étranger est produit, c'est à propos de son exécution que l'affaire sera débattue au fond, que les droits des parties seront discutés comme entiers. Si le tribunal français donne une décision conforme au jugement étranger, ce sera pratiquement tout comme s'il l'avait déclaré exécutoire ; et réciproquement, s'il juge différemment, il en sera de même que s'il avait refusé l'*exequatur*. La similitude des résultats explique aisément le langage du texte.

Le deuxième projet présenté le 23 fructidor an II ne contenait aucune disposition sur la matière, et il en était de même du troisième projet, celui de messidor an IV, qui se bornait à renvoyer aux lois spéciales du 9 messidor an III, des 1ᵉʳ et 15 thermidor an III, du 21 nivôse an IV, et du 30 vendémiaire an IV.

33. Puis vint le projet qui a servi de base première à notre Code civil de 1804, le projet de l'an VIII. Au livre III, titre VI, chapitre II, sect. III, art. 37, on lit : « Les jugements rendus en pays étranger n'emportent hypothèque sur les biens situés en France que du jour qu'ils y ont été déclarés exécutoires par un tribunal français compétent. » Le projet fut, comme on sait, soumis à l'examen du Tribunal de Cassation et des Tribunaux d'Appel. L'article que nous venons de transcrire ne provoqua d'observations que de la part du Tribunal de Cassation et du Tribunal d'Appel de Lyon. Dans la rédaction proposée par le premier, la matière était réglée par l'art. 42 ainsi conçu : « Il ne peut pareillement être fait inscription des condamnations portées par jugements rendus en pays étranger, qu'après qu'ils ont été déclarés exécutoires par un tribunal français. » En même temps le Tribunal de Cassation demandait, à propos du texte du projet : « Une simple ordonnance suffit-elle pour déclarer exécutoire un jugement rendu en pays étranger, ou faut-il que le tribunal français compétent prononce parties présentes ou appelées ? Pourrait-on en ce cas remettre le fond de l'affaire en contestation (1)? » Le Tribunal d'Appel de Lyon proposa aussi une rédaction nou-

______

(1) Fenet, t. II, p. 694.

velle : « Les jugements rendus en pays étrangers n'emportent hypothèque sur les biens situés en France que du jour de l'inscription du jugement rendu par un tribunal français compétent qui les a déclarés exécutoires. » Il résulte des observations de ces tribunaux mêmes, qui suivaient les errements de l'Ordonnance de 1629, qu'ils en abandonnaient aisément les principes, et qu'ils acceptaient sans regrets pour le passé une législation nouvelle qui excluait toute distinction. Mais en quel sens croyaient-ils que les anciennes doctrines s'étaient modifiées? Cela est difficile à affirmer, les observations sont aussi indécises que les textes eux-mêmes sont vagues. On remarquera pourtant que le Tribunal de Cassation et le Tribunal de Lyon ne permettent de prendre inscription de l'hypothèque judiciaire qu'après la déclaration d'*exequatur* ; cette décison cadrerait bien mal avec une doctrine qui ne ferait de l'*exequatur* qu'une formalité. Si l'inscription d'hypothèque, à laquelle on ne méconnaît guère le caractère d'acte conservatoire, ne peut être prise en vertu d'un jugement étranger, comment croire que ce même jugement se présenterait aux tribunaux français avec une valeur telle qu'on ne pût en examiner le bien fondé? Bien plus, le Tribunal de Lyon faisait inscrire, d'après sa rédaction, le jugement d'*exequatur*, et non le jugement étranger. Il est impossible de contester que ce Tribunal ait voulu conférer des droits étendus aux tribunaux français saisis d'une demande en *exequatur*.

34. Voilà donc où l'on en était à la rédaction du Code Civil : une pratique déjà vieille consacrant les distinctions de l'Ordonnance, une loi manifestement disposée à s'en écarter, des tribunaux qui s'en séparaient sans protester; mais des textes nouveaux dont la rédaction proposée laissait dans l'ombre les choses essentielles. Peut-être trouverait-on dans l'esprit du temps une indication des sentiments qui inspiraient alors les législateurs, ainsi que nous

le dirons plus tard ; peut-être est-il permis de croire que, vu les maigres résultats de la ferveur libérale et internationale qu'on avait déployée et de la bienveillance exagérée qu'on avait témoignée à des étrangers ingrats, on se sentait peu disposé à ouvrir toutes grandes les frontières de France aux décisions venues de pays qui avaient si peu rendu les bons procédés de la France et qui restaient coalisés contre sa fortune.

35. Vint le Code de Procédure. Il n'apporta pas de bien vives lumières. Il ne se proposait d'ailleurs que de déterminer les règles relatives à l'exécution des jugements étrangers, de même que le Code Civil ne s'était occupé que de l'hypothèque judiciaire ; en sorte qu'on devait avoir des décisions particulières mais sans doctrine d'ensemble, et que les décisions particulières elles-mêmes seraient incomplètes, l'autorité de la chose jugée n'ayant appelé l'attention de personne. Les travaux préparatoires ne sont d'aucun secours ; ils se bornent à paraphraser le texte en le justifiant par ce motif que la Souveraineté est territoriale et qu'aucune Souveraineté étrangère ne peut imposer sa volonté sur le territoire français (1).

Ceci dit, nous pouvons aborder l'étude de nos textes.

(1) V. les discours de MM. Réal et Favard dans Fenet.

DEUXIÈME PARTIE

DROIT FRANÇAIS

---

36. Les Codes français contiennent sur la matière deux dispositions seulement : l'art. 2123 dernier alinéa du Code Civil, l'art. 546 du Code de Procédure Civile. En voici le texte :

Art. 2123 C. C. : « L'hypothèque ne peut pareillement résulter des jugements rendus en pays étranger, qu'autant qu'ils ont été déclarés exécutoires par un tribunal français, sans préjudice des dispositions contraires qui peuvent être dans les lois politiques ou dans les traités. »

Art. 546 C. P. C. : « Les jugements rendus par les tribunaux étrangers et les actes reçus par les officiers étrangers ne seront susceptibles d'exécution en France que de la manière et dans les cas prévus par les articles 2123 et 2128 du Code Civil. »

Sans vouloir préjuger en aucune façon la question d'interprétation de ces textes, nous pouvons dès à présent remarquer :

En premier lieu, que la loi exige une intervention des tribunaux français, quelle qu'elle soit, intervention qui se produit sous la forme d'un *exequatur* ou ordre d'exécution délivré par nos juges ;

En second lieu, qu'elle prévoit pour les accepter les dérogations que les lois politiques ou les traités pourraient apporter à ses dispositions ; en sorte que, d'après les textes eux-mêmes, il peut y avoir sur la matière un droit commun régi par les dispositions que nous venons de transcrire, et un droit exceptionnel déterminé par les lois politiques et les traités.

37. Cette deuxième partie se divisera en cinq chapitres:

Chapitre I : *A quels jugements s'applique la nécessité d'un* exequatur ?

Chapitre II :*Quels sont les pouvoirs du tribunal français auquel l'*exequatur *est demandé ?*

Chàpitre III: *Quelle est la valeur du jugement étranger avant l'*exequatur *et de l'instance simplement engagée à l'étranger ?*

Chapitre IV : *Comment s'obtient l'*exequatur ?

Chapitre V : *Lois politiques et traités.*

Les quatre premiers chapitres embrassent ce que nous avons appelé le droit commun ; le cinquième a pour objet le droit exceptionnel.

CHAPITRE I

A quels jugements s'applique la nécessité de l'exequatur?

38. A cette question l'art. 2123 C. C. répond : « *Les jugements rendus en pays étranger* ; » mais l'article 545 C. P. C. donne une formule à la fois plus précise et plus exacte : « *Les jugements rendus par les tribunaux étrangers.* » Reste à déterminer ce qu'il faut entendre par ces jugements rendus par les tribunaux étrangers, et à développer les deux propositions contenues dans cette formule :

1° *Il s'agit d'un jugement ;*

2° *Ce jugement a été rendu par un tribunal étranger.*

SECTION I

Il s'agit d'un jugement

39. Les textes emploient le mot *jugement* d'une manière générale sans préciser ce qu'il faut ranger sous cette appellation. Une telle précision eût cependant été utile pour couper court aux graves controverses que soulève ce terme vague.

On est bien d'accord sur un grand nombre de points. Ainsi on ne fait pas rentrer sous le terme de jugements les actes qui, par leur but ou leurs motifs, touchent à la politique, quoique ayant trait aux matières judiciaires (1),

(1) Cass., 24 juin 1807. S., 7, 2, 121. — Paris, 16 janv. 1836. S., 36, 2, 70.

ni ceux qui émanent des autorités administratives, eussent-ils la forme de jugements rendus au contentieux (1). Nos textes ne s'appliquent qu'aux jugements rendus en matières civiles par des tribunaux civils.

Quant aux jugements civils eux-mêmes, on n'est pas en général embarrassé pour distinguer si l'acte en question est ou non une décision judiciaire, et l'on s'accorde aussi à soustraire au droit commun les jugements rendus en pays étranger en exécution ou comme conséquence d'un jugement français (2).

De même aussi on admet sans controverse que lorsque deux jugements étrangers sont rendus l'un en conséquence de l'autre, les deux jugements doivent recevoir l'*exequatur* (3).

La jurisprudence a également fait application de l'*exequatur* à une taxe de frais et honoraires, qu'elle a déclaclarée être une décision judiciaire ordinaire (4).

Il y a déjà quelques difficultés à l'égard des condamnations civiles prononcées accessoirement à une condamnation pénale par un tribunal de répression étranger. Si, dans l'opinion la plus généralement admise, ces condamnations sont assimilées à un jugement civil, le contraire a été jugé (5).

Mais les difficultés les plus sérieuses portent sur les points suivants.

40. — I. *Jugements rendus sur les questions d'état et de capacité.* — Dans l'opinion la plus généralement admise

---

(1) Req. rej. 6 janv. 1841. S., 41, 1, 24.

(2) Zachariæ, § 12, texte et notes 9-10, § 30, note 11. — Aubry et Rau, t. VIII, § 769 ter, p. 418. — Paris, 14 juill. 1807. S., 12, 2, 359. — Req. rej., 14 fév. 1810. S., 10, 1, 243, — Civ. rej., 30 juill. 1810. S., 11, 1, 91.

(3) Trib. Seine, 15 janv. 1878. *Journal*, 1878, p. 376, V° Jugement Étranger.

(4) Paris, 26 déc. 1874, et Req. rej., 15 juin 1875. *Gaz. des Trib.* du 30 juin. *Journal* 1875, p. 435, V° Frais judiciaires.

(5) Paris, 30 nov. 1860. S., 62, 2, 539.

et que nous croyons exacte, les jugements sur l'état et la capacité n'ont pas besoin d'un *exequatur* pour que l'état et la capacité qu'ils donnent soient reconnus en France. En conséquence, le jugement qui prononce la nullité d'un mariage la prononce d'une façon absolue, le mariage sera à considérer comme nul en tous pays, et les époux comme non mariés. Le jugement qui reconnaît une filiation légitime ou naturelle confère la qualité d'enfant naturel dans tous les pays. De même l'enfant désavoué par le mari ne pourrait être traité comme enfant légitime en aucun point du monde. Un jugement d'adoption, un jugement de légitimation rendu dans des pays où ils sont nécessaires ou possibles donneraient l'état d'enfant adoptif ou d'enfant légitime à la face de toute la terre. Le jugement d'interdiction ou demi-interdiction pour imbécillité, démence, fureur, prodigalité crée une incapacité qui suivra l'incapable partout où il portera ses pas.

Pour décider ainsi, on s'autorise d'abord de la tradition constatée par Boullenois (1). On ajoute qu'aux termes de l'art. 3. C. C., les lois du statut personnel suivent l'individu en tous pays, le Français à l'étranger, et l'étranger en France. Or ce statut personnel n'est pas seulement constitué par les lois elles-mêmes, il résulte aussi des jugements qui appliquent ces lois et qui ne peuvent en être distingués. Le texte dont nous parlons ne distingue pas en effet et doit être entendu de l'état que consacre un jugement comme de celui qui résulte de la loi seule. D'ailleurs ces jugements sur l'état, il ne s'agit pas de les exécuter ; ils ne seront jamais la source d'actes d'exécution réelle, impliquant intervention de l'autorité publique ; il n'y a pas, à propos de ces jugements, la crainte de voir une Souveraineté étrangère imposer sa volonté et ses décisions aux officiers et aux particuliers français. Or cette

____

(1) T. II, ch. IV, obs. 25.

crainte, cette nécessité d'assurer l'indépendance de la Souveraineté française et de ses officiers et sujets au regard des Souverainetés étrangères, est, comme on l'a vu et comme on le verra encore, la raison de cet *exequatur*, qui est la permission donnée par l'autorité française à l'exécution des actes étrangers (1).

41. Contre cette solution on objecte qu'elle méconnaît le texte et l'esprit de la loi. Son texte, parce que les art. 2123 C. C. et 546 C. P. C. parlent des jugements en général et que rien dans leurs termes ne permet de distinguer. Son esprit, car ces textes ont pour motifs l'indépendance de la Souveraineté et la défiance à l'égard des juges étrangers ; or la Souveraineté sera aussi bien violée par l'exécution *de plano* d'un jugement sur l'état que s'il s'agissait d'une condamnation pécuniaire; et si les juges étrangers sont suspects en général, ils ne cesseront pas de l'être pour avoir statué sur des questions qui passent à bon droit pour très difficiles. — Ces raisonnements seraient excellents s'il s'agissait d'exécuter les jugements ou de leur faire produire un effet positif à l'encontre de qui que ce soit. Mais, comme nous venons de l'indiquer, il ne s'agit pas de cela. A vrai

(1) V. en ce sens : MM. Aubry et Rau, t. I, § 1, texte II et III; t. VIII, § 769 ter, — Laurent, *Droit civil international*, t. VI, n° 35, p. 70 ; n° 87, p. 158 et n° 107, p. 192. — Demolombe, t. I. p. 103. — Demangeat, *Cond. Civ. des Etr.*, p. 375, et sur Fœlix, n° 604. — Thévenet, Thèse, n° 130-135. — Lemoine, Thèse, p. 188. — Duguit, Thèse, p. 100, note 1. — Bar, *Intern. Privatrecht*, § 154, p. 176. — En sens contraire : Merlin, *Rép.*, V° Faillite, sect. II, § 2, art. 10. — Fœlix, n° 300. — La jurisprudence a longtemps hésité. V. dans le sens du texte : Douai, 20 juin 1820 et 5 mai 1836. S., 36, 2, 428. D., 36, 2, 148. — En sens contraire : Paris, 30 août 1824. S., 25, 2, 203. — Paris, 18 sept. 1833. Dall., *Jurisp. gén.*, V° Droits civils, n° 465-2. — Trib. Seine, 23 janvier 1835. S., 36, 2, 70. — Paris 16 janv. 1836. D., loc. cit., n° 466. — Civ. cass., 16 févr. 1842. S., 42, 1, 714. — Elle a été fixée dans le sens que nous soutenons par un remarquable arrêt de la Cour de Cassation du 23 fév. 1860 rendu sur les conclusions conformes de M. Dupin et le rapport de M. Sevin (S., 60, 1, 210); elle n'a pas varié depuis : Paris, 2 mars 1868. S., 68, 2, 312. — Cass., 6 juill. 1868. D., 69, 1, 267. — Paris, 28 février 1881. *Le Droit* du 16 mars 1881. — Trib. Seine, 26 décembre 1882, *Journal*, 1883, p. 51. — V. cep. Pau, 17 janvier 1872. S., 72, 2, 233.

dire, le jugement sur l'état n'est pas susceptible d'exécution,
ou, si l'on veut, il est aussitôt exécuté qu'il est rendu ; il crée
un état, une capacité ; là se borne toute son efficacité. Or
il est bien certain que cet état, cette capacité suivront celui
qui en est revêtu en tous lieux. Maintenant, cette condition
nouvelle ne restera pas sans effet, elle n'a pas été créée
pour dormir inefficace, il y aura même des conséquences
qui porteront sur les biens situés en France, par exemple
quant au pouvoir de disposer. Mais on ne saurait y voir
une exécution du jugement ; ce sont des effets de l'état
créé par le jugement, de la capacité qui en résulte, on ne
peut pas dire que ce soient des effets du jugement lui-
même.

On objecte encore qu'en parlant d'exécution, la loi a voulu
viser tous les effets des jugements, et non pas seulement
la faculté de ramener à exécution une condamnation pécuniaire à l'aide des moyens légaux de contrainte, et que c'est
un pur sophisme que, après avoir rattaché l'idée d'*exequatur*
à celle d'exécution, d'écarter la première partout où la seconde ne comporte pas d'actes positifs, matériels. — Nous
avons répondu par avance à cet objection en faisant voir
que le jugement sur l'état est complètement exécuté dès qu'il
est rendu, qu'il a produit tous ses effets en conférant à la
personne une qualité nouvelle. Tout le reste est une conséquence de l'état et non du jugement, et qui rentre à ce titre
sous l'application de l'art. 3 C. C.

On conteste aussi l'existence d'une tradition constante
en ces matières ; on dit que le passage invoqué de Boullenois est d'une portée générale et qu'il faudrait l'appliquer
à tous les jugements. — L'argument en somme a peu d'importance et nous en faisons aisément le sacrifice, d'autant
plus que nos adversaires reconnaissent volontiers que la
tradition est ici indifférente et ne saurait contrarier l'application des principes de la loi nouvelle.

Enfin la solution proposée aurait, assure-t-on, de grands

inconvénients en pratique. Il serait, pour ainsi dire, impossible de séparer dans la plupart des jugements les dispositions relatives à l'état ou à la capacité de celles qui offrent
le caractère de jugements relatifs aux biens. On prend
l'exemple d'un jugement qui, déclarant une incapacité,
nomme un administrateur aux biens de l'incapable, et l'on
dit : cet administrateur devra pouvoir accomplir en France,
quant aux biens français, les actes rentrant dans les pouvoirs
qui lui sont confiés. Mais où donc va se placer la limite entre
les actes d'exécution et ceux qui ne le sont pas ? Ce sera
une controverse sans cesse renaissante que de savoir si tel
acte qu'on se propose d'accomplir est une conséquence de
l'état nouveau ou bien constitue une exécution du jugement dans sa partie relative aux biens. — A ces objections
on pourrait répondre que si l'application des principes entraîne quelques inconvénients, la faute n'en est pas à
ceux qui font ces applications, et que ces inconvénients
ne peuvent empêcher une solution d'être fondée en droit.
Il nous paraît d'ailleurs inutile de recourir à ces arguments
héroïques. Le jugement qui nomme un administrateur aux
biens n'est pas un jugement sur l'état ; il intervient accessoirement à un tel jugement, comme conséquence, si l'on
veut, de ce premier jugement, mais on ne saurait dire qu'il
touche à l'état, soit de l'incapable, soit de l'administrateur
lui-même. C'est un acte de juridiction gracieuse, et nous
aurons dans un instant à nous expliquer sur cette classe
particulière de décisions judiciaires. Les difficultés dont on
parle, si elles sont réelles, peuvent peut-être servir d'argument au sujet des actes de juridiction gracieuse, elles
sont sans portée dans la question actuelle.

42. Nous venons de parler des jugements sur l'état et
la capacité, les supposant rendus par un tribunal de l'ordre
civil. On sait que diverses incapacités peuvent être atta-

chées à certaines condamnations pénales ; il y a lieu de se demander quel en serait l'effet en France.

La question met en jeu des principes et des intérêts bien divers. D'abord les lois relatives à l'état et à la capacité sont du statut personnel et ne peuvent s'appliquer qu'aux nationaux ; de plus, les lois et sentences pénales sont essentiellement territoriales et ne peuvent avoir effet hors du territoire. D'un autre côté, il pourrait y avoir scandale à ne pas tenir compte d'une incapacité prononcée même pénalement en pays étranger, à laisser un criminel jouir audacieusement des bienfaits de nos lois et de notre civilisation, alors qu'en passant la frontière il retomberait dans une condition misérable et dégradée ; et cela est d'autant plus grave que l'individu une fois jugé définitivement à l'étranger ne pourrait plus être l'objet d'une poursuite en France (art. 5, al. 3 C. I. C.).

Aussi compte-t-on de nombreux systèmes sur la question.

D'après quelques-uns, les incapacités dérivant de condamnations pénales prononcées à l'étranger ne devraient jamais être admises en France, et cela sans qu'il y ait à distinguer si le condamné est Français ou étranger, si l'incapacité est ou non prononcée dans le même cas par la loi française. C'est l'application rigoureuse et exclusive du principe que les sentences pénales sont territoriales, car l'incapacité accessoire est une peine (1).

Un système diamétralement opposé admet sans distinction ni réserve les incapacités accessoires ; celui-ci ne s'attache qu'aux inconvénients pratiques qui résulteraient d'une solution différente(2).

____

(1) Merlin, *Répert.*, V° Succession, sect. I, § 2, art. 2, et V° Mort civile, § 1, art. 1, n° 6. — Toullier, t. IV, p. 102. — Valette sur Proudhon, *Traité des Personnes*, t. I, p. 136, note A. — Demolombe, t. I, n° 198. — Trib. Seine, 23 janv. 1835. S., 36, 2, 70. — Civ. Cass., 16 fév. 1842. S., 42, 1, 474. — Cass., 14 avril 1868. J. P. 1869, p. 99. D., 63, 1, 262 — Cass. belge, 10 sept. 1869. Pasicrisie, 69, 1, 480, et 26 déc. 1876. Ib., 77, 1. 60.

(2) Demangeat, *Cond. des Étr.*, p. 375, sur Fœlix, t. II, n° 604. — C'est par application de cette doctrine qu'il a été jugé qu'un témoin condamné pour vol

D'autres distinguent, mais à des points de vue différents. Selon les premiers il faudrait savoir si l'incapacité est également consacrée par la loi pénale du pays où l'on veut lui faire produire ses effets, et en cas d'affirmative, si cette loi exige, pour que la condamnation entraîne l'incapacité, qu'elle soit prononcée par un tribunal national. Dans ce dernier cas, il serait impossible de donner effet à l'incapacité sans blesser ouvertement les lois pénales qui sont d'ordre public ; et il en serait de même si la loi du pays où la question, se pose n'admettait pas cette incapacité dans le cas dont s'agit. Dans les autres circonstances, repousser l'incapacité serait admettre en principe qu'un condamné éludât la condamnation en passant les frontières et pût dans sa nouvelle résidence garder intacts son état et sa capacité (1). — Les seconds, appliquant purement et simplement le principe du statut personnel, décident que les incapacités frappant les nationaux du pays où elles ont été prononcées devront avoir effet partout, mais que l'on ne peut donner aucune valeur aux incapacités prononcées contre d'autres personnes et surtout contre celles qui appartiennent au pays où la question se pose (2).

Aucun de ces systèmes, on le voit, ne concilie les divers principes dont nous avons montré l'antagonisme ; et cette conciliation nous paraît en effet impossible. L'essentiel est donc de rechercher quel est le plus important de ces principes et de donner la préférence au système qui respectera le mieux ce principe primordial. A ce point de vue, nous ne pouvons que donner la préférence à la dernière distinction, qui applique purement et simplement le principe de la personnalité des lois relatives à l'état et à la capacité.

en pays étranger pouvait être reproché de ce chef en France. (Colmar, 6 août 1844. S., 15, 2, 20.)

(1) Fiore, *Droit pénal et extradition*, § 143.

(2) Brocher, *Théorie du Droit Intern. Privé. Rev. Gand*, 1871, p. 439. — Dupin, concl. dans l'arrêt sus cité de 1860. S., 60, 1, 210.

C'est là, à notre avis, le principe capital, qu'on ne saurait violer en aucun cas, et la distinction dont nous parlons le respecte scrupuleusement. Elle est d'ailleurs conforme à la solution que nous avons donnée sur la question précédente, puisqu'elle assimile à la loi les jugements qui l'appliquent. On ne peut nier qu'elle ne comporte au moins théoriquement cette conséquence grave qu'un individu déchu de tous ses droits par une sentence étrangère les recouvre en passant la frontière. Cependant nous ne pensons pas que de tels faits soient de nature à se produire bien fréquemment et à porter atteinte à la moralité publique d'une façon inquiétante. En tous cas, ne vaut-il pas mieux admettre ces inconvénients possibles, mais dont on ne cite aucun exemple frappant, que de violer les règles du statut personnel ?

44. Il convient d'ajouter que l'application de cette solution devrait toujours être tempérée par ce principe que l'ordre public français doit être respecté et que l'on ne saurait appliquer à un étranger une incapacité contraire à nos lois, la mort civile, par exemple. Cette observation conduit à décider qu'une incapacité pénale ne sera applicable à un étranger qu'autant qu'elle est admise à la fois par sa loi nationale et par la loi française.

45. Les solutions qui précèdent et les principes qu'elles nous ont permis de poser laissent entrevoir la décision qu'il faut donner à notre avis quant aux jugements étrangers qui ont statué sur l'état et la capacité des Français même en matières purement civiles. Ils sont à considérer comme non avenus, et le Français ne verra pas son état et sa capacité modifiés par les décisions des juges qui sont à cet égard incompétents. La solution ne fait pas d'ailleurs de doute en jurisprudence; on a jugé notamment qu'un tribunal russe était incompétent pour prononcer la nullité

d'un mariage entre Français (1), comme pour prononcer un divorce (2).

46. Nous venons de trancher en principe et d'une façon générale la question des jugements sur l'état et la capacité et nous avons indiqué les hypothèses principales dans lesquelles cette question pouvait se poser ainsi en principe. A ces éléments généraux viennent parfois se mêler des circonstances particulières qui mettent en jeu d'autres principes que ceux qui sont communément applicables aux questions d'état; l'ordre public est souvent intéressé, et nous examinerons à propos de cet ordre public quelques questions qui rentrent bien parmi les questions d'état, mais qui nous paraissent trouver mieux leur place ailleurs (3).

46 bis. Nous avons admis en principe que les jugements rendus en matière d'état et de capacité par les tribunaux étrangers produisaient *de plano* effet en France. Cette solution s'appliquera sans difficultés si la législation du pays où le jugement a été rendu consacre la solution généralement admise sur l'art. 1351 C. C., à savoir l'autorité simplement relative, entre les parties au jugement, de la chose jugée, même quant aux questions d'état et de capacité. Mais il faut aussi se demander quelle devrait être la décision dans le cas où la législation étrangère admettrait qu'un jugement en matière d'état et de capacité existe *erga omnes*, qu'il a une autorité de chose jugée absolue, même à l'égard de ceux qui n'ont pas figuré au procès, — solution que plusieurs considèrent comme préférable en législation à celle que semblent commander les termes généraux de l'art. 1351 C. C. Faut-il décider que le jugement étranger conférera un état, une capacité existant

(1) Paris, 11 déc. 1808. S., 8, 2, 83.
(2) Rouen, 25 mai 1813. S., 13, 2, 233.
(3) V. infra n°ˢ 83 et suivants.

en France *erga omnes*, au contraire qu'il ne pourra être invoqué que par et contre ceux qui auront été parties dans l'instance à l'étranger ?

En faveur de la première solution, on pourrait, ce semble, reprendre les arguments que nous avons invoqués pour reconnaître *de plano* en France aux jugements étrangers en ces matières l'autorité de la chose jugée, et montrer qu'ils conduisent aussi à reconnaître à ces jugements une autorité absolue, opposable à tous et par tous.

Le raisonnement, pour séduisant qu'il soit, ne nous entraîne pas. En admettant même qu'il fût irréfutable, il devrait être écarté, parce qu'il néglige l'intérêt principalement en jeu dans toute notre matière : l'ordre public. Il est évident qu'il serait contraire à l'ordre public de donner à un jugement étranger plus d'effet que n'en peut avoir un jugement français. Le maximum de faveur auquel puisse prétendre un jugement étranger, c'est d'être assimilé au jugement que les tribunaux français auraient prononcé s'ils avaient été saisis de la question soumise aux juges étrangers. Or ce jugement français n'aurait eu qu'une autorité relative, donc le jugement étranger ne peut avoir une force plus grande et plus étendue. Cette considération, absolument décisive à notre avis, se fortifie par le caractère d'ordre public qu'on ne peut méconnaître aux règles de l'*exceptio rei judicatæ* à raison des motifs sur lesquels est fondée cette institution. A ce point de vue encore on violerait une règle d'ordre public en attribuant au jugement étranger une autorité absolue en France (1).

47. — II. *Actes de juridiction gracieuse* (2). — La néces-

(1) Nous ne connaissons ni auteur ni arrêt sur la question. Nous pouvons cependant dire qu'elle sera prochainement examinée dans le *Journal* par notre ami M. Léon Duguit, professeur agrégé à la Faculté de droit de Caen.

(2) V. en sens divers : Martens, § 98. — Klüber, § 57. — Valette, *Mélanges*, t. II, p. 337. — Laurent, *Dr. Civ. Intern.*, t. VI, p. 188. — Aubry et Rau, t. VIII, § 769 ter. — Fœlix et Demangeat. — Paris, 2 fév. 1869. S., 69, 2, 103.

sité de l'*exequatur* dérive du respect dû à la Souveraineté et du besoin d'assurer une bonne justice. Elle devra donc peser sur tous les actes judiciaires, puisque ce sont des actes de Souveraineté, sans qu'il y ait à distinguer entre les actes de la juridiction gracieuse et ceux de la juridiction contentieuse.

Toutefois il faut remarquer que parmi les actes de juridiction gracieuse, il en est qui ne sont qu'une forme authentique donnée à un acte ou à une convention entre particuliers ; d'autres au contraire comportent une intervention effective du juge, un exercice du pouvoir judiciaire sous une forme active. Ces derniers sont incontestablement des actes judiciaires, et les principes doivent leur être appliqués sans hésitation. Quant aux premiers, le caractère authentique, bien qu'il leur ait été donné par une autorité judiciaire, ne peut leur être méconnu en aucun cas, c'est l'application de la règle *locus regit actum*. Pour les actes d'exécution qu'on voudrait leur faire produire, il faudrait un *exequatur*, et l'art. 546 C. P. C. est certainement applicable, soit qu'on regarde ces actes de juridiction gracieuse comme des jugements ou comme de simples actes reçus par des officiers publics ; dans les deux cas, la force exécutoire ne peut leur être attribuée sans l'autorisation de la Souveraineté française.

On ne peut d'ailleurs se dissimuler que cette solution est, dans l'application, très rigoureuse ; elle aboutit par exemple à imposer l'*exequatur* aux jugements qui nomment un tuteur, un curateur, un conseil judiciaire, un administrateur aux biens d'une façon générale. Ces administrateurs ne pourront exercer leurs fonctions en France qu'après avoir obtenu l'*exequatur* du jugement qui les nomme, c'est par cet *exequatur* seulement que leur qualité sera reconnue

Trib. Nantes, 18 avril 1872, et Rennes, 26 nov. 1873. *Journal*, 1876, p. 105, V° Ordonnance étrangère.

en France. Ceux qui écartent cette application des principes et veulent que les qualités conférées par ces jugements soient *de plano* reconnus en France, admettent cependant que pour les actes d'exécution ces mêmes jugements devraient être revêtus de l'*exequatur* (1). Mais cette restriction, qui d'ailleurs s'imposait, manque de précision et ne snffit pas à corriger les inconvénients de la violation des principes. Où se place, quant au pouvoir de ces administrateurs, le point de départ des actes d'exécution? Quand pourrat-on dire qu'ils exécutent le jugement qui les nomme? Pour nous, tout acte qu'ils accompliront en cette qualité sera un acte d'exécution du jugement qui les institue, puisqu'ils ne peuvent l'accomplir qu'en vertu de ce jugement.

48. Cette décision doit être combinée avec celle que nous avons donnée sur les jugements relatifs à l'état et à la capacité. Souvent une même sentence prononce sur la capacité et nomme un administrateur aux biens. Le premier jugement reçoit effet sans *exequatur* et l'incapable est *de plano* incapable en France, mais son tuteur ou curateur ne pourra soit agir en son nom, soit compléter sa capacité, qu'après l'*exequatur* du jugement en cette partie (2). En pratique, il y aura là une perte de temps qui peut préjudicier à l'incapable; si cette objection ne suffit pas pour une solution fondée en droit, au moins oblige-t-elle à l'appliquer avec douceur. Peut-être pourrait-on, s'il s'agit d'un procès engagé avec l'administrateur aux biens, autoriser le tribunal français à donner dans l'instance l'*cxequatur* nécessaire, ou même, d'une façon générale, permettre au tribunal français saisi de la demande en *exequatur* d'autoriser par avance l'acte à accomplir, sauf les précautions utiles.

(1) Req. rej., 9 mars 1853. S., 53, 1, 269.
(2) Pau, 6 janv. 1868. S., 68, 2, 100. Contra : Paris, 13 mars 1850. S., 51, 2, 791.

49.—III. *Sentences arbitrales.*— Les textes et l'esprit de la loi commandent d'user de distinctions en ce qui touché aux sentences arbitrales. Les textes parlent de jugements, ils ont pour but de sauvegarder à la fois les droits de la Souveraineté française contre les empiétements des Souverainetés étrangères et les droits des particuliers contre les tribunaux étrangers suspects.

Or une sentence arbitrale peut se présenter sous des aspects très différents.

Parfois ce sont des plaideurs qui, librement, spontanément, dans le but d'éviter un recours aux tribunaux, ont préféré constituer des arbitres en s'engageant par avance à accepter et à exécuter leur décision; il n'y a là qu'un contrat entre particuliers, formé sans aucune intervention de l'autorité publique.

Mais cette intervention peut aussi se produire, et cela dans des conditions très variées. D'abord les particuliers peuvent avoir fait revêtir de la formule exécutoire la sentence arbitrale libre et volontaire dont nous venons de parler. De plus, il se peut que l'arbitrage ait été imposé par la loi, soit qu'elle abandonne aux parties le droit de choisir les arbitres qu'elle leur commande de constituer, soit qu'elle charge le juge de les désigner, soit qu'elle partage entre les parties et le juge le droit de nommer les arbitres, soit enfin qu'elle n'appelle le magistrat à intervenir que dans les cas de partage entre les arbitres et pour nommer un départiteur ou dans les cas où l'une des parties refuserait ou négligerait de désigner ses arbitres; il se peut encore que le tribunal lui-même ait renvoyé les parties à se pourvoir devant les arbitres. Dans tous ces cas, il n'y a plus un contrat librement formé entre particuliers, l'autorité publique est intervenue pour l'imposer ou pour l'exécuter; il y a un véritable acte de juridiction, un exercice du pouvoir judiciaire, dont les effets ne peuvent se produire en

France que moyennant les conditions imposées aux actes judiciaires en général (1).

Il faut donc distinguer entre les sentences arbitrales volontaires, où l'autorité publique n'a pas paru, et les sentences arbitrales non volontaires, où l'autorité publique est intervenue. Les premières sont assimilées aux sentences arbitrales françaises ; les secondes partagent le sort des jugements. Cette distinction n'aboutit pas à dispenser les premières de l'*exequatur* imposé à celles-ci, les sentences arbitrales françaises elles-mêmes étant soumises à la nécessité d'un *exequatur*. Mais on pourra constater plus tard quelles différences essentielles existent entre l'*exequatur* donné aux décisions arbitrales et celui dont sont revêtus les jugements étrangers. Cette assimilation des sentences arbitrales étrangères volontaires aux françaises entraîne application à celles-là de la disposition de l'art. 2123 al. 3 C. C., qui ne donne à celles-ci le pouvoir de conférer l'hypothèque que moyennant l'ordonnance d'*exequatur*. La même solution découlerait d'ailleurs de l'art. 2128 C. C., qui décide que les contrats passés en pays étranger ne peuvent donner d'hypothèque sur les biens de France ; et nous avons dit que la sentence arbitrale volontaire est un contrat. Toutefois il est plus sûr de rattacher cette solution à l'art. 2123 ; car on sait que l'art. 2128 est une erreur législative certaine, et d'autre part la sentence arbitrale, si elle

(1) Paris, 16 déc. 1809. S., 10, 2, 298. — Civ. rej., 31 juill. 1875. S., 15, 1, 369. — Paris, 7 janv. 1833. S., 33, 2, 145. — Req. rej., 16 juin 1840. S., 40, 1, 583. — Paris 22 juin 1843. S., 43, 2, 346. — Chambéry, 15 mars 1875. *Journal*. 1876, p. 101. — Aubry et Rau, § 769 ter, t. VIII, p. 408. — Merlin, *Quest.* V° Jugement, § 14, n° 3. — Grenier, *Hyp.*, t. I, n° 213. — Valette, *Mélanges*, t. II, p. 351. — Fœlix et Demangeat, II, 424. — Troplong, *Hyp.*, II, 453. — Pont, *Hyp.*, 587. — Chauveau sur Carré, quest. 1900. — Demolombe, I, 262. — Larombière, art. 1351, n° VII. — Bonfils, 381. — Soloman, *Condit. des Etr.*, p. 14. — Massé, II, 815. — Delvincourt, I, p. 32. — Lemoine, Thèse, p. 316 — Dalloz, *Jur. gén.*, V° Arbitrage, n° 770. — Merlin, *Rép.*, V° Arbitre, § 14, art. 3. — Boitard, II, p. 459. — Bourbeau et Boncenne, t. VI, p. 504. — Laurent, *Droit civil*, t. XX, n° 4. — Pardessus, IV, 1488 ter. — Contra : Toullier, X, 87. — Zachariæ, § 32, note 11. — Rodière, p. 12.

est un contrat, a cependant une nature particulière à raison de son objet. Le maximum de faveur qu'on puisse accorder à une telle décision venant de l'étranger est de
l'assimiler aux sentences arbitrales françaises.

50. De cette nature contractuelle il suit que la sentence
arbitrale volontaire prendra la nationalité du pays où elle
est rendue, et qu'elle devra revêtir les formes prescrites
par la loi de ce pays. La même loi devra s'appliquer alors
même que le compromis serait intervenu dans un autre
pays que celui où la sentence a été rendue. Quant aux
sentences arbitrales non volontaires, la nationalité de l'autorité publique qui est intervenue déterminera celle de la
sentence elle-même.

51. On a vu qu'à notre avis la sentence arbitrale perd
son caractère contractuel lorsque, purement volontaire au
début, elle a été revêtue par l'autorité étrangère de la
formule exécutoire. Mais ne pourrait-on pas pour en obtenir
l'exécution ne pas tenir compte de cette formule exécutoire
et demander l'exécution de la sentence arbitrale toute
seule ? On objectera que l'autorité étrangère s'est approprié
la sentence arbitrale en lui communiquant la force d'un
jugement. Cependant nous ne voyons aucun principe qui
s'oppose à ce que celui qui a obtenu en sa faveur une
sentence arbitrale s'en tienne devant les tribunaux français
à cette décision toute seule et la sépare de la formule
exécutoire étrangère ; car cette formule exécutoire, qui est
un avantage, ne saurait devenir pour lui un inconvénient
et lui porter préjudice.

D'ailleurs s'il y a des traités sur l'exécution des jugements, ils seront applicables aux sentences arbitrales (1).

52. — **IV**. *Commissions rogatoires*. — Ce ne sont pas à

(1) Paris, 19 mars 1830. S., 30, 2, 145.

proprement parler des jugements ; mais nous en parlons ici parce que nous ne retrouverons plus l'occasion de nous en occuper, et qu'en somme ce sont des actes judiciaires.

Elles ne peuvent être mises à exécution sans avoir été l'objet d'une transmission du Ministre de la Justice au tribunal requis (1). En aucun cas il ne peut y être procédé, lorsque les parties ont la faculté d'accomplir elles-mêmes et sans le concours des tribunaux les actes demandés (2). Le tribunal français requis reste d'ailleurs libre d'apprécier si la commission rogatoire qui lui est transmise émane d'un juge compétent et si elle respecte les principes d'ordre public (3).

En quelle forme doivent-elles être accomplies ? Les uns veulent que ce soit toujours dans les formes prescrites par la loi du tribunal requérant ; d'autres au contraire prétendent que ce doit être toujours dans les formes exigées par la loi du lieu où la commission rogatoire est accomplie. La jurisprudence pratique une distinction qui nous paraît justifiée, entre les formes qui sont *litis decisoriæ,* et qu'elle laisse régies par la loi étrangère, et les formes *litis ordinatoriæ,* qui sont gouvernées par la loi française. L'application de cette distinction a été faite notamment pour l'audition de témoins (4).

La présence des parties aux actes requis n'est que facultative.

Il n'est perçu aucun droit de timbre ni d'enregistrement pour les actes relatifs à l'exécution des commissions roga-

---

1) Instruction du Garde des Sceaux citée dans Fœlix et Demangeat.

(2) Lettres du Garde des Sceaux au Ministre des Affaires Étrangères du 22 août 1876, et au Procureur de la République de Vienne du 6 juill. de la même année, dans le *Journal* 1876, p. 417.

(3) Trib. Bayonne, 17 avril 1874. *Journal*, 1875, p. 271, V° Jugement étranger.

(4) Pau, 29 avril 1861. S., 62, 2, 253. — Dijon, 21 janvier 1869. S., 69, 2, 53. — Cf. Fœlix et Demangeat, I, 246. — Massé, II, 779.

toires. C'est au Gouvernement français à tâcher d'obtenir des Gouvernements étrangers un traitement égal (1).

SECTION II
Le jugement a été rendu par un tribunal étranger

53. Cette formule nous conduit à nous occuper des jugements des tribunaux coloniaux et des consuls, de ceux -qui peuvent être rendus avant ou après une annexion ou pendant une occupation de l'ennemi, des sentences émanées des tribunaux mixtes d'Égypte et des commissions mixtes de Constantinople.

5 4. — I. *Tribunaux coloniaux*. — Rien ne les distingue, en ce qui touche au pouvoir des juges, des tribunaux du continent européen, et leurs jugements produisent sans *exequatur* les effets ordinaires des jugements français.

55. — II. *Consuls* (2). — Il faut donner la même valeur aux jugements rendus par les consuls de France dans les cas où ils ont encore gardé juridiction. Ils sont bien rendus en pays étranger et paraissent visés par l'art. 2123, mais ils n'émanent pas de tribunaux étrangers, et c'est ce qu'il faudrait pour l'*exequatur*, aux termes de l'art. 546 C. P. C. et selon l'esprit et les motifs de la loi.

L'édit de 1778 art. 35 disposait que les jugements des consuls de France seraient exécutés dans le Royaume, moyennant un *pareatis* analogue à celui qui servait à don

(1) Décis. du Ministre des Finances du 27 mars 1839. Lettre du Garde des Sceaux au Procureur de la République de Vienne, citée plus haut.

(2) V. un article non signé dans le *Journal*, 1881, p. 508. — Damo l., I, 262 — Grenier, *Hyp.*, I, 212. — Valette, *Mél.*, II, p. 337. — Delvincourt, III, p. 298. — Troplong, *Hyp.*, II, 452. — Zach., I, § 30, note 3. — Larombière, art. 1351, n° 8.— Persil, *Rég. Hyp.*, art. 2123, n° 23. — Persil, *Quest. sur les Privil.*, I, p. 182. — Pont, *Hyp.*, 583. — De Clerq et de Vallat, *Consulats*, II, p. 398. — Duranton, XIX, 342. — Aubry et Rau, § 265, t. III, p. 251. — Théenet, Thèse, n° 109. — Féraud–Giraud, *Échelles du Levant*, II, p. 306.

ner exécution dans le ressort d'un Parlement à un arrêt rendu par un autre Parlement ; ce qui revenait en somme à assimiler les jugements des consuls aux jugements des tribunaux français. Cette assimilation, très rationnelle, puisque les uns et les autres émanent d'autorités judiciaires constituées par le même Souverain, n'a jamais été contestée. L'art. 547 C. P. C. ayant supprimé la nécessité d'un *pareatis* inutile depuis l'unification judiciaire du territoire, aujourd'hui les jugements des consuls sont *de plano* exécutoires dans toute la France. Seulement l'authenticité doit en être attestée par la légalisation de la signature du Consul donnée au Ministère des Affaires étrangères conformément à l'ordonnance du 25 octobre 1833 art. 10.

Les jugements des consuls comportent donc tous les effets d'un jugement français : autorité de chose jugée, exécution parée, hypothèque judiciaire.

Réciproquement, les jugements français sont exécutoires pour nos consuls à l'étranger, sans qu'ils puissent les reviser ; et de même ils peuvent, comme tout tribunal français, recevoir commission rogatoire d'un tribunal de la métropole (1). Mais il n'en est ainsi que du consul, à raison de son pouvoir de juridiction ; il en est autrement des vice-consuls et des agents consulaires qui n'ont pas ce pouvoir.

De même nos consuls seraient compétents pour reviser les jugements étrangers dont on leur demanderait l'exécution (2). Il y a cependant exception pour les jugements turcs (3).

(1) Lettre du Garde des Sceaux au Ministre des Affaires Étrangères du 14 août 1877.

(2) Aix, 5 fév. 1832. D., 32, 2, 178.

(3) Capitulation de 1740, art. 71, citée par Féraud-Giraud, *Rev. historique*, t. I, p. 596.

56. III. *Jugements rendus avant ou après une annexion* (1).
— Lorsque, soit par conquête, soit pacifiquement, un État s'annexe une province faisant partie d'un autre État, il se produit comme conséquence de cette annexion un changement dans la Souveraineté de la province annexée et par suite dans sa nationalité. Parmi les effets généraux de l'annexion et du changement de Souveraineté, il en est qui doivent s'appliquer à notre matière. Les tribunaux du pays annexant, jadis tribunaux étrangers pour ceux de la province annexée, deviennent des tribunaux nationaux; leurs jugements devront avoir la même valeur que ceux rendus par les juges de la province annexée. A l'inverse, les tribunaux du pays démembré, jadis tribunaux nationaux, deviennent tribunaux étrangers, et leurs jugements ne doivent plus avoir la valeur absolue qu'ils avaient avant l'annexion.

Mais l'application de ces principes doit être tempérée par une autre idée : c'est que le traité qui consacre ou opère une annexion ne veut et ne peut produire ses effets que dans l'avenir et non dans le passé ; en d'autres termes, il n'a pas d'effet rétroactif, et respecte strictement les droits acquis antérieurement.

La France a eu des annexions et des démembrements; qui peut dire si la liste en est close? Les questions se sont posées et se poseront encore. Quant aux jugements, il nous faut les résoudre. Pour ce faire, nous distinguerons plusieurs hypothèses :

1° Le jugement a été rendu dans la province annexée et doit y être exécuté ;

2° Le jugement a été rendu dans la province annexée et doit être exécuté dans le pays annexant ;

---

(1) V. Merlin, *Quest.*, V° Réunion. — Grenier, I, 217 — Troplong, *Hyp.*, II, 41. — Toullier, X, 93.

3° Le jugement a été rendu dans la province annexée et doit être exécuté dans le pays démembré ;

4° Le jugement a été rendu dans le pays annexant et doit être exécuté dans la province annexée ;

5° Le jugement a été rendu dans le pays démembré et doit être exécuté dans la province annexée.

57. 1° *Le jugement a été rendu dans la province annexée et doit y être exécuté.* — Il faut sous-distinguer selon que le jugement avait acquis avant l'annexion l'autorité de la chose jugée, ou ne l'a acquise qu'après.

Au premier cas, les effets du changement de Souveraineté, qui seraient de refuser l'exécution du jugement en dehors des conditions ordinaires applicables aux jugements étrangers, se trouvent modifiés par le principe de la non-rétroactivité de l'annexion. Il est bien vrai que le territoire où l'exécution devait avoir lieu a changé de nationalité tandis que le jugement conservait la sienne : mais cette transformation ne peut porter atteinte aux droits acquis des parties ; or c'était pour elles un droit acquis au jour de l'annexion que celui de faire exécuter sans *exequatur* le jugement dont s'agit. Ce jugement sera donc exécutoire *de plano ;* seulement le changement survenu dans la Souveraineté nécessitera une modification dans la formule exécutoire, celle-ci ne pourrait être conçue au nom de l'ancien Souverain, dont les droits sont anéantis ; il doit y être fait mention du Souverain nouveau (1).

Au second cas, il faut savoir si le jugement se trouvait au jour de l'annexion frappé d'un recours ordinaire, ou bien si à ce même jour il était encore inattaqué.

Si un recours ordinaire, supposons un appel, est formé, l'effet en sera différent selon qu'il aura été formé devant une Cour siégeant dans la province annexée, ou devant

____

(1) Chambéry, 5 juin 1867. S., 68, 2, 75.

une Cour siégeant dans le pays démembré. Dans la première hypothèse, le jugement n'ayant pas encore acquis l'autorité de la chose jugée, il n'y a pour les parties au jour de l'annexion aucun droit à l'exécution. Peu importe d'ailleurs ; la Cour saisie du recours étant devenue une juridiction du pays annexant, l'arrêt qu'elle prononcera sera rendu au nom du nouveau Souverain et sera *de plano* exécutoire sur le territoire soumis à ce Souverain. — Dans la seconde hypothèse, les parties ont bien un droit acquis, que l'annexion ne pourrait, sans effet rétroactif, leur enlever, à être jugées par la Cour déjà saisie. L'instance suivra donc son cours, mais les plaideurs n'ont pas au jour de l'annexion un droit acquis à l'exécution *de plano* de l'arrêt à intervenir, lequel sera à considérer comme un jugement étranger ordinaire.

Si le jugement n'était, au jour de l'annexion, l'objet d'aucun recours, les parties n'ont pas un droit acquis à porter ce recours possible devant une Cour du pays démembré. C'est aux tribunaux d'appel du pays annexant qu'appartiendra compétence, et naturellement les arrêts qu'ils rendront seront exécutoires comme des arrêts nationaux qu'ils sont véritablement.

58. Nous n'avons parlé que des voies de recours ordinaires et plus spécialement de l'appel, réservant ce qui a trait à l'opposition. Pour celle-ci les difficultés ne peuvent être de la même gravité, puisqu'elle est portée au tribunal qui a rendu le jugement par défaut et qu'il ne pourra y avoir de conflit de nationalités entre le jugement attaqué et le jugement qui statuera sur ce recours. On aurait pourtant à se demander ce qu'il adviendrait au cas où la législation nouvelle applicable à la province annexée prohiberait l'opposition possible selon la loi ancienne ou à l'inverse permettrait l'opposition non admise par la loi du pays démembré. L'effet non rétroactif du traité serait au premier

cas de maintenir les oppositions déjà formées au jour de l'annexion, mais de n'autoriser pas des oppositions nouvelles. Au second cas, il empêcherait qu'on pût désormais former une opposition qui n'aurait pas pu l'être avant l'annexion. Cependant ces deux solutions peuvent soulever de graves difficultés. La première, parce que les oppositions maintenues ne pourraient être jugées que selon la loi applicable avant l'annexion, puisque la loi nouvelle est, par hypothèse, muette à cet égard ; on arrive ainsi à maintenir en vigueur une loi qui depuis l'annexion ne peut plus être appliquée par les tribunaux de la province annexée. La seconde, parce qu'il est possible que la loi désormais applicable considère comme d'ordre public la possibilité d'un recours contre les jugements par défaut.

59. Quant aux recours extraordinaires, et d'abord quant au recours en cassation, il est évident que, après l'annexion, il n'en saurait être formé dans le pays démembré, dont les tribunaux ont désormais perdu compétence à cet égard. S'il est formé avant l'annexion, la Cour cassation restera saisie, les parties ayant un droit acquis à la compétence de ce tribunal. Mais on peut se demander quels seront les effets de l'arrêt à intervenir. S'il rejette le pourvoi, pas de difficulté : le jugement reçoit exécution ainsi que nous l'avons dit, sans qu'on ait à se préoccuper de l'arrêt rendu sur le pourvoi. Si l'arrêt casse le jugement, celui-ci, qui a peut-être reçu exécution, restera intact, jusqu'à ce qu'on ait obtenu l'*exequatur* de l'arrêt de cassation qui est bien certainement un arrêt étranger. En outre, la Cour en cassant l'arrêt, devra renvoyer les parties devant une autre Cour d'appel ; elle ne pourrait évidemment désigner une Cour de la province annexée ou du pays annexant, car elle n'a pas d'autorité sur ces tribunaux, mais seulement une Cour du pays démembré, dont l'arrêt sera certainement une sentence étrangère quant à la province annexée,

et pourra peut-être être tenue pour non avenue à cause d'incompétence.

Pour les autres recours extraordinaires (requête civile, etc.), la solution est plus simple. Formés avant l'annexion, ils seront jugés par les juridictions qui en auront été saisies, et la sentence à intervenir prendra la nationalité du tribunal qui l'aura rendue. S'ils n'ont pas été formés avant l'annexion, ils ne pourront l'être que dans les cas et devant les juges déterminés par la loi applicable à la province annexée.

60. 2° *Le jugement a été rendu dans la province annexée et doit être exécuté dans le pays annexant.* — Il faut encore distiguer selon que le jugement avait ou non acquis l'autorité de la chose jugée au jour de l'annexion.

Au premier cas, le jugement est, au regard du pays annexant, un véritable jugement étranger, soumis en conséquence à la nécessité d'un *exequatur* dans les formes et conditions prescrites par la loi du pays annexant. Les plaideurs avaient en effet acquis le droit d'exiger l'*exequatur* dans ces termes, et le traité d'annexion n'a pas détruit ce droit ; il a bien fait disparaître la différence de Souveraineté, mais pour l'avenir seulement, et le jugement est resté l'acte d'une Souveraineté étrangère. D'ailleurs l'intérêt des justiciables qui vient s'adjoindre au respect de la Souveraineté reste entier même après l'annexion, puisque le jugement n'en est pas moins l'œuvre de juges étrangers.

Au second cas, il faut introduire ici les mêmes distinctions que sur le premier. Si le jugement a été l'objet d'un recours antérieur à l'annexion et formé devant une Cour du pays démembré, il y aura, comme nous l'avons dit, un jugement étranger pour le pays annexant ; s'il avait été formé avant l'annexion, mais devant une Cour siégeant dans la province annexée, il y aurait un jugement national ; à plus forte raison en serait-il de même si ce recours avait été formé après l'annexion soit devant un tribunal de la province annexée, soit même devant un tribunal du pays annexant.

De même il faut suppléer ici ce que nous avons dit sur la première hypothèse relativement à l'opposition contre un jugement par défaut et aux recours extraordinaires.

61. 3° *Le jugement a été rendu dans la province annexée et doit être exécuté dans le pays démembré.* — Distinguons encore s'il avait ou non au jour de l'annexion l'autorité de la chose jugée.

S'il l'avait, c'était un jugement national pour le pays démembré, et par conséquent exécutoire *de plano* dans ce pays.

S'il ne l'avait pas, il faudra savoir si un recours était formé ou non. Au premier cas, le recours, s'il est formé au jour de l'annexion devant une Cour du pays démembré, constitue pour les parties un droit acquis, l'arrêt à intervenir sera évidemment un jugement national dans le pays démembré et sera exécutoire *de plano*. Si le recours était formé avant l'annexion, mais devant une Cour de la province annexée, le jugement prendrait la nationalité nouvelle attribuée à la Cour saisie en même temps qu'à toute la province, et constituerait pour le pays démembré un jugement étranger. — Au second cas, le recours ne pourrait être formé après l'annexion que devant une Cour du pays annexant ou de la province annexée, et serait un jugement étranger pour le pays démembré (1).

Quant aux recours extraordinaires, formés avant l'annexion devant un tribunal du pays démembré, ils lui restent soumis et le jugement qui intervient est un jugement national pour le pays démembré. Formés avant l'annexion devant un tribunal de la province annexée, ils donnent lieu après

---

(1) Cass. 18 juin 1815. S., 18, 2, 172. — Paris, 20 mars 1817. S., 18, 2, 172, — Aix, 10 avril 1823. S., 37, 2, 171. D., 38, 2, 106. — Contra : Civ. Cass., 27 juill. 1816. S., 16, 1, 297.

l'annexion à un jugement étranger pour le pays démembré. Il en serait évidemment de même s'ils étaient formés après l'annexion devant un tribunal soit de la province annexée, soit du pays annexant.

62. *4° Le jugement a été rendu dans le pays annexant et doit être exécuté dans la province annexée.* — Les mêmes principes semblent devoir recevoir application. En conséquence on déciderait que si le jugement avait l'autorité de la chose jugée au jour de l'annexion, il serait à considérer même après l'annexion et dans la province annexée comme un jugement étranger soumis à l'*exequatur;* — que s'il n'avait acquis cette force qu'après l'annexion, soit qu'il eût été l'objet d'un recours, soit qu'il n'eût pas été attaqué, le changement de Souveraineté pourrait produire ses effets sans blesser aucun droit, et le jugement en question serait exécutoire *de plano* comme jugement national. Cette dernière solution est très acceptable; mais la précédente est de nature à soulever de graves difficultés. En effet, l'*exequatur* que l'on exige ainsi pour le jugement rendu dans le pays annexant sera donné dans la province annexée par les juges institués après l'annexion par le nouveau Souverain, ayant donc même institution que les juges qui ont rendu le jugement en question. Or il est de principe que l'*exequatur* n'est exigé que pour les jugements émanés d'une Souveraineté étrangère, et il y aurait contradiction à soumettre les jugements d'une Souveraineté à l'*exequatur* de cette même Souveraineté (1).

Si un recours extraordinaire a été formé, qu'il l'ait été avant ou après l'annexion, dans tous les cas le jugement à intervenir sera pour la province annexée un jugement national.

63. *5° Le jugement est rendu dans le pays démembré*

____

(1) Paris, 9 juin 1874. *Journal,* 1875. V° Jugement français.

et doit être exécuté dans la province annexée. — Toujours
par application des mêmes principes, il faudra déclarer
exécutoires *de plano* les jugements qui auront acquis l'autorité de la chose jugée antérieurement à l'annexion, parce
que les parties ont un droit acquis à cette exécution ; il
faudra au contraire soumettre à la nécessité de l'*exequatur*
et aux conditions qu'il comporte les jugements qui n'auront
acquis cette force de chose jugée qu'après l'annexion.

De même si un recours extraordinaire a été formé, le
jugement à intervenir sera dans tous les cas un jugement
étranger pour la province annexée.

64. Nous venons de donner les solutions théoriques qui
découlent de l'application combinée du principe que l'annexion modifie la Souveraineté et de cet autre principe
qu'elle n'a pas d'effet rétroactif nuisant aux droits acquis.
Ces solutions présenteraient en pratique des inconvénients
que les traités s'occupent parfois de prévenir en réglant
expressément les conséquences de l'annexion en ce qui
touche aux actes judiciaires.

C'est ainsi que deux traités de rectification de frontières,
l'un conclu avec la Prusse du 23 octobre 1829 et l'autre
conclu avec la Suisse en 1862, stipulent le maintien de
tous les actes judiciaires antérieurs.

De même la convention du 11 décembre 1871 additionnelle au traité de Francfort contient à cet égard des dispositions intéressantes (art. 3).

Les jugements français rendus entre Français et ayant
acquis l'autorité de la chose jugée avant le 20 mai 1871
durent être exécutoires *de plano* en Alsace-Lorraine. Ce
n'est que l'application des principes précédemment posés,
seulement on fixe formellement la date à laquelle doit ê:re
rapportée l'annexion, date qui devrait en principe être
fixée au jour du traité d'annexion.

Quant aux jugements rendus en Alsace-Lorraine et non

encore définitifs à la même date, ils purent être attaqués devant les Cours d'Appel ou de Cassation de France auxquelles ils ressortissaient, sans qu'on pût exciper de l'incompétence résultant de l'annexion et du changement de nationalité. Ici on s'écarte des principes ci-dessus posés. Nous avons dit, en effet, que les recours non formés devraient être portés aux tribunaux du pays annexant.

On comprend cependant qu'au point de vue pratique, il y ait des avantages à donner compétence aux tribunaux français. Cela est surtout sensible pour les recours ordinaires; l'affaire commencée devant des juges français doit se terminer devant des juges français. Si on la soumettait aux juges allemands, il faudrait ou bien lui appliquer en cause d'appel la loi française dont il a été fait application en première instance, — et alors ne vaut-il pas mieux faire appliquer cette loi par des juges français que par des juges allemands? — ou bien faire appliquer en appel la loi allemande, et on aurait le bizarre spectacle d'une question résolue par des lois différentes dans les deux degrés de juridiction. Si au lieu d'un appel nous supposons une opposition à un jugement par défaut, on pourrait voir le même tribunal appliquer à la même demande deux législations différentes. Pour le recours en cassation, les mêmes raisons existent, quoiqu'elles ne se présentent pas sous une forme aussi saisissante, le procès ayant été terminé par un jugement définitif : cependant il serait toujours vrai que la solution inverse pourrait conduire à appliquer au même procès deux législations contradictoires.

On remarquera d'ailleurs que le traité s'occupe aussi de recours à former dans l'avenir. Il décide par application des principes ci-dessus que les appels et les pourvois formés avant le 20 mai 1871 devront être jugés par les Cours qui en seront saisies. Il y aurait exception cependant dans le cas où l'instance serait en matière personnelle et où l'annexion aurait pour conséquence de soumettre en pareille matière les deux parties à la compétence des tribunaux allemands. Cette exception spéciale dans ses termes aux pourvois ou appels déjà formés au 20 mai 1871, nous paraît à fortiori devoir être étendue aux appels ou pourvois non encore formés à cette date, bien que la disposition précédente donne sans réserve compétence pour ceux-ci aux juges français. En effet dans ce dernier cas, la solution proposée ne serait que l'application du principe et ne violerait aucun droit ; au contraire dans le cas où le recours est déjà formé, elle blesse à la fois les principes et les droits des parties. Qu'on n'objecte pas que cette exception doit être strictement limitée d'après ses termes, car cette règle d'interprétation n'est pas applicable aux exceptions qui dérogent elles-mêmes à des exceptions et appliquent la règle générale, ce qui est bien notre cas.

Enfin la convention s'exprime sur le sort des instances encore pendantes : les procès en matières réelles doivent ressortir aux tribunaux de la situation, donc pour les biens situés en Alsace-Lorraine aux tribunaux de cette province désormais allemande ; — les demandes en matières personnelles appartiennent aux tribunaux du domicile des défendeurs.

Signalons aussi le décret du 12 juin 1860, art. 2, qui ordonne que la formule exécutoire soit délivrée sans frais aux jugements rendus en Savoie avant l'annexion à la France.

65. Du cas d'annexion il faut rapprocher celui où deux pays sont réunis avec leur autonomie respective sous le sceptre d'un même prince. Cette circonstance n'implique pas que les jugements de l'un des pays soient *de plano* exécutoires dans l'autre État, et laisse subsister la nécessité d'un *exequatur*. En vain objecterait-on que la justice est rendue dans les deux pays au nom du même Souverain, et que notre solution aboutit à admettre sur le même point deux expressions différentes de la volonté de ce

Souverain ; cette objection abuse évidemment de la fiction que le Souverain est censé juger par la bouche des magistrats qu'il a institués ; d'ailleurs on a une anomalie pareille dans le cas où sur l'appel un jugement est réformé; enfin la formule exécutoire dont sont revêtus les jugements ne s'adresse qu'aux fonctionnaires d'un seul pays (1).

66. — III. *Jugements rendus pendant une occupation ennemie* (2). — L'occupation militaire, état de fait seulement, n'atteint pas en droit la Souveraineté du pays occupé. Jusqu'au jour où un traité régulier aura consommé une annexion, l'occupation militaire ne déplace pas la Souveraineté et n'atteint pas théoriquement l'exercice de ses droits sur le territoire envahi.

Il suit de là, comme conséquence spéciale à notre matière, que les juges institués par le Souverain du pays envahi conservent leur caractère et leur nationalité malgré l'occupation ; qu'ils doivent continuer à rendre la justice au nom de ce Souverain, et ne peuvent la rendre sous le nom d'un autre ; que les jugements rendus par eux conformément à ces principes sont toujours des jugements nationaux exécutoires *de plano* dans les autres parties du pays restées libres comme dans le territoire envahi lui-même ; qu'à l'inverse, ces jugements seraient encore à considérer comme des jugements étrangers dans le pays d'où vient l'invasion ; enfin que les jugements qui auraient été rendus au nom de l'envahisseur seraient radicalement nuls.

(1) Cass., 27 août 1812. S., 13, 1, 226. — Persil, *Régime Hypothécaire*, art. 2123, n° 18

(2) V. sur ce point : Merlin, *Rép.*, V° Souveraineté, § 8. — Larombière, art. 1351 VIII. — Troplong, *Hyp.*, t. II, n° 459. — Morin, *les Lois de la Guerre*, t. I, p. 188 et sv. — Thévenet, Thèse, n° 111. — Lemoine, Thèse, p. 204. — Boyer-Peyreleau, *les Antilles française*, t. II, p. 437. — Loening, *Adm. du Gouv. Génér. d'Als.-Lorraine pend. la guerre 1870-71. Rev. Gand*, 2° art., 1873, p. 94. — Bluntschli, *Moderne Volkerrecht*, § 731. — Fiore ; *Droit Intern. public*, t. II, p. 351. — Vattel, t. III, liv. III, § 197. — Demangeat sur Fœlix.

67. L'envahisseur cependant sera souvent tenté d'anticiper sur l'annexion qu'il poursuit. Il voudra dès à présent implanter son autorité sur le territoire qu'il occupe, et s'efforcera tout naturellement de mettre la main sur l'administration de la justice. Tantôt il exigera que les tribunaux alors en siège rendent la justice au nom de la Souveraineté conquérante, tantôt il instituera aux lieu et place des tribunaux qu'il trouve installés des magistrats pour juger en son nom. Dans les deux cas, la solution théorique doit être la même ; l'occupant n'a pas plus le droit d'imposer aux juges déjà installés l'obligation de juger en son nom, qu'il ne peut valablement instituer des tribunaux dans un pays où son autorité n'est encore qu'un acte de violence et n'a de base que dans la victoire non sanctionnée encore par un traité d'annexion.

Cependant, la jurisprudence incline à admettre la validité et même l'exécution *de plano* des jugements rendus dans de telles conditions (1). L'application rigoureuse des principes pourrait en effet aboutir à des conséquences graves. L'ennemi occupant le pays ne permettra pas facilement que la justice continue à être rendue sous ses yeux, au nom d'une Souveraineté qu'il prétend bien avoir dépouillée de ses droits sur le territoire envahi ; et si on déniait toute valeur aux jugements rendus sous une autre forme, on priverait les particuliers de l'administration de la justice, ce qui serait un désordre social bien autrement grave que l'échec aux principes résultant de l'admission de ces jugements, irréguliers en droit, mais dont l'utilité pratique est incontestable. A notre avis pourtant, la jurisprudence

(1) Cass., 27 août 1812. S., 13, 1, 216. — Bordeaux, 25 janv. 1820. D., 25, 1, 272. — Bastia, 3 janv. 1824. S., 26, 1, 383. — Civ. cass., 18 avril 1825. D., 25, 1, 272. — Req. rej., 14 juillet 1825. D., 25, 1, 364. — Cass., 6 janv. 1873. *Journal*, 1875, p. 243, V° Occupation étrangère. — Bastia, 27 déc. 1875. *Journal*, 1876, p. 104, eod. V°. — V. aussi en thèse générale Cass., 16 mars 1841. S., 41, 1, 505.

va trop loin dans la voie utilitaire lorsque, pour ces
motifs dont la valeur n'échappe à personne, elle prétend
assimiler ces jugements aux jugements nationaux ordinaires. Il nous semble que le remède est trop énergique
pour le mal. Il suffirait, pour éviter que les peuples
soient privés de justice, de déclarer que ces jugements
seront considérés comme des jugements rendus par les
juges du peuple envahisseur sur son territoire et en auront
la condition générale, car enfin ce fait, que l'ennemi est
établi par les armes dans une fraction de notre pays, ne
saurait avoir pour effet d'attribuer plus de valeur aux décisions des juges qu'il a constitués ou institués à nouveau
sans droit sur un territoire qui n'est pas encore le sien,
qu'aux jugements rendus régulièrement par ses magistrats
ordinaires sur son véritable territoire. Du reste la jurisprudence n'admet pas indistinctement tous les jugements
rendus par une autorité judiciaire constituée pendant l'occupation : elle exige que cette institution ait été faite régulièrement, et par exemple elle repousse les décisions des juges
qui n'ont été établis que par l'autorité militaire (1).

68. L'histoire nous fournit quelques exemples d'applications diverses de ces principes.

Nous trouvons d'abord un arrêté des Représentants du
peuple en mission, en date du 17 brumaire an III, annulant
purement et simplement les jugements rendus à Valencien-
nes pendant la durée de l'occupation de cette ville par les
Autrichiens. Cet arrêté fut confirmé par la loi du 22 frimaire
an VIII art. 2 ; mais cette loi plus prévoyante que l'arrêté
précédent, sauvegarde les droits de tous en accordant un
délai d'un mois à compter de sa promulgation pour réin-
tenter les actions jugées ou simplement commencées pendant la période de l'occupation autrichienne ; passé ce délai,

(1) Crim. Cass., 22 janv. 1818. S., 18, 1, 179.

il dut y avoir déchéance. La décision des Représentants et la loi qui la confirme sont d'autant plus rigoureuses que les jugements ainsi frappés avaient, en fait, été rendus par les juges locaux et au nom du peuple français. On pensa sans doute que la présence de l'ennemi aurait dû arrêter le fonctionnement des tribunaux et que le deuil patriotique aurait dû l'emporter sur le besoin d'avoir justice.

69. On se montra moins rigidement patriote après les guerres de l'Empire. Depuis l'année 1807 jusqu'en 1814, les colonies françaises de la Martinique et de la Guadeloupe étaient restées en la possession des Anglais, qui s'en étaient emparés, mais aucun traité n'avait sanctionné cette occupation purement militaire. Les Anglais établirent des tribunaux dans les deux îles, y remplacèrent l'organisation judiciaire française par une organisation nouvelle, qu'ils complétèrent en 1810 par l'institution d'une juridiction d'appel. Le traité du 30 mai 1814 restitua à la France les deux colonies que l'Angleterre s'était appropriées, mais il stipula en même temps, par une clause expresse, que les jugements rendus pendant l'occupation anglaise par les tribunaux qui y avaient été constitués, conserveraient leur valeur entière. La Cour de Cassation eut à appliquer la disposition de ce traité, dans une affaire qui, à en juger par les développements qui lui sont consacrés dans les recueils d'arrêts, paraît avoir fortement excité l'attention des jurisconsultes du temps (1).

70. Plus récemment, hier à peine, la guerre franco-allemande a permis de constater la valeur de la foi germanique et de faire l'application des principes que nous indiquions plus haut. On sait que dans sa fameuse proclamation au

(1) Req. rej., 18 fév. 1819. S., 19, 1, 216. — Req. rej., 11 mars, 1819. S., 19, 1, 219. — Req. Rej., 15 avril 1819. S., 19., 1, 220.

peuple français, le roi de Prusse déclarait ne faire la guerre qu'à l'Empereur Napoléon III et non pas à la France, et promettait que la modération la plus grande serait la règle de conduite rigoureuse des autorités allemandes à l'égard des Français, que l'on ne disait combattre que parce qu'ils défendaient leur Souverain. Entre autres promesses qui servaient de corollaires à cette déclaration, se trouvait celle de respecter l'administration de la justice établie. Nous n'avons pas à dire ici comment furent tenues en général ces promesses généreuses ; mais nous pouvons indiquer au moins en quel sens les Allemands pratiquèrent le respect de la justice établie.

La justice criminelle, dont nous n'avons pas d'ailleurs à nous occuper, fut généralement libre dans son fonctionnement. Peut-être parut-il exorbitant aux vainqueurs, peu scrupuleux cependant, d'apporter quelque entrave au châtiment des voleurs et des assassins, et ont-ils reculé devant l'éventualité d'une suspension des tribunaux de répression.

Pour la justice civile, les mêmes préjugés n'existaient pas. Aussi put-on voir des restrictions de bien des genres apportées à l'exécution des promesses faites au début de la guerre. Parfois, surtout dans les premiers temps, ce fut une violation détournée ; on ne suspendit pas directement les tribunaux ; mais on les mit dans l'impossibilité de siéger ; ici on mit les scellés sur le Palais de Justice, ailleurs on réquisitionna les monuments pour y loger des troupes, y établir des bureaux ou y emmagasiner des fourrages. Plus tard on essaya d'agir plus directement sur les juges. On voulut exiger qu'ils rendissent leurs jugements au nom des Hautes Puissances Allemandes occupant l'Alsace-Lorraine. La demande fut notamment portée à la Cour de Nancy et des démarches en ce sens tentées auprès du Procureur Général, récemment encore Premier Président à Bordeaux, dont on connaît la belle réponse à l'envoyé allemand. Appelée à statuer sur cette demande, la Cour de Nancy, dans une délibération admirablement motivée, refusa hautement et déclara qu'elle suspendrait plutôt le cours de la justice. Partout les prétentions allemandes subirent le même sort (1). On essaya des transactions ; on proposa de continuer à statuer au nom de l'Empereur, malgré la révolution du 4 septembre et la proclamation de la République ; on proposa même de ne faire mention d'aucun Souverain et de statuer au nom de la loi. Le refus fut encore général; cependant le tribunal civil de Strasbourg, les tribunaux de commerce de Mulhouse et de Strasbourg acceptèrent cette dernière formule. Mais la Délégation de Tours enjoignit à tous les tribunaux d'Alsace-Lorraine de rendre la justice au nom du peuple français, et tous obéirent, à l'exception des tribunaux de commerce de Strasbourg et de Mulhouse. La jurisprudence a d'ailleurs reconnu la validité des jugements rendus ainsi au nom de la loi (2).

71. — V. *Jugements des tribunaux mixtes d'Égypte.* — Pendant longtemps, l'Égypte, comme tous les pays du Levant, fut soumise au régime des capitulations. Nous ne pouvons qu'indiquer ici les points essentiels des réformes successives qui aboutirent à la création des tribunaux mixtes actuels ; les détails ne rentrent pas dans notre sujet, mais il importe, pour déterminer quelle est la valeur exacte qu'il faut attribuer aux jugements égyptiens, de connaître sommairement l'organisation générale de ces tribunaux mixtes.

Dès 1861, le Khédive songeait à une réforme judiciaire qui aurait supprimé les capitulations, abrogé le droit de juridiction des consuls, assimilé enfin dans une large

---

(1) V. Délibération de la Cour de Nancy, 8 sept. 1870. *Journal Officiel* du 21 sept. 1870. D., 71, 3, 57. — Délib. du Trib. de Laon du 5 oct. 1870. D., 71, 2, 39.

(2) Cass., 16 mai 1872. — Trib. du Havre, 16 mai 1871.

mesure au point de vue judiciaire l'Egypte à l'Europe civilisée. Dans ce but, il avait comuniqué aux puissances européennes un projet de réforme et avait demandé leur assentiment. Mais les choses marchèrent lentement. En 1869 seulement se réunit la Commission Internationale chargée d'examiner le projet égyptien : puis plusieurs puissances, notamment la France, se montrèrent peu disposées à sanctionner la réforme ; enfin il fut passé outre malgré ces résistances, qui d'ailleurs cessèrent devant le fait accompli, et le 28 juin 1875 furent installés par le Khédive les tribunaux mixtes, qui commencèrent leurs travaux le 18 octobre de la même année.

L'organisation de ces tribunaux se rapproche beaucoup dans son ensemble de celle des tribunaux français. Elle comprend deux ordres de juridiction : tribunaux de première instance, cour d'appel siégeant à Alexandrie. Ainsi que leur nom l'indique, les tribunaux mixtes se composent de juges indigènes et de juges européens ; les uns et les autres sont nommés directement par le Khédive, mais seulement sur la présentation qui est faite par le Souverain de chaque nation. Un parquet est attaché à chaque tribunal de première instance et à la cour d'appel, et comprend aussi des magistrats européens.

72. Voilà en deux mots ce que sont les tribunaux mixtes. Venons à la question qui seule nous intéresse, celle de savoir comment les jugements rendus par ces tribunaux seront exécutés. Faut-il les assimiler aux jugements français? faut-il les traiter comme des jugements étrangers?

Il nous paraît impossible de voir en eux autre chose que des tribunaux étrangers.

En sens contraire, on fait remarquer que ces tribunaux ont été institués du consentement de la France, et que par suite, en acceptant, en approuvant même cette réforme judiciaire, la France a marqué très clairement la confiance qu'elle avait dans les nouveaux tribunaux. Et cette confiance ajoute-t-on, comment ne l'aurait-elle pas ? Elle désigne elle-même plusieurs des magistrats ; il est stipulé que lorsque l'affaire intéressera un Français, celui-ci aura le droit d'exiger qu'un magistrat français viennent siéger ; enfin l'esprit général de l'institution est essentiellement français : on y applique des lois civiles et de procédure qui ont été rédigées par un Français et qui sont des images de nos Codes Civil et de Procédure.

Mais cette argumentation, dont la base même est très contestable, néglige en outre le point essentiel. Ces tribunaux mixtes ne sont pas des tribunaux français : d'abord tous les magistrats qui les composent ne sont pas des Français, puis et surtout ces magistrats reçoivent leur investiture du Khédive et non pas du Souverain français, ce sont des magistrats égyptiens, rendant la justice au nom du Khédive ; et en conséquence, donner exécution à ces décisions, ce serait faire échec à la Souveraineté française au profit de la Souveraineté égyptienne. Après cela, il n'importe que ces tribunaux appliquent des lois calquées sur les nôtres, cette circonstance ne suffit pas à écarter l'application des principes. Elle est loin d'ailleurs de présenter toutes les garanties désirables. Comme nous venons de le dire, ces tribunaux mixtes comprennent, outre des juges français, des juges de toutes les autres nations : or la loi française, qui se défie des tribunaux de chaque nation en particulier, pourrait-elle sans inconséquence accepter sans restriction un jugement auquel des juges de toutes les nations auront collaboré, et peut-il suffire pour qu'un jugement devienne inattaquable qu'il ait été rendu collectivement par plusieurs juges dont la loi se défie individuellement ? Les jugements des tribunaux mixtes sont donc des jugements étrangers ordinaires soumis comme tous autres à la nécessité d'un *exequatur*.

73. — VI. *Jugements rendus pàr les commissions mixtes de Constantinople*. — Ces commissions mixtes ont été instituées par une convention verbale intervenue en 1820 entre les légations de France, d'Angleterre, de Russie et d'Autriche, et à laquelle ont adhéré expressément ou tacitement les légations des autres peuples. — On a beaucoup contesté la légalité de ces commissions (1) ; c'est à tort, croyons-nous; mais l'examen de cette questions nous écarterait de notre sujet. Elle offre d'ailleurs très peu d'importance, les faits qui peuvent la soulever n'étant pas fréquents.

D'après la convention qui les a instituées, ces commissions mixtes sont appelées à juger les procès survenus entre personnes de nationalités différentes. Elles se composent de trois juges, dont deux sont, dans chaque affaire, nommés par la légation du défendeur et un par la légation du demandeur. Leurs sentences doivent être homologuées par le consul du défendeur, qui est également chargé d'assurer leur exécution. L'appel, s'il y a lieu, doit être porté devant les juridictions compétentes du pays de l'appelant.

En somme, les jugements des commissions mixtes ressemblent beaucoup à des sentences arbitrales. Seulement les arbitres y sont désignés par les légations, au lieu de l'être par les parties. Ce ne sont donc pas des sentences arbitrales volontaires ; car y eût-il un Français engagé comme défendeur, il y aurait au moins un arbitre désigné par l'autorité étrangère, et c'est assez pour faire application des art. 2123 C. C. et 546 C. P. C. (2). Maintenant si le Français condamné en appelle à la cour d'Aix, l'arrêt de la Cour sera français et exécutoire *de plano*.

---

(1) Aix, 28 nov. 1864, Féraud-Giraud, *les Juridictions Françaises dans les Echelles du Levant*, t. II, p. 252.

(2) Aix, 24 mai 1858, Féraud-Giraud, op. cit.. II, p. 258.

CHAPITRE II

Quels sont les pouvoirs du tribunal français auquel l'exequatur est demandé?

74. La question qui fait l'objet de ce chapitre était posée au législateur par le Tribunal de Cassation appelé à formuler ses observations sur le projet du Code Civil. Il ne paraît pas que le législateur l'ait entendue, car le texte de l'art. 2123 est resté sans modification, et dès qu'il est entré en vigueur, on s'est demandé en quel sens il fallait l'interpréter. Le juge français est-il autorisé à examiner au fond la sentence qui lui est soumise ? Doit-il au contraire se borner à vérifier si les règles essentielles de la justice et de l'ordre public ne sont pas violées?

On voit, par la formule même de la question, qu'il est des cas où, de l'aveu de tous, elle ne saurait être soulevée, parce qu'elle se trouve alors exclue par une considération d'ordre supérieur. Il en est ainsi lorsque le jugement étranger viole les principes fondamentaux, d'après la loi française, de la justice et de l'ordre public. Il nous faut donc, avant d'examiner la question posée, déterminer les principes dont la violation a pour effet nécessaire d'écarter à elle seule une décision étrangère et indiquer quelles conditions doivent être réunies pour que notre question puisse être agitée.

SECTION I

Conditions sous lesquelles la question de revision peut se poser

76. Il s'agit ici d'indiquer les points sur lesquels l'accord est fait, en ce sens du moins que si un jugement étranger ne réunissait pas les conditions que nous allons étudier, personne ne voudrait en autoriser ainsi l'exécution. Il en serait aussi, chacun le reconnaît, si le jugement étranger n'était pas valable ou s'il violait l'ordre public.

77. — I. *Il faut d'abord que le jugement étranger soit valable.* — Cette première condition en comprend elle-même trois autres :

Que le jugement ait été rendu par un tribunal compétent;

Qu'il soit régulier en la forme ;

Qu'il soit exécutoire selon la loi étrangère.

78. 1° *Que le jugement ait été rendu par un tribunal compétent.* — Il est à peine besoin d'indiquer qu'il est nécessaire que le tribunal soit régulièrement institué, et qu'on ne peut tenir compte d'une décision rendue par un particulier dépourvu du caractère judiciaire, sauf le cas d'arbitrage.

Il faut encore que le tribunal ait été compétent *ratione materiæ* et *ratione personæ ;* sur les deux points, la compétence doit être vérifiée en appliquant les lois étrangères à ce relatives. Mais cette décision doit se combiner avec le respect dû à l'ordre public ; on sera donc conduit parfois à reconnaître une incompétence que la loi étrangère n'aura pas admise, en sorte qu'en certains cas le tribunal devra avoir été compétent à la fois selon la loi étrangère et selon la loi française.

C'est encore à la loi étrangère, et toujours sous la

la même réserve, qu'il faudra se référer pour déterminer les conséquences de l'incompétence, savoir si elle est de telle nature qu'elle vicie *ab initio* toute la procédure, ou bien au contraire si elle n'a pas besoin pour produire effet d'être opposée par le défendeur *in limine litis* et ne se couvre pas par un silence emportant renonciation tacite à l'*exceptio fori*.

Enfin le tribunal étranger doit avoir été compétent, non seulement au regard des tribunaux français, mais encore au regard des autres tribunaux de la même nation.

79. 2° *Que le jugement soit régulier en la forme.* — Il faut d'abord qu'il revête tous les caractères extérieurs d'un jugement, tels que les déterminent la loi du lieu où il a été rendu, qu'il ne présente dans sa rédaction et sa forme aucune nullité prévue par cette loi. Il faut encore qu'il ait été rendu à la suite d'une procédure régulière, toujours en conformité des lois du lieu où il a été prononcé.

On pourrait donc opposer toutes les nullités de procédure et de forme que prévoit la loi étrangère, si elles on été commises, mais seulement celles-là, et il serait certainement impossible d'arguer d'une nullité prononcée par la loi française seule. Toutefois ici encore il faut faire intervenir les principes de l'ordre public, et si la procédure étrangère omettait une des formes que notre loi considère comme essentielles, au point de vue du droit de défense, par exemple, le jugement rendu sur une semblable omission ne saurait recevoir exécution en France, étant contraire à notre ordre public.

80. 3° *Que le jugement soit exécutoire.* — Toujours selon la loi étrangère et non pas selon la loi française. Il suit de là :

(*a*) Qu'on ne peut donner l'*exequatur* à un jugement

frappé d'un recours ; le défendeur qui invoque ce moyen contre la demande en *exequatur* doit prouver : en premier lieu, que le recours a été formé ; en second lieu, qu'il est, selon la loi étrangère, suspensif d'exécution (1). Que si le recours n'était pas suspensif selon la loi étrangère, l'*exequatur* pourrait être accordé (2). Il en serait de même si le tribunal étranger avait, en se conformant à sa loi nationale, permis l'exécution, même d'un jugement par défaut, nonobstant opposition ou appel (3).

(*b*) Qu'on ne peut déclarer exécutoire un jugement contre lequel un recours suspensif d'exécution peut encore être formé (4), à moins cependant que la législation du pays où a été rendu le jugement ne donne effet aux jugements même non définitifs. Mais en ce cas l'*exequatur* ne doit être donné qu'avec réserve des droits qui peuvent encore être exercés devant les tribunaux étrangers par le défendeur condamné (5). Encore cette exception devrait-elle cesser dans le cas où un traité exigerait qu'on ne présentât à l'*exequatur* que des jugements définitifs (6), et il en est ainsi pour les jugements d'Alsace-Lorraine (traités des 11 déc. 1871 et 9 janv. 1872), de Bade (traité du 16 avril 1846) et de Suisse (traité du 15 juin 1869).

Rien ne s'oppose à ce qu'on déclare exécutoire un jugement étranger qui, quoique définitif pourrait être attaqué par un recours non suspensif d'exécution, sauf, si ce re-

---

(1) Req. rej., 5 juin 1872. *Journal*, 1874, p. 121, V° Appel.

(2) Rouen, 20 avril 1880. *Journal*, 1881, p. 59, V° Jugement étranger. - Trib. Seine, 10 mars 1880. *Journal*, 1880, p. 192, V° Jugement étranger. — Trib. Seine, 8 fév. 1881. *Journal*, 1881, p. 430, V° Jugement étranger.

(3) Chambéry, 19 janv. 1873. *Journal*, 1874, p. 307, V° Jugement étranger. Dans l'espèce il s'agissait d'un jugement italien; or il y a un traité entre la France et l'Italie pour l'exécution réciproque des jugements (infrá, n°ˢ 109 et suivants.)

(4) Contra : Paris, 11 mai 1869. S., 70, 2, 10. — Paris, 3 juin 1881. D., 82, 2, 67.

(5) Paris, 11 mai 1869. S., 70, 2, 10. — Trib. Seine, 9 juill. 1880. *Journal*, 1881, p. 255, V° Jugement étranger.

(6) Trib. Gray, 11 juin 1878. S., 79, 2, 271.

cours venait à être sanctionné par un arrêt annulant le premier jugement, à donner l'*exequatur* à ce nouvel arrêt.

(*c*) Ni un jugement frappé de prescription ou de péremption selon la loi étrangère (1). A l'inverse, un jugement étranger rendu par défaut pourra être présenté à l'*exequatur* encore qu'il se soit écoulé depuis le jour où il a été rendu plus de six mois sans exécution et qu'il dût en conséquence être frappé de prescription s'il eût émané d'un tribunal français, aux termes de l'art. 156 C. P. C. Il faudrait même à notre avis considérer la demande d'*exequatur* comme un acte d'exécution interrompant la péremption.

(*d*) Ni un jugement qui, quoique définitif, a été cassé par la Cour étrangère compétente, pourvu du moins que l'arrêt de cassation soit opposé dans l'instance en *exequatur* du premier jugement et qu'il réunisse lui-même les conditions requises pour recevoir l'*exequatur*. En ce cas le même jugement qui accorde l'*exequatur* à l'arrêt de cassation devra le refuser au jugement cassé. Si l'*exequatur* avait été donné au premier jugement sans que l'arrêt de cassation eût été produit, ce dernier pourrait lui aussi recevoir l'*exequatur* dans la suite et arrêter l'effet du jugement cassé (2).

81. — II. *Il faut que le jugement ne soit pas contraire à l'ordre public.* — Il importe de ne pas s'égarer sur le sens et la portée de cette condition.

Elle n'implique pas à notre avis qu'on doive refuser l'*exequatur* à tout jugement étranger qui aurait fait l'application d'une loi étrangère contraire à une de ces dispositions qui dans nos Codes sont à considérer comme d'ordre public. Entendue dans ce dernier sens, notre proposition aurait pour conséquence de faire repousser un

____

(1) Chambéry, 12 févr. 1869. S., 70, 2, 9.
(2) Paris, 3 juin 1881. *Le Droit* des 20 et 21 juin. *Rev. Génér. du Droit*, 1882, p. 72.

très grand nombre de jugements étrangers parfaitement inoffensifs.

Tout ce qu'on peut et doit exiger, c'est que l'effet à produire par le jugement ne soit pas contraire à notre ordre public ; si cet effet ne blesse pas ses règles essentielles, il importe peu à la Souveraineté française que la loi dont il a été fait application à l'étranger soit, même sur un point intéressant l'ordre public, conforme ou contraire à notre législation. Par exemple un jugement constatant une filiation naturelle rendue dans un pays où la recherche de la paternité est admise, permettrait à l'enfant d'exercer en France ses droits d'enfant naturel (1).

En principe c'est affaire aux tribunaux de reconnaître si le jugement étranger entraînerait des actes d'exécution contraires à nos lois d'ordre public. Nous ne pouvons ici que citer à titre d'exemple les jugements qui tendraient à l'exécution d'une convention immorale, *verbi gratia* d'un pacte sur succession future.

Même avec cette précision, la condition que nous étudions soulève des questions délicates.

82. Il s'en élève d'abord sur les règles exceptionnelles de compétence édictées en faveur des Français par les art. 14 et 15 C. C.

On sait que ces textes donnent au Français le privilège d'être jugé, soit comme demandeur, soit comme défendeur par les tribunaux français, en sorte que les tribunaux étrangers sont en tout cas incompétents entre Français et étrangers. Supposons un jugement rendu entre un Français et un étranger, en violation par conséquent de ces règles exceptionnelles ; pourra-t-il être déclaré exécutoire en France, ou bien l'*exequatur* lui devra-t-il être refusé ?

(1) Pau, 2 août 1866. D., 67, 2, 41. — Pau, 7 janv. 1872. D., 75, 2, 193. S., 73, 2, 233.

Remarquons d'abord que cette dernière solution aurait pour conséquence de restreindre singulièrement le nombre des jugements susceptibles d'*exequatur;* on ne pourrait plus déclarer exécutoires que les jugements rendus entre étrangers, ou entre Français, ce qui en fait doit être l'exception parmi les sentences dont l'exécution est réclamée en France.

Mais ce n'est là qu'un préjugé sans force probante. La véritable question est de savoir si en donnant l'*exequatur* au jugement précité, on contrarie une disposition d'ordre public. Nous ne le pensons pas.

On se souvient en effet que cette condition d'ordre public doit à notre avis être restreinte aux effets à produire par le jugement ; or ici l'effet du jugement étranger ne sera pas autre, par hypothèse , que celui qu'aurait eu un jugement français. En vain objecterait-on que les règles de compétence sont à considérer comme d'ordre public ; il ne nous paraît pas que cette affirmation soit rigoureusement exacte ; si elle l'est certainement pour les règles relatives à la compétence *ratione materiæ*, il n'en est pas de même pour la compétence *ratione personæ*. Celle-ci peut être modifiée par la volonté des parties, l'exception d'incompétence qui la sanctionne est perdue si on ne l'oppose pas avant toutes autres (168 C. P. C.), ce qui montre bien que la loi ne la considère pas comme étant d'ordre public. Or les règles des articles 14 et 15 C. C. rentrent certainement dans la compétence *ratione personæ*, puisqu'il y est question des actions personnelles mobilières ; donc on ne peut y voir des dispositions d'ordre public dont la violation s'oppose à l'*exequatar.*

Ceci répondrait en même temps, s'il en était besoin, à ceux qui attribueraient à la condition d'ordre public le sens large que nous avons repoussé, et qui en conséquence exigeraient que le jugement étranger n'ait pas fait application d'une loi contraire à une loi française d'ordre public ;

car nous venons de faire voir que l'art. 14 et l'art. 15 C. C.
ne sont pas des dispositions d'ordre public.

Nous n'avons pas d'ailleurs tiré argument de la solution que nous donnerons sur la question de savoir si l'on
peut renoncer à la faveur de l'art. 14, alors qu'il est
reconnu par plusieurs de ceux que nous combattons que
cette renonciation est possible et peut même résulter implicitement de certains faits.

En sens contraire, on objecte, outre le caractère d'ordre
public des règles de compétence dont nous venons de
parler, que la loi française n'a nulle part admis la réciproque de la disposition de l'art. 14, et que l'art. 15 au
contraire semble implicitement la repousser ; qu'en conséquence la sentence émanée du juge étranger est rendue
par un tribunal incompétent et doit être tenue pour inexis-
tante. Mais encore une fois, la conséquence nous paraît
étrangère aux principes d'où on la fait sortir ; elle ne se
produit que lorsque l'incompétence est d'ordre public, et
tel n'est pas le cas présent.

83. C'est également la question d'ordre public qui est
en jeu quant aux divorces prononcés par les tribunaux
étrangers. L'individu ainsi divorcé peut-il se remarier en
France ? Cette question se pose en fait avec des circonstances de détail qui paraissent avoir une grande influence
sur les décisions de la jurisprudence. Cependant la question résolue en principe reste indépendante des conditions
particulières des espèces pratiques.

On est généralement d'accord pour décider que le Français qui aurait obtenu le divorce d'un tribunal étranger
ne pourrait se remarier en France, puisque la loi française
qui est sa loi personnelle réglant son état et sa capacité
prohibe le divorce.

Il y a controverse pour le cas où c'est un étranger qui,

ayant obtenu le divorce conformément à sa loi nationale, voudrait contracter en France un nouveau mariage.

Le principal argument de ceux qui interdisent à l'étranger divorcé de se remarier en France consiste dans le caractère d'ordre public de la prohibition du divorce dans notre législation. La loi de 1816 a fait de cette prohibition une règle essentielle de l'organisation de la famille, elle est basée sur un motif, vrai ou faux, de moralité dont l'importance est telle qu'il est impossible d'y déroger en aucun cas, ni en faveur de personne.

Nous ne tenterons pas de contester, comme d'autres l'ont fait, ce caractère d'ordre public. Les motifs qui ont inspiré le législateur de 1816 sont bien connus, et il nous paraît incontestable que la prohibition du divorce touche de très près à notre ordre public.

Cela ne suffit pas cependant pour prohiber le mariage en France de l'étranger divorcé.

Et d'abord si on se rappelle que la condition d'ordre public que nous étudions ne défend que les actes d'exécution qui constituent en eux-mêmes une atteinte à l'ordre public, il paraîtra impossible de prohiber le mariage de l'étranger divorcé. On comprend bien qu'il ne soit pas permis à un étranger déjà marié, mais dont la loi nationale autorise la polygamie, de se marier en France : il en résulterait une situation qui est en elle-même une atteinte à l'ordre public. On ne peut en dire autant du second mariage de l'étranger divorcé ; la célébration de la nouvelle union ne donnera pas naissance à une situation contraire à la morale, le premier étant régulièrement dissous. — D'ailleurs est-ce qu'on refuserait de tenir pour valable en France le mariage contracté à l'étranger par ce divorcé ? Assurément non ; preuve que ce mariage n'est pas immoral. Pour interdire la célébration en France, il faudrait donc une immoralité dans la célébration même, ce qui serait absurde.

De plus si la loi de 1816 est d'ordre public, elle ne

peut l'être qu'au regard des personnes pour lesquelles elle a été faite. Or il est incontestable qu'elle ne s'applique qu'aux Français ; elle n'a été faite, elle ne pouvait être faite que pour la famille française. Donc elle est inapplicable aux étrangers. — C'est ce qui ressort avec plus de force encore de l'art. 3 C. C., aux termes duquel les lois nationales relatives à l'état et à la capacité suivent l'individu en tous pays. Or l'étranger a, par hypothèse, l'état de divorcé, la capacité de se remarier selon la loi nationale. Donc il doit avoir en France l'un et l'autre ; on ne pourrait les lui méconnaître que s'il s'en servait pour faire un acte attentatoire à l'ordre publique, et nous venons de voir que tel n'est pas le cas présent.

Enfin notre solution ne saurait faire doute, étant admis ce que nous avons décidé quant aux jugements sur l'état. Ici il ne s'agit pas d'exécuter un jugement, mais seulement de donner effet à un état déja acquis ; le jugement a été exécuté en donnant à l'étranger son état de divorcé ; l'art. 3 commande de laisser cet état produire ses effets. Nos adversaires l'ont si bien compris qu'ils admettent que l'étranger a l'état de divorcé, tout en lui interdisant de se remarier, distinction qui nous paraît d'une application bien difficile (1).

84. Cette solution basée uniquement sur les principes exclut toute distinction. Il importe peu dès lors que le mariage dissous par le divorce eût été contracté en France

(1) V. en ce sens : Req. rej., 15 nov. 1848. S., 48, 1, 673. — Civ. Cass., 28 fév. 1860. S., 60, 1, 210. — Orléans, 19 avril 1860. S., 60, 2, 195. D., 60, 2, 82. — Paris, 13 février 1872. *Journal*, 1874, p. 31, V° Divorce. — Cass., 15 juill. 1878. *Journal*, 1878, p. 499, eod. V°. S., 78, 1, 320.—Amiens, 15 avril 1880. S., 80, 2, 172. — Barde, *Théorie tradit. des Statuts*, p. 188. — Demolombe, t. V, n° 101. — Soloman, *Cond. des Etr.*, p. 33. — Merlin, *Répert.*, V° Divorce, § 13. — Massé et Vergé sur Zachariæ, t. I, § 29, note 9, et § 126, note 3. — Renault, *Rev. Critique*, 1881, p. 470. — Verger, *Rev. Pratique*, 1879, p. 431. — En sens contraire : Paris, 30 août 1824. S., 25, 2, 203. — Paris, 28 mars 1843. S., 43, 2, 566. — Poitiers, 7 janv. 1845. S., 45, 2, 215. — Req. rej., 16 déc. 1845. S., 46, 1, 100. — Paris, 20 nov. 1848. S., 49, 2, 11. — Mailher de Chassat, *Tr. des Statuts* p. 263. — Demangeat sur Fœlix, t. I, p. 66, note a. — Regnault, *Rev. Pratique*, 1878, p. 29. — Hérisson, *Rev. Pratique*, t. IX, p. 466.

avec une Française, que le nouveau mariage intervienne avec une Française; la solution ne variera pas pour cela. Cependant la jurisprudence paraît avoir une tendance à se laisser influencer par ces circonstances de fait. C'est ainsi qu'on n'a pas permis le mariage en France d'un étranger qui, après avoir épousé une Française en France, avait divorcé dans son pays et voulait se remarier avec une Française (1).

Il faudrait même reconnaître la faculté de se remarier à la femme française qui, ayant épousé un étranger, aurait divorcé. On sait en effet qu'aux termes de l'art. 19 C.C. al. 1, la Française qui épouse un étranger prend la nationalité de son mari. Une fois divorcée, son statut personnel par hypothèse lui permet de se remarier même en France, pourvu toutefois qu'elle ne soit pas redevenue Française conformément à l'art. 19 al. 2., en continuant à résider en France ou en venant s'y fixer et en déclarant l'intention d'y demeurer. Mais la femme ainsi divorcée devrait laisser s'écouler les dix mois de viduité avant de contracter un nouveau mariage (2).

85. Nous n'avons parlé que des conséquences du divorce quant à la capacité spéciale au mariage. Il va sans dire que ce divorce produit sur l'état et la capacité tous les effets que lui attribue la loi personnelle des époux. C'est ainsi que la femme redevient capable dans les limites fixées par sa loi nationale quant aux actes d'obligation et d'aliénation (3).

Ces modifications dans l'état et la capacité sont produites

---

(1) V. en ce sens : Trib. Lille, 18 août 1876, confirmé Douai 8 janvier 1877. *Journal,* 1877, p. 39, V° Divorce. — Mais dans notre sens : Civ. Cass., 15 juil. 1878. *Journal,* 1878, p. 499, V° Divorce. S., 78, 1, 320. — Amiens, 15 avril 1880. S., 80, 2, 172.

(2) Paris, 13 février 1872. S., 73, 2, 112.

(3) Douai, 5 mai 1836. S., 36, 2, 426. — Aix, 8 juill. 1840. S., 41, 2, 263. — Bordeaux, 22 déc. 1847. S., 48, 2, 228. — Cass., 28 mars 1860. D., 60, 1, 57. — Trib. Nogent-le-Rotrou, 7 juin 1878. *Le Droit* du 30 oct. *Journal,* 1879, p. 277, V° Autorisation maritale. — Merlin, *Répert.,* V° Quest. d'État, p. 262-4.

directement et *de plano* par le jugement étranger, sans qu'il soit nécessaire de le faire déclarer exécutoire, et il suit de là que dans une instance en nullité intentée par la femme pour incapacité, en vue de faire tomber des actes d'obligation ou d'aliénation passés par elle depuis son divorce, le jugement de divorce pourrait être directement opposé sans *exequatur* comme moyen de preuve.

Il en serait différemment s'il s'agissait de faire produire au jugement de divorce ses conséquences pécuniaires, s'il s'agissait par exemple de liquider le régime nuptial, sous lequel avaient vécu les époux, ou bien encore si la femme voulait mettre à exécution les condamnations que le jugement aurait pu infliger au mari à titre de pension ou de restitution. Il ne s'agit plus ici de modifications à l'état, de lois personnelles ; il y a une décision judiciaire ordinaire, relative aux biens, soumise à la nécessité commune d'un *exequatur* (1).

SECTION II

Le tribunal français peut-il reviser au fond la sentence étrangère ?

86. Le jugement rendu par les juges étrangers peut être invoqué en France soit comme chose jugée, soit comme titre exécutoire. De là le dédoublement de la question que nous examinons : la revision au fond est-elle nécessaire : 1° pour l'*exceptio rei judicatæ ?* 2° pour les actes d'exécution ?

87. Il importe cependant d'aller au-devant d'une équivoque possible et de bien fixer les idées sur l'objet de la mission qu'ont à remplir les tribunaux français.

Il est de langage courant de dire qu'on leur demande l'*exequatur* du jugement étranger et que c'est pour accor-

(1) Trib. Seine, 25 janv. 1882, p. 74, V° Divorce.

der ou refuser cet *exequatur* que nos juges ont ou n'ont pas la faculté de reviser au fond la sentence qui leur est soumise. Or ce langage est certainement inexact : d'une part il peut ne pas être question d'*exequatur* toutes les fois qu'un jugement étranger est produit devant un tribunal français ; et d'autre part la question de la revision au fond ne peut pas en réalité être posée directement sur la délivrance de l'*exequatur*. L'une et l'autre observation exigent quelques mots de développement.

D'abord il n'est pas exact de dire que c'est toujours à fin d'*exequatur* qu'un jugement étranger est présenté devant les juges français. Nous venons de dire qu'il peut être produit seulement avec sa valeur de chose jugée. Or l'*exequatur*, le mot dit la chose, est l'autorisation d'exécuter le jugement, de faire les actes matériels qu'il ordonne. Il est donc absolument étranger à l'autorité de la chose jugée, qui sera reconnue au jugement étranger sans entraîner d'actes d'exécution proprement dits.

En second lieu, on ne peut pas dire que c'est à propos de l'*exequatur* lui-même que le tribunal français aura ou n'aura pas à exercer la faculté de revision. En effet, avant de prendre parti sur la question de savoir si l'*exequatur* doit être accordé, c'est-à-dire si le jugement étranger doit être mis à exécution, le juge aura dû se demander si le jugement a réellement la valeur d'un jugement, si sa décision en tant que chose jugée doit être maintenue. Or c'est cette question seulement sur la chose jugée qui peut donnner lieu à la revision au fond, et une fois résolue, elle régit rigoureusement celle de l'*exequatur*, qui n'a pas trait à la chose jugée, mais seulement aux actes d'exécution.

En deux mots, on ne peut concevoir l'*exequatur* quant à l'autorité de la chose jugée, ni la revision au fond quant à l'*exequatur*.

88. Faut-il donc renoncer à la division que nous avons

formulée tout à l'heure ? Nous ne le pensons pas. Les observations qui précèdent sont surtout théoriques ; il est utile de les mettre en lumière dans l'intérêt d'une rigoureuse exactitude, mais leur importance pratique est nulle. En fait et par la force des choses, l'examen, qui doit toujours porter sur l'autorité de la chose jugée, soulève des considérations d'ordres bien différents selon qu'il s'agit de faire produire au jugement l'*exceptio rei judicatæ* ou des actes d'exécution. Dans le premier cas, l'effet est obtenu sans l'intervention de la force publique française ; il semble au premier abord, nous aurons à contrôler l'exactitude de ce point de vue, qu'il ne saurait y avoir là une atteinte à la Souveraineté française, un commandement adressé aux fonctionnaires français. Dans le second cas, pareille illusion est impossible, l'atteinte à la Souveraineté, niée par quelques-uns quant à l'*exceptio rei judicatæ*, est évidente. Il faut ajouter que s'il est vrai que la question de l'autorité de la chose jugée est antérieure et préalable à celle de l'exécution, il est impossible que le juge ne soit pas largement influencé par la nature des actes d'exécution à accomplir.

De là une distinction comprise et admise généralement et que nous conserverons.

§ I. *Autorité de la chose jugée.*

89. Trois systèmes que nous retrouverons à propos de la force exécutoire se partagent les auteurs et les arrêts de la jurisprudence.

90. — I. *Système de l'Ordonnance.* — Il faut, conformément à l'Ordonnance de 1629, art. 121, dont nous avons parlé, distinguer selon que le jugement étranger auquel on veut attribuer l'autorité de la chose jugée est opposé à un Français ou à un étranger.

Au premier cas, le jugement étranger par lui seul est impuissant: devant le tribunal saisi de l'*exceptio rei judicatæ*, les parties pourront de nouveau débattre le fond de l'affaire et défendre leurs droits, le tribunal devra, avant d'admettre l'exception, vérifier s'il a été bien jugé en droit et en équité par le tribunal étranger.

Dans le second cas, le jugement a *de plano* l'autorité de la chose jugée, et doit être accueilli avec cette force sans que le tribunal français puisse en vérifier le bien jugé.

Tel est, dit-on, le système qui doit être suivi en l'absence de tout texte sur la matière. Nous avons montré que l'Ordonnance de 1629 qui consacrait une pratique déjà ancienne était restée en vigueur, au moins dans son art. 121, malgré la disgrâce dont elle semble avoir été frappée, et que la distinction qu'elle contient constituait le droit commun de la France à la fin de l'Ancien Régime. Pour pouvoir repousser cette distinction, il faudrait avoir la preuve que le législateur moderne a voulu s'en écarter; mais cette preuve est impossible à fournir ; si le texte ambigu des art. 546 C. P. C. et 2123 C. C. a permis, pour ce qui a trait à la force exécutoire, de contester la perpétuation de la distinction traditionnelle, il n'en est pas de même pour l'autorité de la chose jugée, à l'égard de laquelle l'absence totale de texte s'oppose à une pareille tentative. Cette tradition est d'ailleurs suivie par Maleville, l'un des rédacteurs du Code Civil, dont l'autorité à ce titre équivaut à un texte formel consacrant les dispositions de l'Ordonnance de 1629.

Et c'est à tort que l'on voudrait faire tomber l'art. 121 de l'Ordonnance sous le coup de l'abrogation prononcée par l'art. 1041 C. P. C. contre « toutes lois, coutumes, usages et règlements relatifs à la procédure civile » ; cette abrogation en effet, dont la formule est beaucoup trop générale et a été reconnue en certains points inexacte (1), ne s'ap-

(1) Avis du Cons. d'État, 12 mai 1807, approuvé le 1er juin : « Le Conseil

7

plique dans ses termes mêmes qu'aux lois de procédure ; or l'autorité de la chose jugée, si elle est bien un effet des jugements, ne peut être considérée comme régie par les lois qui règlent les formes de procéder, seules visées par l'art. 1041. La vérité est que l'autorité à attribuer aux jugements étrangers n'est pas déterminée par nos lois, et que l'abrogation ne pouvant atteindre les lois anciennes que quant aux matières prévues par nos Codes, les lois anciennes restent en vigueur quant à notre sujet comme dans tous les points non réglementés par le législateur moderne.

Cette dernière observation, que nous avons à dessein présentée sous une forme générale, répond par avance à l'objection qu'on pourrait tirer d'une part de ce que l'autorité de la chose jugée, si elle n'est pas du domaine de la procédure civile, rentre du moins dans les matières du Code Civil (1), et d'autre part de ce que, aux termes de la loi du 30 ventôse an XII, art. 7, « à compter du jour où ces lois (celles qui constituent le Code Civil) sont exécutoires, les lois romaines, les Ordonnances, les coutumes générales ou locales, les statuts, les règlements cessent d'avoir force de loi générale ou particulière dans les matières qui sont l'objet desdites lois composant le présent Code. »

91. — II. *Système qui accorde aux jugements étrangers sans distinction l'autorité de la chose jugée.* — Dans tous les cas, le jugement étranger, soit qu'on veuille l'opposer à un Français, soit qu'on l'invoque contre un étranger, a l'autorité de la chose jugée et donne l'*exceptio rei judicatæ* dans les conditions où un jugement français pourrait la donner conformément à l'art. 1351 C. C.

d'État est d'avis que l'abrogation prononcée par l'art. 1041 C. P. C., ne s'applique point aux lois et règlements concernant la forme de procéder relativement à la régie des domaines et de l'enregistrement. »

(1) V. C. C. 1350 3°, 1351.

Cette solution prétend trouver appui à la fois dans les textes et dans les principes généraux.

Dans les textes, non pas qu'elle ait été formellement consacrée par un article d'un Code ; mais on remarquera qu'en matière pénale le jugement rendu à l'étranger a l'autorité de la chose jugée, en ce sens au moins que le condamné ne peut être jugé à nouveau en France, en sorte que la condamnation prononcée par un tribunal de répression étranger suffit pour l'application de la maxime : *Non bis in idem* (art. 5. C. I. C.). Or s'il en est ainsi quant aux jugements criminels, en des matières essentiellement d'ordre public, où les intérêts sociaux intéressés sont considérables, à plus forte raison en doit-il être de même en matières civiles, où la nécessité d'une bonne justice, pour évidente qu'elle soit, n'intéresse point à un degré égal l'ordre public et social.

Et c'est bien ce que le Code Civil et après lui le Code de Procédure Civile ont consacré. Ils ne parlent que de l'exécution forcée ; ce n'est que pour les actes d'exécution qu'ils exigent l'intervention des tribunaux français sous la forme d'un *exequatur*. Par cela seul qu'ils n'exigent cet *exequatur* que pour les actes d'exécution, ils montrent bien, implicitement, il est vrai, mais par un *a contrario* irrésistible, que l'autorité dé la chose jugée échappe à ces règles, qu'elle existe en vertu du jugement étranger seul, indépendamment de tout *exequatur*.

92. Les principes généraux confirment cette conclusion des textes. Alors même qu'on repousserait l'argument *a contrario* que fournissent les art. 546 C. P. C. et 2123 C. C., on ne pourrait se refuser à reconnaître que ces textes sont étrangers à l'autorité de la chose jugée, et que celle-ci doit être régie par les principes généraux. Or on n'aperçoit pas de raison pour dénier aux jugements étrangers l'autorité de la chose jugée et pour les soumettre à

cet égard à la nécessité d'un *exequatur*. On comprend cette nécessité pour les actes d'exécution, on comprend que les officiers publics chargés d'assurer l'exécution des jugements se refusent à obéir aux injonctions d'une autorité étrangère ; et de même on peut voir une atteinte à la Souveraineté française dans l'exécution en France des sentences rendues au nom d'une autorité étrangère, car toute Souveraineté est essentiellement territoriale et cesse de commander là où finit son territoire. De là, toutes les fois qu'il s'agira d'exécuter le jugement étranger, la nécessité d'un *exequatur* dans le but de sauvegarder les droits du Souverain français. Mais les mêmes considérations n'existent pas quant à l'autorité de la chose jugée ; il ne s'agit plus d'exécuter en France des ordres émanés d'une autorité étrangère et de porter ainsi atteinte à la Souveraineté française. L'effet que l'on veut faire produire au jugement est indépendant de cette autorité étrangère ; il résulte du quasi-contrat judiciaire intervenu entre les parties au jour où elles ont plaidé. Peu importe que ce quasi-contrat ait été formé devant un tribunal étranger ou devant un tribunal français, son effet est indépendant du juge et de sa nationalité et doit être le même dans tous les cas. On reconnaît plein effet aux conventions extra-judiciaires passées en pays étranger, pourvu qu'elles observent la règle : *Locus regit actum*. Or ici nous avons une convention conforme à cette règle, qu'importe qu'elle soit judiciaire ? en quoi la présence du juge étranger qui l'exécute peut-elle en infirmer la valeur ?

93. — III. *Système qui refuse sans distinction aux jugements étrangers l'autorité de la chose jugée.* — Telle est à notre avis la solution exacte ; ni le premier, ni le second système ne nous paraissent conformes aux textes et aux principes.

Tout d'abord celui qui reproduit la distinction établie

par l'Ordonnance de 1629 nous paraît devoir être repoussé.

L'Ordonnance de 1629, en admettant qu'elle fût encore en vigueur dans notre Ancien Droit et qu'on n'ait pas seulement (ce qui paraît plus probable) continué un usage plus ancien qu'elle et qui se serait passé de cette confirmation impuissante, l'Ordonnance de 1629 ne peut pas être considérée comme ayant force de loi, sous peine d'appliquer à toute la France un texte législatif qui n'avait cette force que dans le ressort d'un petit nombre de Parlements.

Mais il y a plus ; il faut bien qu'on range l'autorité de la chose jugée parmi les matières soit du Code Civil, soit du Code de Procédure Civile ; or l'art. 1041 C. P. C. et l'art. 7 de la loi du 30 ventôse an XII ont abrogé toutesles dispositions de l'Ancien Droit relatives aux matières qui font l'objet du Code Civil et du Code de Procédure Civile. Cette abrogation est absolue et générale ; il n'y a pas à s'arrêter aux exceptions qu'on a relevées et qui par leur nature spéciale sont étrangères à notre question.

Quant à prétendre que l'autorité à attribuer aux jugements étrangers n'a pas été prévue par nos lois, puisqu'elles ne s'occupent que de la force exécutoire, ce n'est qu'une pure subtilité fondée sur une interprétation trop littérale. Il est impossible de prendre nos textes au pied de la lettre ; nous sommes très convaincu qu'ils s'appliquent aussi bien à l'autorité de la chose jugée qu'à la force exécutoire ; en sorte qu'il est inexact d'affirmer que cette matière n'est pas réglée par nos Codes ; l'Ordonnance de 1629 a bien été abrogée par les textes précités, d'autant plus qu'ils sont dans le même esprit que l'Ordonnance de 1629, qui, comme eux, ne s'occupe textuellement que d'hypothèque et d'exécution, et ne peut être appliquée que par argument à l'autorité de la chose jugée.

Aujourd'hui la matière est réglée par les art. 546 C. P. C., 2123 C. P. C., dans lesquels on ne retrouve aucune trace de la distinction proposée, distinction d'ailleurs qu'il

est impossible de justifier autrement que par un parti pris
de traiter l'étranger plus défavorablement que le Français,
sans tenir compte des motifs sérieux que le législateur a
pu avoir pour assimiler ou au contraire pour différencier
les jugements étrangers et les jugements français ; car en
réalité lorsqu'une décision judiciaire est produite, l'essentiel n'est pas de savoir par qui elle est représentée, mais
seulement quel juge l'a rendue. Rien dans les textes que
nous avons ne révèle l'influence d'un tel parti pris ; les
art. 546 C. P. C. et 2123 C. C. sont généraux et leur décision peut être invoquée indistinctement par les étrangers
et par les Français.

94. Reste seulement, et nous passons ainsi à l'examen
du second système, reste à savoir quelle est cette décision.

D'après la deuxième opinion, ce serait l'assimilation des
jugements étrangers aux jugements français.

On appuie cette solution, au point de vue des textes,
d'abord sur un argument *a fortiori* tiré de l'art. 5 al. 2 et
3 C. I. C., que nous avons cité. Mais cet *a fortiori* ne nous
paraît rien moins que fondé ; et en effet c'est parce que
les lois pénales sont essentiellement d'ordre public, parce
qu'au premier rang des principes qui les régissent se place la règle *Non bis in idem*, ce principe de justice primor-
diale qui déclare qu'une répression suffit et qu'il serait
odieux de frapper de nouveau un coupable déjà puni, c'est
pour cela que la justice française désarme quand la justice étrangère a prononcé.

En matières civiles, les même principes sont inapplica-
bles, parce que les mêmes motifs n'existent pas. Assurément l'autorité de la chose jugée y est d'ordre public, il
serait impossible de plaider une seconde fois sur une question jugée définitivement par les tribunaux civils français.

Mais en attribuant aux décisions judiciaires cette force
invincible, le législateur a agi en connaissance de cause,

sachant quelle serait notre organisation judiciaire, quelles seraient l'intégrité et la valeur intellectuelle des juges, quelles seraient les garanties offertes par les règles de procédure, et il a pu légitimement attacher aux jugements rendus dans ces conditions une présomption irréfragable de bien jugé, parce qu'il avait la conviction d'avoir, dans la mesure du possible, assuré les moyens d'obtenir bonne et exacte justice.

Pour les jugements étrangers, il en est tout autrement : notre législateur n'a pas à l'égard de l'organisation et du personnel judiciaires, des lois de procédure des pays étrangers, les garanties qu'il a mises dans les nôtres. Serait-il logique (nous ne parlons pas encore de prudence) d'attribuer aux jugements étrangers rendus dans des conditions si différentes la même valeur qu'aux jugements français, alors qu'il n'y a pas, pour légitimer cette assimilation, les raisons impérieuses qui la commandent en matières criminelles ?

95. Quant aux arguments tirés des art. 546 C. P. C. et 2123 C. C., ils sont peut-être plus spécieux, mais non plus solides. Ils reposent sur l'interprétation étroite du mot *exécution*, interprétation que nous avons déjà combattue et sur laquelle il faut revenir plus à fond. Par ce mot, on ne veut entendre que les actes matériels de coercition sur la personne ou sur les biens, auxquels le jugement autorise à procéder, et cette donnée exclut naturellement l'autorité de la chose jugée. Mais elle est purement arbitraire. Il n'est pas croyable que le législateur ait eu présente à la pensée cette distinction surtout doctrinale de l'autorité de la chose jugée et de l'exécution forcée ; il est au contraire comme évident qu'en parlant d'exécution, il s'est référé en général aux effets des jugements sans distinguer. Or à coup sûr l'autorité de chose jugée et l'*exceptio rei judicatæ* qui la sanctionne rentrent dans les effets des jugements.

Et même est-ce que, dans un certain sens et à ne considérer que le résultat obtenu, reconnaître à un jugement
étranger l'autorité de la chose jugée, ce n'est pas lui donner
exécution tout comme procéder à une saisie? On peut se
demander en quoi diffère en droit le défendeur qui oppose
comme titre libératoire un jugement d'absolution rendu à
l'étranger, du créancier qui présente comme titre de créance un jugement également étranger, le possesseur qui
combat la revendication par un jugement qui a débouté son
adversaire, du propriétaire qui veut se faire mettre en possession en vertu d'un jugement étranger. Bien mieux, pourquoi
autoriser le défendeur à opposer un jugement étranger en
compensation, alors qu'il ne pourrait sans un *exequatur* le
ramener à exécution et obtenir payement, comme logiquement doit le décider le système que nous combattons? La
compensation n'est-elle pas assimilée à un payement?

Il faut donc reconnaître que l'*exceptio rei judicatæ* est
bien un acte d'exécution, ou plutôt que la loi en parlant
d'exécution a voulu embrasser tous les effets des jugements.

96. Les principes justifient-ils mieux que les textes cette
valeur absolue attribuée aux jugements étrangers ? On l'affirme, sur ce motif que si l'exécution émane du pouvoir
Souverain, l'autorité de la chose jugée vient seulement du
quasi-contrat judiciaire par lequel les plaideurs se sont engagés à accepter la décision des juges pour bonne et juste
en sorte qu'il n'y aurait aucune atteinte à la Souveraineté
dans l'exécution d'une convention semblable à toutes les
autres.

La conclusion serait sans reproche si les prémisses éiaient
exactes ; le malheur est qu'elles ne le sont pas. Le quasi-
contrat juciciaire est bien loin d'être une convention libre ;
les parties n'ont pas la faculté de le conclure ou de ne pas
le conclure. Le défendeur ne peut se dispenser de comparaître que sous les peines du défaut qui aboutissent en

somme à un jugement, tout comme une procédure contradictoire; et nous ne croyons pas qu'on veuille pousser
la fiction du quasi-contrat judiciaire jusqu'à refuser l'autorité
de la chose jugée aux jugements par défaut étrangers, ce serait détruire le système qu'on soutient en permettant de le
rendre inapplicable le plus simplement du monde. Que dirait-on au cas où le défendeur aurait plaidé tout en protes-
tant contre le prétendu quasi-contrat, soit en déniant la compétence du tribunal étranger, soit en épuisant tous les degrés
de juridiction à lui ouverts, ce qui n'est pas précisément se
conformer au quasi-contrat? Le demandeur lui-même n'est
pas libre dans ce quasi-contrat, puisqu'il ne peut trouver de
sanction à son droit que dans une action en justice. Il faut
reconnaître que s'il y a quasi-contrat, l'autorité publique en
est le véritable auteur. Elle le suppose, elle le crée bien plus
qu'elle ne le constate et qu'elle ne l'exécute, et l'on aboutit
encore à cette conclusion qu'il y a acte de la Souveraineté
étrangère dans l'autorité de la chose jugée tout comme
dans la formule exécutoire, ce qui nécessite dans les deux
cas une intervention de l'autorité française.

97. En quoi consistera cette intervention? Ce qui précède
sur l'assimilation en un certain sens de l'autorité de la
chose jugée à l'exécution des jugements nous autorise à
renvoyer cette question au § 2, où elle se trouvera implicitement résolue avec la question générale de l'exécution.

98. On aura sans doute remarqué, peut-être regretté que
l'exposé qui précède ne développe ni dans un sens, ni dans
l'autre, des considérations sur ce qu'on est convenu
d'appeler l'esprit du droit international. Il est cependant
d'usage d'aligner des phrases plus ou moins bien faites
sur la *comitas inter gentes* ou l'égalité des peuples, sur les
relations internationales, sur la tendance générale de l'hu-

manité vers on ne sait quelle république universelle, sur
une prétendue fraternité des peuples ; et l'on tire de ces
soi-disant principes nombre de conséquences merveilleuses.
Il nous a paru préférable de laisser de côté tout ce sentimen-
talisme international et cosmopolite, et de nous rappeler
qu'avant de faire des phrases, il nous fallait faire du droit.
Pour tout dire, nous croyons fort peu, en ces temps où
l'armement se perfectionne, où les guerres se succèdent
plus nombreuses et plus sanglantes que jamais, où les riva-
lités nationales semblent gagner plutôt que perdre en intensité,
nous croyons fort peu à la fraternité des peuples ; ne vaut-il
pas mieux la nier que de constater en même temps que les
peuples ne sont guère que des frères ennemis ? Enfin est-il bien
utile d'énerver le patriotisme, de supprimer même ce chauvinisme tant raillé et si nécessaire, par des théories dont
l'influence générale dépasse de beaucoup la portée que
les jurisconsultes veulent lui donner dans la science, et
qui n'ont même pas le mérite de fixer un idéal à atteindre,
parce que le jour où l'humanité les pratiquerait, elle serait
parfaite et cesserait donc d'être l'humanité ?

99. Restons sur le terrain des textes et des principes juridiques, le véritable terrain du jurisconsulte, le seul aussi
qui offre quelque solidité à nos conceptions. On vient de
voir que les textes et les principes nous ont conduits à dénier
au jugement étranger une valeur égale à celle des jugements français. Il faut ajouter que cette conclusion logique est parfaitement confirmée par les faits. Chacun connaît
des exemples de jugements iniques ou bizarres, souvent les
deux à la fois, émanés de juridictions étrangères. Chacun
sait qu'en certains pays l'administration de la justice n'offre
aucune espèce de garantie, que le juge est vénal, la procédure défectueuse, et que le bon droit seul ne suffit pas alors
pour assurer le succès. Il serait donc imprudent autant
qu'illogique de mettre tous les jugements sur un pied d'é-

galité, de ne pas se réserver la faculté d'écarter ceux qui peuvent à bon droit passer pour suspects. Nous n'ignorons pas que cette solution aura pour conséquence des dispositions semblables dans les lois étrangères, et que nos jugements seront l'objet de représailles fâcheuses ; cette solution tendrait ainsi à restreindre les relations internationales et à entraver l'essor du commerce de la France. Mais nous pouvons proposer le remède à ces inconvénients : il consiste dans des traités à conclure sur la base de la réciprocité avec les nations que l'on a intérêt à ménager et dont on peut accueillir sans crainte les jugements. Dès lors, plus de représailles à redouter, plus d'entraves au commerce, et au contraire une sécurité encore plus grande que si on avait écrit une loi dans le même sens en vue d'obtenir la pareille, car la loi peut disparaître du jour au lendemain, tandis qu'un traité lie les parties contractantes l'une envers l'autre. Ce remède, dont l'efficacité n'est pas contestable, ne contrarie en rien nos principes ; car si la loi française ne peut en règle avoir une confiance absolue dans les juges étrangers, rien n'empêche que nous ayons cette confiance envers les juges de telle ou telle nation en particulier, qui nous donne des gages d'une bonne justice ; et cette situation a enfin l'immense avantage de ne pas nous obliger, comme le ferait un texte de loi, à accepter en aveugle les jugements de partout.

100. Enfin ne faut-il pas, dans le même ordre d'idées, tenir compte du mouvement continu des législations vers l'unité, de la tendance qu'elles ont à s'uniformiser ? Ce mouvement, cette tendance sont incontestables. Sous l'influence de la civilisation, des relations internationales et surtout du commerce, les différences qui séparaient les lois des divers peuples s'effacent progressivement. Il n'y a guère plus de droit civil au sens romain du mot, de *jus civile*. Toutes les législations vont se rapprochant par un progrès

incessant d'un type unique, le *jus gentium*. Or cette constatation nous oblige, dit-on, à deux choses : d'abord à appliquer plus libéralement nos lois aux étrangers, ensuite à admettre plus facilement l'application en France des lois étrangères. Pour nous en tenir à cette seconde conséquence, la seule qui ait trait à notre matière, nous ne saurions repousser les jugements étrangers ou les soumettre à la revision sans méconnaître la tendance que nous signalons, et aussi sans apporter un obstacle à ce mouvement si généreux et si utile, par conséquent sans entraver la marche de la civilisation et troubler les relations internationales.

Ces considérations sont exactes en elles-mêmes, mais nous les croyons exagérées. Il est certain que l'uniformité, réalisée dans une certaine mesure pour les lois commerciales, tend aussi à s'établir dans les lois civiles ; mais est-elle acquise assez généralement pour qu'on puisse accepter sans contrôle l'application des lois étrangères ?

Il nous paraît téméraire de l'affirmer et nous pensons que l'étude la plus superficielle des législations étrangères, même les plus parfaites et les plus libérales, condamne cette témérité. Il y a encore trop de différences traduisant des différences de mœurs, de races, de climats ; il convient d'attendre encore. Alors nous arrêtons la civilisation ! Nous ne nous croyons pas assez puissants pour cela. D'ailleurs à la même objection la même réponse : les traités conclus avec des peuples dont les lois nous paraîtront garantir suffisamment tous les intérêts en jeu laisseront passer la civilisation sans compromettre notre ordre public par l'admission des jugements rendus dans des pays restés en arrière du mouvement d'uniformité et de civilisation.

101. L'ordre public ! Voilà en effet un côté de la question généralement trop négligé par nos adversaires. Assurément ils conviennent avec nous qu'on ne peut obtenir

d'un jugement étranger un résultat contraire à nos lois d'ordre public. Mais cela est vraiment trop peu. Il ne suffit pas d'avoir assuré l'ordre public entendu comme nous l'avons défini avec tout le monde. Il faut encore préserver les mœurs publiques du trouble et de l'ébranlement que causerait l'admission sans contrôle des jugements étrangers. Les violations de l'ordre public entendu comme ci-dessus seront évidemment le cas le plus rare ; mais qui osera affirmer qu'il n'y a pas des pays où l'administration de la justice est assez défectueuse pour exiger un contrôle attentif, et qui niera qu'il soit contraire à l'ordre général, nuisible aux mœurs publiques d'admettre à exécution des décisions iniques ?

§ 2. *Exécution forcée*

102. Nous retrouvons ici les divergences que nous avons montrées sur l'autorité de la chose jugée. Seulement ici, comme le textes expriment formellement la nécessité, pour les actes d'exécution, de l'intervention des tribunaux français, la question ne porte plus sur la nécessité, mais sur les caractères de son intervention.

103. — I. *Système de l'Ordonnance* (1). — Il y a ici peu de

(1) V. en faveur de ce système sur l'autorité de la chose jugée et sur la force exécutoire : Cass., 18 pluviôse an XII. Devilleneuve, *Coll. nouv.*, I, 1, 929. — Req. rej., 7 janv. 1806. S., 6, 1, 129. — Req. rej., 27 août 1813. S., 13, 1, 226. — Toulouse, 27 déc. 1819. S., 20, 2, 312. — Grenoble, 3 janvier 1829. S., 29, 2, 176. — Paris, 13 mai 1830. Dall., *Rép.*, t. XVI, p. 490. — Paris, 7 janv. 1833. S., 33, 2, 145. — Angers, 4 juill. 1866. S., 66, 2, 300. — Paris, 8 août 1866. S., 67, 2, 101. — Angers, 4 juill. 1869. D., 69, 2, 218. — Monpellier, 17 déc. 1869. S., 70, 2, 75. — Toulouse, 29 janv. 1872. S., 73, 2, 18. — Trib. Seine, 16 juill. 1873. *Journal*, 1875, p. 11, V° Jugement étranger. — Trib. Seine, 18 août 1883, *La Loi* des 20 et 21 août. — Valette, *Rev. de Dr. Fr. et Etr.*, 1849, t. VI, p. 597. — Maleville, sur les art. 14 et 2123 C. C. — Demangeat, *Cond. des Etr.*, 88. — Fœlix et Demangeat, II, p. 82, note *a*. — Colmet d'Aage sur Boitard, II, p. 181, note 1. — Griolet, *Chose jugée*, p. 96. — Dalloz, *Rép.* V° Droits Civils, n° 419. — Aubry, *Rev. Etr. et Fr.*, III, p. 115. — Pigeau, *Procédure*, II, p. 36. — Duranton, XIX, 342. — Berriat-Saint-Prix, *Exéc. forcée du jug.*, livr. III,

choses nouvelles à dire. On s'efforce de démontrer que les principes de l'Ordonnance de 1629 sont encore en vigueur; qu'ils n'ont été ni abrogés ni modifiés par nos codes modernes, et que les textes que nous possédons n'ont pas rompu avec une tradition certaine ; que cette tradition est d'ailleurs de tous points conforme au principe de la Souveraineté nationale, qui ne doit protection qu'aux Français, et aux règles de l'égalité des peuples qui ne permettent pas de refuser sans motif aux jugements étrangers la confiance qui leur est due.

104.—II. *Système qui limite l'intervention du tribunal français à la vérification des conditions de validité et d'ordre public* (1). — Aux arguments déjà exposés, on en ajoute de nouveaux tirés principalement des textes qui parlent de l'exécution.

Ces textes en effet disent que c'est le jugement étranger qui, revêtu de l'*exequatur*, sera mis à exécution ; si l'on admet le tribunal français à examiner le fond de l'affaire,

sect. II. — Carré, *Procédure*, II, p. 179. — Sapey, *les Etr. en Fr.*, p. 226. — Confér. des avoc. Paris, 18 avril 1874. — Aubry et Rau, t. VIII, § 769 ter.

(1) V. en faveur de ce système en général : Req. rej., 27 août 1812. S., 13, 1, 226. — Trib. Seine, 19 août 1815. S., 16, 2, 369. — Paris, 13 mai 1830. Dall., *Rép.*, XVI, p. 490. — Paris, 7 janv. 1833. S., 33, 2, 145. — Paris, 23 fév. 1866. S., 66, 2, 300. — Paris, 8 août 1866. S., 67, 2, 101. — Angers, 4 juillet 1866. S., 66, 2, 300. — Pondichéry, 17 août 1867. *Journal*, 1879, p. 556. — Paris, 2 mars 1868. S., 68, 2, 312. — Trib. Seine, 28 déc. 1868. S., 69, 2, 144. — Montpellier, 17 déc. 1869. S., 70, 2, 75. — Trib. Seine, 6 juill. 1871. *Le Droit* des 11 et 12 oct. — Versailles, 8 mai 1877. *Journal*, 1877, p. 424, V° Jugement étranger. — Trib. Seine, 1er avril 1879. *Journal*, 1881, p. 156, V° Jugement étranger. — Trib. Seine, 10 mars 1880. *Journal*, 1880, p. 192, V° Jugement étranger. — Bournat, *Rev. Prat.*, 1858, p. 327. — Bonfils. — Massé, II, 800. — Soloman, *Cond. des Etr.*, p. 380. — Marcadé, sur l'art. 15. — Bollard, *Procéd.*, II, n° 801. — Pont, *Hyp.*, 585. — Labbé, note dans S., 63, 1, 61. — Berthàuld, *Quest. Prat.*, n° 156 bis. — De Vareilles-Sommières, *Hyp. judic.*, p. 131. — Thévenet, Thèse, n° 55. — Dubois sur Carle, *Faillite*, note 92 et notes dans S., 79, 164 et 261. — Dragoumis, *Cond. civ. de l'Etr. en Fr.*, p. 147. — Duvergier sur Toullier, X, 77. — Bioche, V° Exéc., § 4, art 3. — Rivière, *Jurisp. de la Cour de Cass.*, p. 142. — Pinheiro-Ferreira et Vergé sur Martens, I, p. 269-70. — Jourdan, *le Droit Français*, p. 545. — Demangeat, *Condit. des Etr. en France*, p. 408.

ce n'est plus le jugement étranger qui sera exécuté, c'est la sentence rendue par le tribunal français ; les art. 546 C. P. C et 2123 C. C. seront violés.

L'art. 2123 C. C. assimile aux jugements étrangers les sentences arbitrales françaises, en réunissant par le mot *pareillement* les deux alinéas qui traitent des uns et des autres ; or il est bien certain que les sentences arbitrales ne sont pas revisées au fond avant de recevoir l'*exequatur* (1020 et s. C. P. C.) ; donc les jugements étrangers **ne** doivent pas l'être davantage.

De même l'art. 546 C. P. C. confond dans cette nécessité commune de l'*exequatur*, les jugements et les actes étrangers ; et on ne peut songer à reviser les actes étrangers.

Le raisonnement par lequel on aboutit à la faculté de revision consiste à admettre l'Ordonnance de 1629 pour la partie qui concerne les jugements rendus contre un Français, et à la repousser en ce qui touche les autres. Et cependant il faudrait l'accepter ou l'écarter dans son ensemble.

Il faut d'ailleurs l'écarter, puisqu'on a vu qu'elle était abrogée, et la conséquence en est qu'on n'a plus pour se décider que les textes de nos Codes et les principes généraux. Pour ce qui est des textes, on vient de voir qu'ils excluent toute revision. Quant aux principes, ils n'y sont pas moins opposés, car l'indépendance nationale et la Souveraineté française sont sauvegardées par la nécessité d'un *exequatur*, la revision au fond ne serait pas une meilleure garantie.

De plus cette revision en certains cas viendrait à l'encontre du but de la loi, qui est écrite en faveur des Français ; il en serait ainsi si le droit de revision s'étendait aux jugements rendus contre des étrangers au profit de Français. En d'autres cas, ceux où le jugement serait intervenu entre étrangers, on se heurterait à la règle, constante en jurisprudence au moins, que les tribunaux Français sont incompétents entre étrangers, ce qui écarterait encore l'exercice du droit de revision. L'impossibilité d'admettre la revision en certains cas montre bien qu'elle ne saurait jamais être pratiquée, car les textes ne permettent pas qu'on applique des règles différentes, suivant les circonstances particulières de chaque espèce, qu'on admette le droit de révision en certains cas, mais non toujours. La loi statue en termes généraux et sans distinguer.

Enfin la faculté de reviser au fond entraîne pour les tribunaux français la nécessité de connaître et d'appliquer les lois étrangères, et c'est là une conséquence inacceptable, non seulement parce qu'elle tend à exiger des juges français des connaissances trop étendues pour être communes, mais aussi parce que, si l'on réfléchit aux difficultés qu'éprouvent nos tribunaux dans l'interprétation des lois françaises, on ne peut se demander sans inquiétude quelle application ils feront des lois étrangères qu'on s'expose à voir fausser et dénaturer.

Ces difficultés pourront même être exploitées par des débiteurs de mauvaise foi, qui chercheront et peut-être trouveront dans l'expatriation les moyens d'échapper aux condamnations par eux encourues.

106. — III. *Système qui admet la revision au fond* (1). — Qu'il faille repousser la distinction imitée de l'Ordonnance

(1) Cette opinion est presque universellement admise en jurisprudence; la Cour de Cassation notamment n'a pas varié depuis 1819 dans son application. V. en ce sens : Poitiers, 8 prairial an XIII. S., 6, 2, 40. — Rennes, 20 août 1806. S., 15, 1, 369. — Paris, 27 août 1816. S., 16, 2, 269. — Civ. rej. 19 avril 1819. S., 19, 1, 288. — Toulouse, 27 déc. 1819. S., 19, 2, 312. — Grenoble, 3 janv. 1829. S., 29, 2, 176. — Civ. rej. 28 déc. 1831. S., 32, 1, 627. — Paris, 17 mai 1836. S., 36, 2, 309. — Aix, 8 fév. 1839. S., 39, 2, 307. — Req. rej. 11 janv. 1843. S., 43, 1, 671. — Paris, 22 juin 1843. S., 43, 2, 345. — Douai, 3 janv. 1845. S., 45, 2, 513. — Cass. 24 fév. 1846. S., 46, 1, 474. — Pondichéry, 22 déc. 1846. *Journal*, 1879, p. 555. — Bordeaux, 6 août 1847. S., 48, 2, 153. — Paris, 22 nov. 1851. S., 51, 2, 783. — Cass. 27 déc. 1852. S., 52, 1, 94. — Pondichéry, 17 oct. 1854. *Journal*, 1879, p. 555. — Cass., 11 déc. 1860. S., 61,

de 1629, c'est ce qui ne nous paraît pas avoir besoin d'une plus ample démonstration. Mais les difficultés sont plus grandes en ce qui touche au second système.

Ce n'est pas que tous les arguments proposés soient de nature à faire hésiter.

Il n'est pas nécessaire d'insister sur le raisonnement qu'on nous prête et qui consisterait à admettre et à écarter à la fois l'Ordonnance de 1629; on sait en effet qu'à notre avis cette Ordonnance est abrogée et ne peut fournir aucun argument.

De même nous ne croyons pas qu'on prenne au sérieux les inconvénients prétendus attachés à la revision. *Nos juges auront à appliquer les lois étrangères*, mais ce ne sera pas là le seul cas où ils le feront et, en somme, cette revision ne leur impose aucune charge nouvelle. *Ils auront à les connaître*, ceci est beaucoup moins nécessaire et nous ne voyons pas pourquoi les parties qui invoquent le bien ou mal jugé d'une sentence étrangère ne produi-

---

1, 336. — Douai, 22 déc. 1863. S., 65, 2, 80. — Colmar, 10 fév. 1864. S., 64, 2, 122. — Pondichéry, 3 mai 1864. *Journal*, 1879, p. 555. — Paris, 22 avril 1864. S., 65, 2, 60. — Paris, 8 août 1866. S., 67, 2, 101. — Pau, 6 janv. 1868. S., 68, 2, 100. — Chambéry, 12 fév. 1869. S., 69, 2, 9. — Paris, 22 fév. 1869. S., 69, 2, 144. — Toulouse, 29 janv. 1872. S., 73, 2, 18. *Journal*, 1874, p. 77, V° Jugement étranger. — Pau, 17 janv. 1872. S., 72, 2, 233. — Lyon, 1er juin 1872, S., 72, 2, 174. — Civ. Cass 20 août 1872. S., 72, 1, 327. — Trib. Pondichéry, 24 oct. 1872. *Journal*, 1879, p. 555. — Rouen, 11 janv. 1874. S., 74, 2, 318. — Pondichéry, 18 août 1874. *Journal*, 1879, p. 555. — Req. rej., 16 juin 1875. S., 76, 2, 213. — Nancy, 6 juil. 1877. S., 78, 2, 129. *Journal*, 1878, p. 42, V° Jugement étranger. — Nancy, 3 août 1877. S., 78, 2, 17. — Trib. Seine, 15 jan. 1878. *Journal*, 1878, p. 376. V° Jugement étranger. — Rennes, 26 déc. 1879. S., 81, 2, 81. — Bordeaux, 20 août 1879. *Journal*, 1880, p. 584, eod. V°. — Paris, 7 fév. 1880, ibid. — Rouen, 22 avril 1880. *Journal*, 1881, p. 59 et 1882, p. 167, eod V°. — Trib. Boulogne, 10 févr. 1881. *Journal*, 1882, p. 81, eod. V°. — Paris, 19 fév. 1881. *Journal*, 1881, p. 155. eod. V° — Cass. 28 mai 1881. *Journal*, 1882, p. 170, eod. V° — Merlin, *Quest.*, V° Jugement, § 14, n° 2. — Toullier, X, 81 — Grenier, *Hyp.*, I, 114. — Troplong, *Hyp.*, II, 451. — Chauveau sur Carré, quest. 1899. — Rauter, *Procédure*, n° 157. — Légat, *Code des Etrangers*. — Larombière, art 1351, n° 6. — Zachariæ, § 32, notes 3-5. — Demolombe, I. 263. — Laurent, XX, 4. — Delvincourt, I, p. 32. — Duranton, I, 155. — Boncenne, III, 222. — Persil, *Rég. Hyp.*, art. 2123, n° 16. — Rodière, *Procédure*, III, p. 44. — Taulier, VII, p. 248. — Durier, *Rev. prat.*, 1856, I, p. 515. — Féraud-Giraud, *France et Sardaigne*, I, p. 318.

raient pas la preuve des dispositions légales qu'ils invoquent, pourquoi même nos tribunaux, suivant l'exemple
des juges anglais et américains, ne demanderaient pas aux
autorités étrangères compétentes tous les renseignements
utiles. *Les appliqueront-ils mal, à contresens?* Le supposer, c'est douter sans motifs bien sérieux de l'intelligence
et de l'équité de nos juges ; c'est surtout oublier que ce
maniement si dangereux des législations étrangères est en
usage dans d'autres circonstances sans avoir dévoilé d'inconvénient grave.

Enfin il n'est pas croyable qu'on rencontre en foule des
débiteurs dont la mauvaise foi soit assez ardente et assez
aveugle pour aimer mieux s'expatrier et courir les chances
plus que douteuses d'une revision des tribunaux français
qu'exécuter une condamnation équitable.

107. Les arguments tirés des principes généraux sont
plus sérieux sans être beaucoup plus forts.

On prétend que la revision est inadmissible en certains
cas, et que, les textes excluant toute distinction, elle doit
être écartée en tous cas.

Nous accepterions volontiers la conséquence si les prémisses étaient exactes ; mais en réalité nous ne croyons
pas que rien s'oppose à la revision au fond dans les cas
que l'on a cités.

Que si le jugement étranger a été rendu entre étrangers,
on ne peut nous objecter que nous violons le principe de
l'incompétence des tribunaux à l'égard des étrangers entre
eux, car nous n'admettons pas cette incompétence et nous
ne nous considérons pas comme solidaire des doctrines en
d'autres matières de ceux dont, sur notre sujet, nous par-
tageons l'avis.

Que si le jugement est rendu au profit d'un Français,
on assure que la revision contrevient au vœu de la loi en
créant des difficultés à ce Français ; mais il n'est pas dé-

montré qu'en écrivant les art. 546 C. P. C. et 2123, C. C., le législateur ait eu en vue l'intérêt du Français. C'était bien là l'esprit de l'Ordonnance, mais nous sommes d'accord avec nos adversaires pour admettre que c'est un esprit nouveau qui inspire nos Codes. Les considérations qui influèrent sur le législateur moderne nous paraissent même n'être pas uniquement celles qui se rattachent au principe de l'indépendance nationale et de la Souveraineté; nous reviendrons tout à l'heure sur ce point (1).

108. Restent les arguments de textes, les plus importants de tous.

On a relevé surtout l'assimilation des jugements étrangers aux sentences arbitrales françaises (2123 C. C.) et aux actes publics étrangers (546 C. P. C.), pour lesquels la revision est inadmissible.

Mais on remarquera tout d'abord que l'art. 546 C. P. C. n'est pas aussi décisif qu'on le prétend. Il se borne, sans autrement marquer l'assimilation prétendue, à renvoyer aux art. 2123 et 2128 C. C. Or ce renvoi, bien que fait simultanément, ne commande en aucune façon une interprétation identique des deux textes cités et nous laisse parfaitement libres d'entendre les art. 2123 et 2128 en des sens différents, d'admettre par conséquent la revision pour le premier et non pour le second, s'il y a des raisons plausibles.

Quant à l'art. 2123 C. C., l'assimilation qu'on y découvre entre les sentences arbitrales françaises et les jugements étrangers est loin d'être absolue. Il y a bien le mot *pareillement*, mais évidemment il n'équivaut pas à une assimilation complète des deux décisions. La loi elle-même nous en donne la preuve en décidant que la sentence arbitrale sera rendue exécutoire par simple ordonnance du président du tribunal, tandis que, pour le jugement étranger,

____
(1) V. infrà n° 111.

c'est le tribunal tout entier qui doit statuer sur la demande en *exequatur*. Donc, il n'y a pas identité de situation; et le mot *pareillement*, employé sans doute principalement dans un intérêt de style, pour ménager une transition que rendait comme forcée la nécessité d'un *exequatur* commune aux deux dernières dispositions de l'art. 2123 C. C., n'exprime que cette nécessité commune, sans prétendre que les deux situations soient absolument semblables au fond.

109. Nous venons de dire que la loi exige l'intervention du tribunal tout entier dans la demande en *exequatur*. Là se révèle la pensée de la loi. Il ne s'agit plus de revêtir de la formule exécutoire une décision d'arbitres; il s'agit de rendre un véritable jugement. Et ce jugement, comme tous ceux que rendent nos tribunaux, doit être rendu en connaissance de cause. Il faut que nos juges, en déclarant ou en refusant de déclarer exécutoire un jugement étranger, puissent en donner des motifs; or qui niera qu'il puisse y avoir de sérieuses raisons pour empêcher l'exécution d'un jugement étranger, indépendamment des conditions de validité et d'ordre public dont nous avons parlé?

On a essayé d'expliquer autrement l'intervention du tribunal entier. On a dit que l'importance et la difficulté des questions qui peuvent s'élever sur les conditions que tout le monde exige pour l'exécution des jugements étrangers motivaient suffisamment cette règle; à l'appui on a montré que dans notre ancienne jurisprudence c'était le tribunal tout entier qui accordait l'*exequatur* dans les cas où il n'y avait pas lieu à revision selon notre ancienne jurisprudence, et qu'il en est de même encore aujourd'hui dans les législations étrangères qui écartent la revision.

Pour que la réponse fût suffisante, il faudrait qu'on eût la preuve que la loi a bien eu en vue cette considération. Cette preuve, on ne la rapporte pas, et en effet, il serait singulier que la loi eût songé à ces conditions de validité et d'ordre public, et qu'elle n'eût pas indiqué aux juges chargés de les vérifier quelques règles qui pussent les guider. La loi ne l'a pas fait ; elle a exigé l'intervention des tribunaux français sans tracer les limites de cette intervention ; c'est bien indiquer que nos juges ont un pouvoir de contrôle entier et absolu. Toutes les limitations que les interprètes voudraient assigner à ce pouvoir sont purement arbitraires, et manquent d'ailleurs de précision, car chacun aura une certaine latitude pour apprécier si le jugement étranger est ou non valable, s'il blesse ou respecte l'ordre public. Le système qui admet le droit de revision, ne peut encourir ce reproche d'arbitraire et d'inconséquence, car il accorde aux juges tous les pouvoirs que la loi ne leur refuse pas, et ces pouvoirs sont d'après lui les plus larges qu'on puisse supposer.

110. Mais alors, nous dit-on, ce n'est plus un jugement étranger que vous ferez exécuter, ce sera un jugement français.

Voilà où est l'erreur. Nous prétendons que c'est bien le jugement étranger qui sera mis à exécution si l'*exequatur* est accordé.

Pour le montrer, nous ne dirons pas, comme quelques-uns, que le tribunal français est constitué en quelque sorte juge d'appel, et que de même que c'est bien le jugement confirmé qui est mis à exécution, ainsi qu'il résulte de la formule même de confirmation et de l'art. 472 C. P. C., qui donne au tribunal auteur du jugement confirmé compétence quant à l'exécution, de même c'est le jugement étranger qui sera exécuté après sa confirmation par un tribunal français. A notre avis, l'assimilation prétendue est de pure imagination et n'est autorisée en aucune façon ; il est inadmissible que notre législateur ait eu dans la pensée cet appel bizarre des tribunaux étrangers aux tribunaux français.

Mais nous croyons fermement à l'exactitude de la proposition. Nous ne disons pas, en effet, qu'on doive, pour parler comme nos anciens auteurs, *venir par nouvelle action* quant à l'objet du jugement étranger. Ce n'est pas le fond même de l'affaire qui formera le procès ; ce n'est pas la question même qu'a résolue le juge étranger qui sera posée au juge français. Le procès reste une demande en *exequatur* ; seulement le tribunal français devra accueillir tous les moyens qu'on pourra présenter en faveur de l'*exequatur*, ou en sens inverse, parce qu'il ne saurait permettre l'exécution d'une sentence régulière en la forme et inique au fond. Que si le tribunal croit devoir accorder l'*exequatur*, ce n'est point sa décision qu'on exécutera, puisqu'il n'aura pas statué au fond et qu'il se sera borné à répondre affirmativement à la question : *si le jugement étranger peut être exécuté* ; et c'est bien celui-ci qui, conformément aux textes, recevra exécution.

Cette précision essentielle, que nos adversaires négligent aisément et pour cause, évite les nombreux inconvénients qu'on attribue injustement à notre solution. Elle permet bien de plaider tous les moyens, même de fond, qui tendent à démontrer le mal jugé de la sentence étrangère ; mais elle n'autorise en aucune façon des conclusions nouvelles, des condamnations nouvelles, parce que ces conclusions seraient étrangères au procès, qui roule uniquement sur la possibilité de déclarer exécutoire le jugement étranger. C'est d'ailleurs un point sur lequel nous reviendrons (1).

111. Enfin interrogeons l'esprit de la loi, recherchons sous quelles influences elle fut écrite, et nous verrons qu'elles s'harmonisent admirablement avec nos propositions.

A l'époque où le Code Civil et le Code de Procédure civile furent rédigés, les esprits étaient fort éloignés du libéralisme international dont la Convention avait fait preuve avec une

____

(1) V. infrà n°° 124 et suivants

générosité mal payée de retour. On se souvenait encore que l'exemple que la France avait donné en égalisant dans une large mesure les droits des étrangers à ceux des nationaux avait rencontré peu d'imitateurs en Europe, et que l'on avait eu peut-être à regretter un élan désintéressé mais imprudent. De plus on était dans une période belliqueuse, peu favorable au développement des idées cosmopolites qui ont fait tant de chemin depuis. En présence de la coalition de l'Europe entière contre notre pays, on pouvait être tenté de confondre, comme on l'avait fait à Rome, les termes d'étrangers et d'ennemis, et à coup sûr on devait être peu porté à accepter les yeux fermés tout ce qui viendrait de l'extérieur. Ajoutez les idées dominatrices, exclusives de celui qui présidait aux délibérations du Conseil d'État, son attachement jaloux aux droits et prérogatives du Pouvoir Souverain, et qu'on se demande s'il est vraisemblable que le législateur ait voulu, dans de telles conjonctures, admettre sans examen les jugements venus de l'étranger. La réponse ne saurait être que négative.

Depuis ces temps, bien des choses ont changé. Les souvenirs encore vivants en 1804 et en 1806 se sont affaiblis ; l'état de luttes perpétuelles a disparu ; enfin et surtout les idées et les opinions se sont modifiées. Sous l'influence, assure-t-on, de la science, on s'est accoutumé à séparer des choses que nos pères dans leur chauvinisme auraient peut-être eu quelque peine à distinguer. On a cru pouvoir (à d'autre de dire si c'est à tort ou à raison), sans entamer le patriotisme, montrer moins de défiance envers les peuples étrangers. Les uns ont justifié cette tendance, en affirmant qu'elle ne faisait que proclamer le droit de toutes les nations à l'égalité ; d'autres n'y ont vu qu'une simple courtoisie, qu'une politesse pure ; d'autres enfin une mesure de politique motivée sur l'utilité que devaient en retirer les nationaux français. Quoi qu'il en soit de ces théories que leur portée trop générale exclut du cadre de ce travail, il est incontestable qu'elles sont restées étrangères aux rédacteurs de nos Codes, qui obéissaient à des considérations tout à fait opposées. Les dispositions qu'ils ont écrites ne peuvent s'entendre que dans un sens qui puisse marquer leur esprit de défiance à l'égard de l'étranger et l'omnipotence de la Souveraineté française.

En vain assure-t-on que le respect dû à cette Souveraineté apparaît suffisamment dans la nécessité d'un *exequatur,* même sans revision. Outre qu'une simple formalité ne saurait sans contestation passer pour une garantie complète et une satisfaction absolue, cette considération n'est pas la seule en jeu ; il faut aussi tenir compte de cette défiance à l'égard de ce qui vient de l'étranger, de cette incertitude quant à l'excellence de la justice rendue hors de nos frontières, et ici il est de toute évidence que l'*exequatur* simple est insuffisant et qu'il faut autoriser la revision.

112. Mais on va se récrier que pour ces motifs nous aboutissons à combattre l'intérêt des Français pour lesquels nous les invoquons; que nos jugements seront sans force à l'étranger et qu'on négligera cette justice française dont nous sommes si fiers. Notre réponse sera la même que ci-dessus. Craignez-vous ces mesures de rétorsion, ou même en connaissez-vous des exemples ? Faites des traités. Lorsque vous saurez que, vu l'organisation judiciaire, les lois de procédure, les mœurs judiciaires d'un pays, vous pouvez avec sécurité admettre sans les reviser les jugements de ses tribunaux, demandez-lui de vous rendre la pareille et concluez une convention ; vous agirez alors en connaissance de cause, et vous ne sacrifierez ni un principe, ni un intérêt. Mais écrire dans la loi, ou vouloir y lire que tous les jugements étrangers, d'où qu'ils viennent, sont, au *pareatis* près, les égaux des jugements français, ce serait à la fois commettre une imprudence et porter atteinte à la dignité et à l'indépendance nationales.

———

CHAPITRE III

Quelle est la valeur de l'instance pendante à l'étranger et du jugement étranger jusqu'à l'exequatur.

113. — I. *Instance pendante devant un tribunal étranger*. — La loi n'a pas prévu la question et ne s'occupe que du jugement qui termine l'instance.

D'un autre côté, il est impossible d'appliquer à une instance simplement engagée les règles prescrites pour l'*exequatur* des jugements, la nature même des choses s'y oppose formellement.

Enfin on ne saurait, dans le silence de la loi, inventer un système qui permette aux tribunaux français de tenir compte des instances liées devant les tribunaux étrangers.

Il faut en conclure, sous peine de tomber dans l'arbitraire, que le procès engagé à l'étranger est absolument sans valeur, et qu'il ne produira devant nos tribunaux aucun des effets attachés en France aux instances déjà engagées.

114. La conséquence la plus importante de cette solution est que l'instance liée à l'étranger ne peut fournir une exception de litispendance contre une demande introduite devant un tribunal français (1).

(1) Paris, 23 thermidor an XII. S., 7, 2, 855. — Req. rej., 7 sept. 1808. S., 8, 1, 453. — Turin, 21 août 1812. S., 14, 2, 191. — Montpellier, 12 juill. 1826. S., 27, 2, 227 ; — Bastia, 14 déc. 1839 S., 40, 2, 454. — Civ. cass., 16 févr. 1842. S., 42, 1, 714. — Paris, 11 déc. 1855. S., 56, 2, 302. D., 55, 2, 200. — Rouen, 9 fév. 1859. S., 60, 2, 25. — Req. rej. 11 déc. 1850. S., 61, 1, 331. D., 61, 1, 106. — Trib. Seine, 29 mai 1873. *Journal*, 1875, p. 21, V° Litispendance. — Paris, 12 août 1873. *Le Droit*, 18-19 août. — Trib. Dreux, 20 juin 1877. *Jour-*

Et en effet, l'art. 171 C. P. C. n'a été écrit qu'en vue des relations des tribunaux français entre eux, et ne saurait être étendu aux rapports des tribunaux français avec les tribunaux étrangers.

D'ailleurs si la loi ordonne (art. 171 C. P. C.) qu'un tribunal se dessaisisse dans le cas dont nous parlons, c'est en faveur d'un autre tribunal français qu'a lieu le dessaisissement, et il n'y a aucune raison pour contrevenir à ce principe élémentaire de bon ordre judiciaire : qu'une même affaire ne doit pas être jugée par des tribunaux différents, à cause de l'éventualité de décisions opposées pouvant acquérir toutes deux à un degré égal la force de la chose jugée.

Il en est tout différemment quand il s'agit d'un tribunal étranger. D'une part la loi qui montre une défiance marquée à l'égard de ces tribunaux, qui soumet leurs décisions à un *exequatur* rendu en connaissance de cause, ne pouvait évidemment consentir à enlever à nos tribunaux des affaires pour les laisser se dérouler à l'étranger ; il entre bien mieux dans ses intentions de maintenir à nos juges la connaissance des affaires qui leur sont portées. D'autre part, la contrariété des décisions judiciaires manque en notre cas d'inconvénients graves, puisque les décisions judiciaires émanent de tribunaux de nationalités différentes ; l'autorité de la chose jugée n'aura pas à en souffrir. Que si en effet on cherche à faire déclarer exécutoire en France le jugement étranger une fois rendu, il est évident que le tribunal français saisi de la demande en *exequatur* devra la repousser : il serait contraire à l'ordre public de déclarer exécutoire en France une décision judiciaire statuant sur des points que nos tribunaux auraient déjà jugés, cela constituerait une atteinte à l'autorité de la chose jugée.

115. Cette solution toutefois n'est donnée ici qu'en thèse générale et nous paraît devoir comporter quelques exceptions.

1° S'il y avait un traité relativement à l'exécution des jugements entre la France et le pays devant les tribunaux duquel l'instance est engagée, il faudrait admettre l'exception de litispendance. Mais tout au moins faudrait-il que que l'instance fût réellement engagée et ainsi un simple préliminaire de conciliation ne suffirait pas (1).

2° Il en serait de même si un Français pouvant invoquer l'art. 14 avait renoncé tacitement à cette faveur en saisissant lui-même comme demandeur le tribunal étranger; il ne serait plus admis à intenter en France la même action(2). Cette déchéance subsisterait alors même que le Français demandeur à l'étranger aurait renoncé à son action pour n'avoir pas à fournir la caution *judicatum solvi* (3). Au contraire il n'y aurait pas lieu à litispendance si le Français n'avait formé sa demande à l'étranger que parce que le défendeur n'avait pas de biens en France et que le défendeur en eût acquis au cours de l'instance ; en ce cas, en effet, il n'y a pas de renonciation tacite à l'art. 14 (4).

3° Enfin de ce que l'instance pendante à l'étranger ne saurait arrêter le cours de la justice française, il ne s'ensuit pas qu'on ne doive pas surseoir dans les cas où le jugement étranger serait une des conditions du jugement à prononcer par les juges français. Ainsi le tribunal français saisi d'une demande en rectification d'un acte de l'état civil devrait surseoir jusqu'au jugement du tribunal étranger sur la question

---

(1) Trib. Seine, 13 nov. 1874. *Journal*, 1876, p. 272. V° Litispendance.

(2) Paris, 29 juillet 1826. S., 27, 2, 106. — Req. rej., 10 nov. 1827. S., 28, 1, 124. — Paris, 3 mai 1834. S., 34, 2, 305. — Civ. rej., 14 fév. 1837. S., 37, 1, 251.

(3) Trib. Seine, 26 août 1879. *Journal*, 1880, p. 191, V° Compétence — Contra : Paris, 9 août 1881, *Journal*, 1882 p. 202, V° Litispendance.

(4) Rouen, 19 juill. 1842. S., 42, 2, 389.

d'état (1). De même un tribunal correctionnel français auquel aurait été porté une plainte en adultère, ne pourrait prononcer avant d'avoir connu la solution donnée par le tribunal étranger sur une demande en nullité du mariage de l'inculpé (2).

Mais nous n'admettrions pas une exception dans le cas où, une saisie-arrêt ayant été formée à l'étranger et l'instance en validité étant encore pendante devant un tribunal étranger, une demande directe en payement serait formée en France (3).

De même une instance formée à l'étranger ne constituerait certainement pas un titre authentique, dans les termes de l'art. 557 C. P. C., permettant de pratiquer une saisie-arrêt. Tout au plus pourrait-elle être prise en considération par le juge auquel on demanderait conformément à l'art. 558 C. P. C., l'autorisation de pratiquer la saisie-arrêt (4). Que si en fait elle avait été pratiquée sans l'autorisation du juge, elle ne serait pas valable, et nous ne croyons même pas que, sur la demande en validité, le tribunal français pût surseoir jusqu'à la décision à intervenir du tribunal étranger.

116. Les mêmes motifs qui nous ont servi à déterminer la valeur de l'instance formée à l'étranger, au regard de l'instance formée en France conduisent à décider qu'il ne saurait y avoir lieu à réglement de juges entre tribunaux français et tribunaux étrangers (5).

Les textes comme l'esprit de la loi confirment cette solution.

<hr>

(1) Trib. Seine, 13 déc. 1873. *Journal*, 1875, p. 16, V° Actes de l'état civil.

(2) Trib. correct. Seine, 22 mars 1881. *La Loi* 4 mai. — Trib. corr. Seine, 9 déc. 1879. *Journal*, 1880, p. 189, V° Adultère.

(3) Contra : Civ rej., 9 juin 1819. S., 20, 1, 5.

(4) Paris, 19 janv. 1850. S., 50, 2, 462.

(5) Req. rej., 27 janv. 1847. S., 47, 1, 818.

Les textes, car ils ne prévoient pas le cas et ne donnent aucune règle à cet égard.

L'esprit de la loi, car le système général de l'art. 363 C. P. C. est de confier le règlement des juges à l'autorité judiciaire du rang immédiatement supérieur à celui des tribunaux entre lesquels ce règlement est nécessaire et commune aux différents tribunaux ; or il n'existe aucune hiérarchie entre les tribunaux français et les tribunaux étrangers et on ne pourrait leur trouver de supérieur commun. Enfin la procédure dont nous parlons a pour but d'assurer le respect des règles de compétence entre les différents juges de l'ordre judiciaire français ; mais l'intérêt de paix et de bonne justice qui se rencontre alors n'existe plus, lorsque la même question se pose entre juges français et juges étrangers.

117. — II. *Jugement étranger avant l'*exequatur. — Il est à peine besoin de dire que le jugement étranger, aussitôt qu'il a reçu l'*exequatur* d'un tribunal français, devient immédiatement exécutoire dans toute la France et peut produire ses effets en tous les points du territoire sans nouveau *pareatis* ; en sorte que le jugement étranger déclaré exécutoire peut servir à prendre inscription de l'hypothèque judiciaire qu'il confère sur les immeubles, etc. Ce n'est que l'application normale de l'art. 547 C. P. C.

Mais qu'en est-il du jugement auquel l'*exequatur* n'a pas encore été donné ?

Sa valeur peut être appréciée sous deux rapports :

Au point de vue des actes que le demandeur voudrait accomplir en vertu du jugement étranger ;

Au point de vue de l'instance en *exequatur* elle-même.

118. — 1° *Actes à accomplir*. — Il ne saurait être question d'actes d'exécution ; ceux-ci ne peuvent être accomplis qu'en vertu d'un jugement revêtu de l'*exequatur* et la nul-

lité sanctionnerait évidemment toute exécution faite autrement. C'est ainsi qu'il est impossible de procéder, sur un jugement étranger sans *exequatur*, à une saisie mobilière ou immobilière ; l'art. 551 C. P. C. exige pour cela un titre exécutoire, et le jugement étranger ne reçoit ce caractère que de l'*exequatur* des juges français. On appliquera donc cette règle à la saisie immobilière (art. 673 C. P. C.), à la saisie-brandon (art. 626 C. P. C.), à la saisie des rentes constituées (art. 636 C. P. C.), à la saisie-exécution (art. 583 C. P. C.).

De même l'autorisation contenue dans un jugement étranger non exécutoire, ne suffirait pas pour une saisie revendication (art. 826 C. P. C.).

. De même encore la contrainte par corps ne peut être mise à exécution avant que le jugement ait reçu l'*exequatur* (art. 780 C. P. C.).

119. A l'inverse le jugement étranger justifierait les actes conservatoires, ceux par lesquels le créancier, sans ramener son droit à exécution, se borne à prendre des précautions pour éviter que ce droit ne soit compromis. Il faudrait cependant en excepter les actes pour lesquels la loi exige expressément un titre exécutoire. Cette restriction s'applique notamment au droit de requérir l'apposition ou la levée des scellés (art. 909 et 930 C. P. C.) et au droit de requérir l'inventaire (art. 941 C. P. C.).

Mais le jugement étranger même non exécutoire constituerait un titre suffisant pour demander la séparation des patrimoines (art. 878 C. C.); pour s'opposer à ce qu'un partage ait lieu hors de la présence des créanciers et permettre à ceux-ci d'intervenir dans les opérations de ce partage pour conserver leurs droits (art. 865 et 882 C. C.); ou dans l'instance en séparation de biens de leur débiteur ou débitrice (art. 1447 C. C.); pour exercer les droits d'une débitrice dans la déconfiture du mari (art. 1446), et d'une façon générale pour exercer tous les droits et actions du débiteur (art. 1166 C. C.). Nous avons constaté cependant que l'inscription de l'hypothèque judiciaire, quoique acte conservatoire, ne pouvait être prise avaut l'*exequatur* (art. 2123 C. C.) ; mais cette solution, que nous avons rattachée à la question générale d'interprétation des art. 2123 et 546, est elle-même contestée, ainsi que nous l'avons dit.

120. Rappelons enfin que dans la solution que nous avons adoptée au chapitre précédent, il ne peut être pris inscription de l'hypothèque judiciaire en vertu d'un jugement étranger avant que ce jugement ait été revêtu de l'*exequatur*. Cependant l'inscription de l'hypothèque est généralement considérée comme un acte d'exécution. Mais ici encore le texte de la loi commande, à notre avis, la solution. D'après l'art. 2123 C. C., l'hypothèque ne peut résulter des jugements rendus en pays étranger qu'autant qu'ils ont été déclarés exécutoires. C'est dire que jusqu'à ce moment l'hypothèque n'existe pas ; il ne peut donc en être pris inscription. A plus forte raison serait-il impossible, après avoir obtenu sans droit du conservateur des hypothèques l'inscription d'un jugement étranger non revêtu de l'*exequatur*, de ramener l'hypothèque à exécution. Sur ce point du reste, tout le monde est d'accord, l'acte rentrant très évidemment parmi ceux qui exigent un *exequatur*.

121. Les solutions qui précèdent impliquent que l'hypothèque judiciaire est admise par la loi étrangère comme par la loi française. Seraient-elles encore applicables dans le cas où la loi étrangère ne l'admettrait pas?

L'affirmative est soutenue ; en effet, dit-on, l'art. 2123 admet sans distinguer tous les jugements étrangers à produire l'hypothèque judiciaire moyennant l'*exequatur* ; et c'est à bon droit, car les actes d'exécution sont en principe

régis par la loi du lieu où ils sont accomplis, or l'hypothèque judiciaire rentre dans les actes d'exécution.

Nous préférons la négative. L'art. 2123 C. C. en admettant les jugements étrangers à donner l'hypothèque judiciaire, n'a évidemment pas voulu leur imposer cet effet
attribué aux jugements français, car si l'on peut empêcher
au nom de l'ordre public tel ou tel effet des jugements, on
ne saurait, au même titre, leur en imposer tel ou tel autre.
D'ailleurs comment déterminer les effets à obtenir d'un jugement, si ce n'est par la *lex fori*, la loi en vigueur auprès du
tribunal qui a rendu le jugement? Décider autrement serait
excéder les espérances du demandeur et les craintes du
défendeur ; ce serait porter atteinte aux droits de ce dernier
et aussi, ce qui est encore plus grave, aux droits de ses
créanciers, qui ont pu et dû compter que le jugement ne
créerait aucun droit de préférence et qu'une solution contraire pousserait à se procurer de même un titre de préférence et par suite à grever leur débiteur de frais de justice.
Ce serait enfin substituer réellement un jugement français
à un jugement étranger et tomber dans un arbitraire absolu,
les effets du jugement devant dans cette doctrine, varier
avec les lieux d'exécution et n'étant pas fixés irrévocablement dès le jour de la sentence.

Il est évident et incontesté que si la loi régissant les biens
n'admettait pas l'hypothèque judiciaire, celle-ci, fût-elle admise par la *lex fori*, n'aurait pas lieu.

C'est aussi la loi de la situation des biens, qui doit régler
les effets de l'hypothèque judiciaire notamment les biens
qu'elle frappe, les conditions de sa conservation et de son
exercice, etc.

122. Est controversé le point de savoir si le jugement
étranger peut servir de cause à une saisie-arrêt en France.
Nous admettrons l'affirmative. L'art. 558 C. P. C. exige,
pour qu'une saisie-arrêt puisse être pratiquée, que le cré-

ancier soit porteur d'un titre authentique ou privé, la loi n'exige pas un titre exécutoire. Or on ne peut méconnaître au jugement étranger, pourvu qu'il soit régulier en la forme, le caractère authentique. — En sens contraire on a tenté de contester le caractère d'acte conservatoire de la saisie-arrêt, de démontrer qu'elle est un véritable acte d'exécution. Cette question nous paraît indifférente ici, car la distinction entre les actes conservatoires et ceux d'exécution doit nécessairement fléchir devant un texte précis. Ce texte, nous l'avons dans l'espèce : c'est l'art. 557 C. P. C. : il faut un titre authentique, le jugement étranger est bien un titre authentique (1). — Mais pour la validation de la saisie-arrêt, il faudrait que le jugement étranger eût reçu l'*exequatur*. A tout le moins, le même jugement qui statuerait sur la validité devrait-il prononcer aussi sur l'*exequatur* (2).

Les mêmes principes sont applicables au regard du défendeur ; — celui-ci ne pourrait opposer à des poursuites commencées en France un jugement étranger qui lui aurait accordé un délai (3). — A l'inverse, condamné par défaut en France, il conserverait, s'il était dans les délais, le droit de faire opposition à ce jugement, malgré l'*exequatur* qu'en aurait obtenu à l'étranger le demandeur (4).

124.—2° *Demande en exequatur*. — Disons tout d'abord que les explications qui vont suivre sont, dans notre pensée, applicables non seulement au cas (seul visé par notre rubrique) où il est demandé à un tribunal français de revêtir un jugement étranger de la formule exécutoire, mais encore au cas où il lui est demandé seulement de reconnaître à ce jugement l'autorité de la chose jugée. Nous avons déjà fait

---

(1) Paris, 31 janv. 1873. S., 74, 2, 33. — Trib. Seine, 2 mai 1876. *Journal*, 1877, p. 419, V° Saisie-arrêt. — Cass., 13 nov. 1877. *Journal*, 1878, p. 504, eod. V°.

(2) Paris, 5 août 1832. S., 33, 2, 20.

(3) Bordeaux, 5 févr. 1813. S., 15, 2, 141.

(4) Lyon. 14 déc. 1856. S., 57, 2, 543.

à ce sujet les précisions nécessaires pour éviter toute équivoque. Le besoin de clarté justifie un langage qu'une exactitude rigoureuse pourrait réprouver.

Nous avons dit que dans notre système, il y a véritablement procès sur l'*exequatur* et non pas sur le fond de l'affaire, mais que dans ce procès en *exequatur* tous les moyens de fond et de forme peuvent être plaidés. Appliquons ce système en faisant voir les conséquences de ces deux propositions :

L'instance est une demande en *exequatur ;*

Tous les moyens de fond et de forme peuvent être pris en considération par le juge français.

125. — A. *L'instance est une demande en exequatur.* — C'est-à-dire que la véritable question à résoudre par le tribunal français est celle-ci : le juge étranger a-t-il bien jugé et sa décision doit-elle être exécutée ? Il suit de là :

1° Que la revision au fond peut être réclamée aussi bien par le demandeur que par le défendeur. Les textes sont muets à cet égard ; mais leur silence même exclut toute différence entre le demandeur et le défendeur. D'ailleurs les principes suffisent à justifier cette solution. Encore faut-il que le demandeur ait intérêt à ce que l'on revise le jugement étranger (1).

2° Que les parties ne peuvent conclure que sur la question indiquée ci-dessus. La faculté de contester le bien jugé de la sentence étrangère pourra, comme nous allons le voir, motiver quelques dérogations à cette proposition, qui a besoin d'être précisée par ce qui va suivre. Nous pouvons cependant en déduire dès à présent que l'instance étant engagée sur l'*exequatur,* le demandeur ne pourrait plus en appel abandonner ses premières conclusions sur l'*exequatur* et conclure directement au fond (2). On ne saurait d'ailleurs mé-

(1) Cass., 18 pluviôse an XII. — Paris, 27 août 1816. S., 16, 2, 369
(2) Rennes, 26 déc. 1879. S., 81, 2, 81.

connaître au demandeur le droit de venir par une nouvelle action devant les tribunaux français, au lieu de demander l'*exequatur* du jugement par lui obtenu à l'étranger (1) ;

3° Que le demandeur ne pourrait former devant le tribunal français des demandes nouvelles sur lesquelles n'auraient pas statué les juges étrangers. Pourrait-il renouveler des demandes qui auraient été rejetées par le jugement étranger ? Nous l'admettrons ; l'examen de ces demandes rentre bien dans la question générale du bien jugé. D'ailleurs le droit de réclamer la revision appartient au demandeur comme au défendeur, et décider autrement en l'espèce serait nier ce droit du demandeur ; ce serait donner au jugement étranger une force absolue quant aux demandes qu'il aurait rejetées et le dispenser sur ce point non seulement de la revision, même de l'*exequatur*, ce qui est inacceptable. Les droits du demandeur seraient ainsi définitivement fixés par le jugement étranger, car si ce demandeur n'ayant pu renouveler les demandes repoussées à l'étranger, voulait venir par nouvelle action devant les tribunaux français pour ces mêmes prétentions, le jugement étranger lui serait immédiatement opposé par l'*excceptio rei judicatæ*, et la question se représenterait dans les termes même où nous la rencontrons à présent. De plus, si la solution contraire était exacte, elle aboutirait à soustraire au droit de revision et à l'*exequatur* tous les jugements qui absoudraient le défendeur ; or cette conséquence est inadmissible tant au point de vue des principes qu'au point de vue des textes. Nous ne pensons pas d'ailleurs que la décision que nous venons de donner contrarie essentiellement la proposition que nous développons en ce moment : *l'instance est une demande en* exequatur. Il ne nous paraît pas que par là le procès devienne véritablement un procès au fond.

---

(1) Cass. 18 pluviose, an XII. S., 4, 1, 267 — Paris, 22 juin 1843. S., 43, 2, 346. — Contrà : Rouen, 19 juillet 1842. S., 42, 2, 389. — Req. rej. 24 févr. 1846. S., 46, 1, 474. — Metz, 11 nov. 1856, cité dans la *Rev. Pratique*, t. V, p. 338.

Nous verrons en effet que l'*exequatur* peut être accordé pour partie seulement et refusé pour le reste ; le tribunal français qui accueillerait des demandes repoussées par les juges étrangers ne ferait en réalité que refuser de ce chef l'*exequatur* ; et de même qu'en refusant l'*exequatur* soit pour le tout, soit pour partie, il substitue sa décision à celle des juges étrangers, de même ici il remplacera la sentence étrangère par une nouvelle sentence. Assurément ce n'est pas le jugement étranger qui sera exécuté de ce chef ; mais c'est là un résultat qui se produit chaque fois que l'*exequatur* est refusé.

4° Que de même le défendeur ne pourrait pas pour la première fois former, comme contradiction à la demande en *exequatur*, une demande reconventionnelle à la demande jugée à l'étranger (1). La demande reconventionnelle ne serait pas autre chose qu'une demande nouvelle, et non un moyen contre la demande en *exequatur* ; on ne conçoit pas d'ailleurs qu'il soit formé une demande reconventionnelle à une action en *exequatur*. Mais de même encore le défendeur pourrait reproduire devant les juges français une demande reconventionnelle que le jugement étranger aurait repoussée ; il est évident que ceci rentre dans l'examen de la question : *si le juge étranger a bien jugé*, question qui est la condition de la solution à donner à la demande en *exequatur* ;

5° Que le tribunal français ne peut statuer sur les demandes nouvelles ou reconventionnelles qui auraient été formées en violation des règles qui précèdent. Faut-il voir dans la violation de cette prohibition un motif de cassation ? On peut être tenté de ranger ce cas parmi ceux d'excès de pouvoir qui, d'après l'art. 77 de la loi du 27 ventôse an VIII, donnent ouverture à cassation contre tous jugements. Cependant la jurisprudence est contraire ; au moins considère-t-elle cet

(1) Paris, 20 avril 1872. *Journal*, 1874, p. 125 V° Jugement étranger.

excès de pouvoir comme couvert, lorsqu'il n'a été relevé ni en première instance ni en appel (1) ;

6° Que le tribunal français ne peut rien ajouter au dispositif du jugement étranger. Cependant lorsque dans les cas prévus au 3° et au 4° ci-dessus, il a été appelé à statuer sur des demandes repoussées par les tribunaux étrangers, le juge français peut les admettre par une décision spéciale et par conséquent étrangère à la déclaration d'*exequatur*. En tous cas on ne peut lui méconnaître le droit et même le devoir de tirer du jugement étranger toutes les conséquences juridiques que la loi étrangère en fait découler, pourvu toutefois qu'il n'y ait rien de contraire à l'ordre public français (2).

7° Que la déclaration d'*exequatur* fait produire au jugements étranger l'effet rétroactif qu'il aurait eu selon la loi étrangère ; en conséquence le droit reconnu par ce jugement sera censé avoir existé, non pas seulement du jour où a été formée la demande d'*exequatur*, mais du jour où la demande principale a été formée à l'étranger, si du moins la loi étrangère donne au jugement effet rétroactif (3).

126. Nous venons de voir en quel sens on ne pouvait pas dire que le jugement étranger fût non avenu pour le tribunal français chargé de le reviser et de lui donner l'*exequatur*. Ce jugement pourra aussi avoir une autre importance dans l'instance en *exequatur*. La jurisprudence le considère comme faisant preuve des faits qu'il constate (4). Ainsi un jugement rendu au possessoire à l'étranger fait foi du fait de la possession (5) ; un jugement étranger prononçant une

---

(1) Req. rej. 1er avr. 1839. S., 39, 1, 379. — Nancy, 6 juill. 1877. S., 78, 2, 129.

(2) Paris, 8 août 1866. S., 67, 2, 101.

(3) Contrà : Cass., Turin, 13 avril 1867.

(4) Bordeaux, 10 fév. 1824. S., 24, 2, 119. — Aix, 8 juillet 1840 S., 41, 2, 263.

(5) Req rej., 21 févr. 1826. S., 26, 1, 322.

éviction fait preuve de cette éviction dans une demande en garantie formée en France (1) ; un jugement étranger qui déclare des pièces fausses fait aussi preuve du faux sur lequel on peut baser une requête civile (2). De même une requête civile pourrait être formée en France sur le fondement du dol constaté par un jugement étranger (3). De même enfin un jugement qui déclare l'absence fait preuve du fait de l'absence (4).

En outre le tribunal français saisi de la demande d'*exequatur* peut et doit, dans l'examen qu'il fait de la sentence au fond, prendre des renseignements dans le jugement étranger (5) ; il peut même lui emprunter ses motifs (6). A plus forte raison, peut-il conserver toutes les mesures d'instructions faites à l'étranger (7), et notamment l'enquête. Cependant on restreint généralement cette décision aux cas dans lesquels l'art. 1341 permettrait en France de recourir à la preuve testimoniale ; mais cette restriction nous paraît elle-même devoir être restreinte au cas seulement où le contrat qui a donné lieu au procès a été conclu en France : on sait en effet que les règles de preuve, comme celles de forme, qui les touchent de près, sont soumises à la règle *Locus regit actum*. Si par conséquent le contrat en question avait été passé dans un pays qui admet la preuve testimoniale dans le cas en question, l'enquête faite dans ce but à l'étranger serait parfaitement régulière, alors même qu'on arriverait ainsi à faire la preuve de faits pour lesquels la loi française exclut la preuve testimoniale (8).

---

(1) Civ. rej., 12 déc. 1826. S., 27, 1, 255.

(2) Aix, 28 mars 1822. S., 39, 2, 307. Note 1. — Contra : Aix, 8 févr. 1839, S., 39, 2, 307.

(3) Civ. rej., 12 mars 1858. S., 58, 1, 721.

(4) Douai, 5 mai 1836. S., 36, 2, 428.

(5) Cass., 6 janv. 1875. S., 75, 1, 308 *Journal*, 1876, p. 104, V° Marque de fabrique.

(6) Cass., 6 janv. 1841. S., 41, 1, 24.

(7) Contra : Paris, 2 janv. 1815. S., 16, 2, 206.

(8) V. sur tous ces points: Demol., I, 263. — Duvergier et Fœlix, note sous

127. — *B. Tous les moyens de fond et de forme peuvent être pris en considération par le juge français.* Et en effet la solution affirmative de la question d'*exequatur* est soumise à la condition suspensive d'une solution également affirmative sur cette question préalable : *La décision du juge étranger est-elle bonne ?* Il en résulte :

1° Que l'on peut reproduire tous les moyens déjà plaidés devant le tribunal étranger par les deux parties ;

2° Que l'on peut présenter des moyens nouveaux, soit qu'on ait négligé de les plaider devant le juge étranger soit même que ces moyens soient nés postérieurement au jugement étranger. C'est par application de ces règles qu'il est permis de former pour la première fois au cours de l'instance en *exequatur* une demande en garantie qui n'aurait pas été formée à l'étranger (1) ; — de demander l'imputation sur la condamnation à intervenir des payements partiels faits même à l'étranger postérieurement au jugement dont l'*exequatur* est demandé (2) ; — d'opposer à la demande en *exequatur* la compensation, qui est l'équivalent d'un payement, mais la compensation légale seulement et non pas la compensation judiciaire présentée sous forme de demande reconventionnelle.

3° Que le jugement donnant l'*exequatur* aura l'autorité de la chose jugée et formera obstacle à ce que l'*exequatur* soit donné à un autre jugement étranger contraire au premier. Ceci évidemment ne saurait s'appliquer aux arrêts réformant un premier jugement. Mais le jugement étranger déclaré exécutoire acquiert *ipso facto* la valeur et la force de la chose jugée ; par conséquent ce serait violer l'ordre public

un arrêt. S., 36, 2, 482. — Fiore, *Sentenze,* I, p. 18, note 1. — Toullier, X, 86. — Valette, *Mél.,* II, p. 336. — Fœlix, II, 369. — Larombière, art. 1351, n° 6. — Aubry et Rau, § 769 ter, t. VIII, p. 420. — Merlin, *Rép.,* V° Preuve, sect II, § 3, art. 1. — Bonnier, *Traité des Preuves,* n° 760. — Grenier, I, p. 211. — Zach., I, § 30, note 9.

(1) Civ. Cass., 20 août 1872 S., 72, 1, 327.

(2) Paris, 28 janvier 1837 S., 37, 2, 173.

auquel appartient l'autorité de la chose jugée que de vouloir
donner l'*exequatur* à un nouveau jugement. Il est vrai que
par là on attribue au premier jugement étranger une force
supérieure à celle qu'il aurait eue en pays étranger ; mais cela
ne suffit pas pour justifier la violation d'un principe d'ordre
public, et cela s'explique facilement, puisque l'autorité judiciaire française est intervenue (1). A l'inverse, l'*exequatur*
ayant été refusé à un premier jugement, rien n'empêcherait qu'il fût accordé à un second jugement contraire au
premier.

4° Que l'*exequatur* peut n'être accordé que pour partie,
mais le créancier pourrait alors se refuser à donner quit-
tance de toute la dette (2).

128. Demandons-nous enfin si la revision ne pourrait
être écartée dans le cas où les parties auraient expressément ou tacitement renoncé à la réclamer.

Beaucoup d'auteurs répondent négativement, pour cette
raison que l'intervention des tribunaux français est une
règle d'ordre public, à laquelle les renonciations des particuliers ne peuvent apporter aucune dérogation. En conséquence on tient pour non avenue toute renonciation expresse
et on n'attache à aucune circonstance la valeur d'une renonciation tacite. Les conventions des parties ne peuvent, sous
aucune forme, porter atteinte aux droits de la Souveraineté
française.

Si ces considérations sont exactes dans leur principe,
on devra les appliquer sans réserve et décider que dans
aucun cas les parties ne pourront enlever aux tribunaux
français le droit de reviser le jugement intervenu entre elles,
et que de leur côté elles conserveront toujours le droit de
réclamer cette revision.

Ces conséquences absolues nous paraissent inacceptables

(1) Paris, 17 mars 1883, *Le Droit* du 28 sept.
(2) Paris, 28 janvier 1837. S., 37, 2, 173.

dans leur logique. Il y a des circonstances qui, de l'aveu de tous, s'opposeraient à la revision ; par exemple, si le défendeur condamné avait exécuté la condamnation et que le demandeur eût accepté cette exécution ; — si le demandeur avait accepté aux lieu et place du montant de la condamnation une satisfaction d'un genre quelconque offerte par le défendeur. Dans des cas pareils, il ne serait pas possible d'admettre les parties à réclamer, les tribunaux à opérer la revision du jugement étranger ; et cependant ces circonstances mettraient obstacle à l'application d'une prescription touchant à l'ordre public, elles contrarieraient les droits de la Souveraineté française. Ceci nous montre que la Souveraineté française n'est pas engagée ici aussi directement qu'elle le paraît tout d'abord, mais seulement dans la mesure nécessaire pour assurer à tous une bonne et exacte justice. C'est pour cela qu'il suffit qu'une des parties exige la revision pour que le tribunal français la fasse. Mais lorsque les parties ont accepté et tenu pour bonne une décision étrangère, lorsqu'elles se sont engagées à exécuter sans protester le jugement à intervenir, elles ne peuvent pas plus se refuser à l'exécuter qu'elles ne pourraient se refuser à exécuter une convention ordinaire. Il faut donc conclure que la renonciation des parties au droit de réclamer la revision est valable et licite (1).

129. La renonciation est donc possible, et elle peut se faire soit expressément, soit tacitement.

La renonciation expresse peut intervenir soit avant le procès, par exemple si les deux parties conviennent d'accepter pour bonne la décision à intervenir ; — soit au

______

(1) Clunet, note sous un jugement du Tribunal de commerce du Havre du 9 oct. 1876, *Journal*, 1876. p. 354. — Civ. Cass., 28 pluviôse an XIII. S., 4, 1, 267, et les autorités citées ci-après. — En sens contraire : Grenoble, 3 janv. 1829. S., 29, 2, 176. — Cass. 17 mars 1830. S., 30, 1, 95. — Toulouse, 29 janv. 1875. S., 73, 2, 18, *Journal*, 1874, p. 77, V° Jugement étranger.

cours de l'instance et dans les mêmes termes ; — soit enfin après le jugement.

Quant à la renonciation tacite, on ne pourra l'induire que de circonstances assez claires pour démontrer que les parties ne veulent pas arguer de l'extranéité du jugement. On ne saurait donner ici une énumération de ces circonstances. Quelques-unes, celles que nous avons citées par exemple, ne laissent pas de place au doute. Mais en général c'est au tribunal d'apprécier si le fait allégué doit être interprété dans le sens d'une renonciation tacite.

Cependant il y a difficulté sérieuse pour certains faits très pratiques et par suite importants. Ainsi plusieurs auteurs nient qu'on puisse jamais tirer argument d'aucun acte de procédure, soit du demandeur, soit du défendeur (1).

D'autres, au contraire, voient une renonciation dans le fait du Français qui a saisi directement le tribunal étranger comme demandeur, ou qui a plaidé au fond comme défendeur sans opposer l'incompétence (2).

D'autres, avec raison, croyons-nous, écartent comme trop absolues les solutions précédentes. Il est également inexact de refuser à tout acte de procédure la valeur d'un acte de renonciation et de voir cette renonciation dans le simple fait d'avoir plaidé à l'étranger. Pour que cette dernière circonstance fût suffisante, il faudrait qu'elle eût été absolument libre, et on devra toujours examiner si le Français qui a plaidé à l'étranger n'avait pas d'autre ressource pour assurer ses droits. Par exemple, le demandeur savait que le défendeur avait des biens en France, qu'il pouvait

---

(1) Turin, 21 août 1812. S., 14, 2, 191. — Montpellier, 12 juill. 1826. S., 27 2, 227. — Paris, 22 juin 1843. S., 43, 2, 346. — Trib. Comm. Marseille 17 mars 1875. *Journal*, 1876, p. 179. —

(2) Req. rej., 4 sept. 1811. S., 12, 1, 157. — Req, rej., 15 nov. 1827. S., 2 1, 124. — Paris, 3 mai 1834. S., 34, 2, 305. — Req. rej., 14 févr. 1837. S., 3 1, 251. — Req. rej., 24 février, 1846. S., 46, 1, 474. — Aix, 25 nov. 8 déc. 1858. S., 59, 2, 605. — Trib. Comm. Seine, 8 janv. 1875. *Journal*, 187 p. 101. — Fœlix, I, n° 181. — Zachariæ, 2 748, note 9. — Massé, t. II, n° 17 — Nouguier, II, 946

en le poursuivant devant les tribunaux français, obtenir justice ; dans ce cas, il est à considérer comme ayant renoncé à réclamer la revision, comme ayant tacitement accepté la sentence du juge étranger. Il en serait tout différemment si le défendeur n'avait pas de biens en France, si un jugement français eût dû rester inutile aux mains du demandeur ; celui-ci en somme était bien forcé alors de s'adresser aux juges étrangers, puisqu'il n'avait pas d'autre moyen de se faire payer. — De même pour le défendeur, quoiqu'il soit plus difficile de trouver des cas où le fait d'avoir plaidé sans opposer l'incompétence puisse s'expliquer autrement que par la soumission à la juridiction étrangère (1).

130. Nous venons de voir quels sont les effets d'un jugement étranger en lui-même. Il faut ajouter que ce jugement, pour avoir un effet quelconque de même que pour être présenté à l'*exequatur*, doit être enregistré (2).

(1) Cass. 15 nov. 1827. S., 28, 1, 121. — Trib. Seine, 2 mai 1838, *Gaz. Trib.*, 3 mai. — Cass., 24 févr. 1846. S., 46, 1, 474. — Douai, 8 avril 1848. S., 48 2, 626. — Paris, 22 nov. 1851. S., 51, 2, 783. — Req. rej., 27 déc. 1852. S., 53, 1, 94. — Req. rej., 23 avril 1859. S., 59, 1, 289. — Rouen, 9 févr. 1859. S., 60, 2, 25. — Req. rej., 11 déc. 1860. S., 61, 1, 336. — Lyon, 1er juin 1871. S., 72, 2, 174. — Aubry et Rau, t. VIII, p. 142, note 27, et p. 417, note 5. — Valette, *Mélanges*, 1, p. 337. — Larombière, art. 1351, n° VI. — Demolombe, I, 251· — Grenier, I, 208. — Duranton, XIX, 342. — Demangeat sur Fœlix, II, p. 102, note a. — Zach., I, § 32, texte et note 6.

(2) Trib. Seine, 27 août 1831. — Cass., 14 avril 1834. — Trib. Seine, 26 avril 1843. — Trib. Oloron, 20 mai 1843. — Trib. de Nantes, 1er juin 1843, cités par Féraud-Giraud, *France et Sardaigne*, p. 364. — V. pour les détails : Avis du Conseil d'État du 10 brumaire an XIV et du 15 nov. 1806, les lois du 22 frimaire an VII, du 28 avril 1816 et du 16 juin 1824, la décision du Ministre des Finances du 5 déc. 1828, l'Instruction Générale du Directeur de l'Enregistrement du 4 juill. 1809, n° 43. Garnier, *Répertoire de l'Enregistrement*, t. I, p. 388.

CHAPITRE IV

Comment s'obtient l'exequatur

131. Nous groupons sous ce titre tout ce que nous avons
à dire sur les trois questions suivantes:

1° Quel est le tribunal compétent?

2° Quelles sont les formes de procédure?

3° Quelles sont les voies de recours ouvertes contre le
jugement rendu sur la demande d'*exequatur?*

132.—I. *Tribunal compétent.*—Si nous nous étions occupé
des jugements rendus en matière commerciale, nous aurions
eu à nous demander si ces jugements devaient être déclarés
exécutoires par les tribunaux civils ou les tribunaux commerciaux. Cette question délicate reste en dehors de notre sujet et nous nous contenterons d'indiquer que parmi
ceux qui admettent le droit de revision au fond, l'opinion
la plus suivie, sinon la mieux justifiée, donne compétence
aux tribunaux de commerce pour l'*exequatur* des jugements
commerciaux, aux tribunaux civils pour l'*exequatur* des
jugements civils. Quant à ceux-ci, les seuls dont nous ayons
à traiter, il est certain que l'*exequatur* doit être donné par
un tribunal de l'ordre civil.

133. Quel est, parmi les tribunaux de l'ordre civil, le
rang qui donnera compétence quant à l'*exequatur?*

Avant tout, mettons de côté les stipulations contenues

dans les traités et qui ont évidemment une valeur absolue soustraite à toute controverse. C'est ainsi que le traité de 1760 donne compétence pour l'*exequatur* des jugements italiens aux Cours d'appel françaises, à l'exclusion des tribunaux de première instance.

Mais ces dispositions spéciales ne préjugent en aucune façon la solution à donner pour le cas où il n'y a pas de traité, ou pour celui où le traité est muet./Les textes sont indécis dans leur généralité, mais leur silence nous paraît significatif et doit être interprété en ce sens qu'il faut décider la question d'après les principes généraux. Or on sait que les tribunaux de première instance sont en matières civiles les juges de droit commun, ceux auxquels doivent être portées toutes les affaires qu'un texte spécial n'enlève pas à leur compétence pour les attribuer à un autre tribunal. Comme aucun texte de ce genre ne se trouve en notre matière, il faut conclure que les demandes en *exequatur* doivent être formées devant les tribunaux civils de première instance.

Dans une autre opinion, d'ailleurs récente et qui ne paraît pas devoir rencontrer beaucoup d'adeptes, on refuse compétence aux tribunaux de première instance lorsque le jugement étranger émane d'une Cour souveraine ; il faudrait alors s'adresser à une Cour d'appel française, et le tribunal de première instance ne pourrait donner l'*exequatur* qu'aux sentences rendues par des tribunaux de même rang que lui.

A l'appui de cette doctrine, on présente des considérations d'ordres divers. On assure d'abord qu'il est contraire aux convenances internationales, à la déférence que se doivent les peuples, de soumettre l'exécution d'un arrêt d'une Cour souveraine étrangère à l'examen d'un tribunal de première instance français, dont le rang est bien inférieur; et cela est encore plus grave dans le système qui permet au tribunal français d'examiner les mérites de la sentence étran-

gère. On ajoute que l'on violerait par cette pratique l'ordre
des juridictions. Enfin on fait ressortir les inconvénients
attachés à la solution opposée ; elle entraîne comme conséquence logique la possibilité des deux degrés de juridiction,
d'où une perte de temps et des frais venant s'ajouter aux
lenteurs et aux dépenses déjà faites à l'étranger pour obtenir le jugement, en France pour le faire déclarer exécutoire (1).

Ces dernières considérations nous arrêteront peu de
temps ; elles sont bien moins dirigées contre la solution
que nous avons donnée que contre l'institution de l'appel
en elle-même, et nous ne pensons pas que ce soit le lieu
de justifier le principe des deux degrés de juridiction. D'ailleurs fussent-elles exactes et bien fondées, elles sont sans
valeur interprétative et ne sauraient arrêter le jeu des principes. Celles qui précèdent, intéressant plus directement
notre sujet, ne sont pas cependant plus convaincantes. On
invoque le respect dû à l'ordre des juridictions, mais on feint
d'oublier que cet ordre, qui existe entre les tribunaux d'un
même peuple, ne s'applique plus lorsque les juges appartiennent à des nationalités différentes. Dans combien de difficultés n'entrerait-on pas s'il fallait essayer d'établir une cor-
respondance au moins apparente entre la hiérarchie des tribunaux français et celle des tribunaux étrangers : la tentative
serait bien souvent infructueuse, et les difficultés renaî-
traient à chaque fois. Il est infiniment plus simple, autant que
juridique, de laisser s'appliquer les principes généraux, dus-
sent-ils même blesser quelque peu ce qu'on appelle assez
arbitrairement les convenances internationales et dont la formule précise est encore à trouver. Et puis l'atteinte, s'il y en a
une, à la dignité nationale ne peut être bien considérable dans
ce fait qu'on attribue compétence pour l'*exequatur* aux juges

(1) Nancy, 5 juill. 1877. *Gaz. des Trib.* du 18 juill. D., 78, 2, 220. *Journal*
1877, p. 234, V° Jugement étranger.

de droit commun dans notre pays.; nous doutons que le patriotisme le plus ardent, le chauvinisme le plus chatouilleux puisse voir là un manque de ce respect dû à l'honneur national de chaque peuple (1).

Nous repoussons pour les mêmes motifs la doctrine d'un arrêt qui pose en principe que la compétence appartient, pour l'*exequatur* à l'autorité française qui eût été compétente pour la décision elle-même (2).

134. C'est donc aux tribunaux de première instance que devront être portées les demandes en *exequatur* par application des principes généraux. Ces mêmes principes nous conduisent à décider qu'entre ces tribunaux, la compétence devra appartenir au tribunal du domicile du défendeur ou de sa résidence ; à défaut de l'un ou de l'autre, au tribunal de la situation des biens sur lesquels l'exécution devra être poursuivie. Si par extraordinaire les trois circonstances faisaient défaut à la fois, si le défendeur n'avait en France ni domicile, ni résidence, ni biens, on pourrait s'adresser à n'importe quel tribunal.

135. Les mêmes règles s'appliqueraient-elles s'il s'agissait d'un jugement rendu entre parties étrangères seulement ? Cette question, on le voit, n'est qu'un point spécial de la controverse fameuse relative à la compétence des tribunaux entre étrangers. La question générale est en dehors de notre sujet, et nous n'avons pas à nous en préoccuper. Mais il faut se demander si on ne trouverait pas dans une demande d'*exequatur* des motifs spéciaux pour ou contre la compétence des tribunaux français.

D'après quelques-uns, il n'y aurait ici rien de plus ou de

____

(1) Aix, 8 juill. 1840. S., 41, 2, 263. — Lyon, 19 mars 1880. *Journal*, 1881, p. 255, V° Jugement étranger.
(2) Paris, 2 févr. 1869. S., 69, 2, 103

moins que dans une instance ordinaire, et il faudrait appliquer sans modification la solution donnée à la question générale (1).

Il nous semble au contraire que l'on pourrait ici donner compétence à nos tribunaux, alors même qu'on la leur refuserait en thèse générale. Et en effet les textes d'abord ne distinguent pas ; les art. 2123 C. C. et 546 C. P. C. décident que les jugements étrangers seront déclarés exécutoires, et ne s'occupent pas de savoir si toutes les parties étaient étrangères, ou l'une d'elles seulement, ou aucune. D'ailleurs il ne s'agit pas en notre question d'une condamnation à obtenir du tribunal français, mais simplement d'une exécution à faire autoriser, d'un rôle à remplir dans l'intérêt de la Souveraineté française. Que décider du reste dans l'opinion contraire ? Que les jugements étrangers entre étrangers seront exécutés sans *exequatur*? Ce serait violer nos textes, ce serait abdiquer les droits de l'indépendance nationale, tolérer passivement des actes contraires à notre ordre public. Que les jugements ne peuvent recevoir aucune exécution en France? Ce serait priver les étrangers de tout recours sur les biens situés en France, ce serait donner une prime à la mauvaise foi ; ce serait enfin restreindre singulièrement la portée des textes dont les termes sont cependant généraux (2).

136. — II. *Procédure* (3). — Voici encore une matière

(1) Trib. Seine, 17 févr. 1836. S., 36, 2, 309. — Paris, 15 juin 1861. S., 61, 2, 455. D., 61, 2, 76.

(2) Cass. 8 prairial an XIII. S., 6, 1, 40. — Paris, 17 mai 1836. S., 36, 2, 309. — Douai, 3 janv. 1845. S., 45, 2, 513. — Trib. Seine, 9 juill. 1856. *Le Droit* du 13 juill. — Paris, 6 mai 1859. S., 59, 2, 480. — Civ. Cass., 10 mars 1863. D., 63, 1, 293. — Paris, 22 févr. 1869. S., 69, 2, 144. D., 69, 2, 186. — Pau, 17 janv. 1872. S., 72, 2, 233. — Trib. Seine, 1er août 1879. *Journal*, 1879, p. 546, V° Jugement étranger. — Trib. Seine, 5 juill. 1881. *Journal*, 1881, p. 530, V° Jugement étranger.

(3) V. sur ce point en sens divers : Nouguier, II, p. 453. — Valette, *Mél.*, II, p. 353. — Debelleyme, *Ordonn. sur req. et référés*, I, p. 514. — Demangeat sur Fœlix, II, p. 77, note a. — Demol., I, 263. — Aubry et Rau, VIII, § 769 ter,

où les solutions dépendront du parti pris précédemment quant au rôle des tribunaux Français auxquels on demande l'*exequatur* d'un jugement étranger.

Ceux qui veulent ressusciter la distinction de l'Ordonnance de 1629 enseignent que l'instance en *exequatur* ne peut être intentée que par la voie de l'assignation dans les cas où la revision au fond èst possible, c'est-à-dire lorsque le jugement étranger a été rendu contre un Français ; au contraire lorsque le jugement étranger échappe à la revision, on peut, dans ce système, en demander l'*exequatur* par voie de requête, parce qu'alors le débat n'est pas contentieux au fond.

Ce dernier motif a conduit à autoriser dans tous les cas la voie de la requête ; ceux qui repoussant l'Ordonnance de 1629 et sa distinction, écartent dans tous les cas la faculté de revision.

Pour nous qui avons admis en règle générale le droit pour les tribunaux français d'examiner le fond des décisions étrangères, nous devrons logiquement admettre en principe que la demande en *exequatur* doit toujours être formée par assignation.

On pourrait, cependant, croyons-nous, donner cette dernière solution d'une façon générale et abstraction faite de la décision donnée sur la question signalée ci-dessus. En effet, il est incontestable que la voie de l'assignation constitue le mode normal offert par la loi pour engager une instance ; la voie de la requête est tout exceptionnelle et ne peut être admise qu'en vertu d'une disposition formelle de la loi, texte qui fait défaut ici. D'ailleurs quelque système qu'on adopte, on ne peut se refuser à laisser au défendeur les moyens d'opposer à la demande d'*exequatur* au moins les motifs tirés de l'incompétence du juge ou de

---

p. 419. — Bonfils, n° 278. — Favard, *Rép.*, V° Exéc. des jug., § 1, n° 4. — Thévenet, Thèse, 88. — Lemoine, Thèse, p. 220. — Lyon-Caen, note dans S., 73, 2, 33.

la violation de l'ordre public. Donc à ce point de vue-là au moins, la demande d'*exequatur* est contentieuse et exige une assignation (1).

137. Il faut donc poser en principe la nécessité d'une assignation, et les motifs qui la justifient nous paraissent s'appliquer même au cas où le jugement étranger n'aurait pas été rendu en matière contentieuse, mais constituerait un acte de juridiction gracieuse; même au cas cas où ce jugement étranger aurait été rendu sur requête seulement.

Toutefois le principe nous paraît devoir subir deux exceptions.

1° Si le jugement rendu à l'étranger avait pu être rendu en France sur requête également, il faudrait autoriser cette voie exceptionnelle. Puisque la demande elle-même eût pu être formée ainsi, *a fortiori* doit-il en être de même de l'*exequatur* du jugement rendu (2). D'ailleurs, comme nous le dirons tout à l'heure, il faut ajouter que la voie de l'opposition reste ouverte au défendeur contre lequel l'*exequatur* a été demandé et obtenu par voie de requête.

Lorsque le jugement étranger est invoqué incidemment à une instance engagée devant les tribunaux français, il est inutile que le demandeur en *exequatur* soit contraint de former une demande principale à fin d'*exequatur* ; il y aurait du temps dépensé et des frais faits en pure perte. L'*exequatur* pourra être demandé par des conclusions incidentes, sur lesquelles d'ailleurs le débat s'engagera contradictoirement et librement. Ces conclusions incidentes pourraient être formées même en cause d'appel, puisque la demande nouvelle

_____

(1) Douai, 17 juin 1863. S., 63, 2, 255. — Civ. Cass., 30 janv. 1867. S., 67, 1, 117. — Nancy, 7 déc. 1872. S., 73, 2, 33. *Journal*, 1874, p. 242, Vº Jug. étr. — Trib. Havre, 8 janv. 1875. *Journal*, 1876, p. 103, Vº Jug. étr. — Contra: Aix, 25 nov. 1858. S., 59, 2, 605. — Chambéry, 29 janv. 1873. D., 74, 2, 183.

(2) Douai, 14 août 1845. S., 46, 2, 303. — Colmar, 10 févr. 1864. S., 64, 2, 122.

constituerait bien une défense à l'action principale dans les termes de l'art. 464 C. P. C. (1).

Cette nécessité de recourir à une assignation n'entraîne pas la nullité de toute procédure entamée par voie de requête. Elle donne lieu, en effet, à une nullité de forme seulement, et comme telle, cette nullité doit, conformément à l'art. 173 C. P. C., être opposée *in limine litis* sous peine d'être perdue (2).

Quant aux règles de cette assignation, elle ne présente rien de particulier à notre matière. On suit les prescriptions normales du Code de Procédure civile quant aux formes, quant aux destinataires, etc.

138. D'une façon générale d'ailleurs, la demande en *exequatur* se poursuit comme une instance ordinaire, il n'y a pas lieu d'indiquer ici les diverses phases de la procédure (3). Nous nous contenterons de signaler les points sur lesquels la jurisprudence a été appelée à statuer.

Ainsi lorsque le jugement étranger doit être exécuté contre plusieurs personnes, ou qu'il peut leur être opposé, la demande d'*exequatur* doit mettre en cause toutes ces personnes (4) ; la sanction de cette obligation consiste en ce que ceux qui n'auraient pas été mis en cause pourraient méconnaître le jugement d'*exequatur* rendu hors de leur présence, *res inter alios judicata*.

L'étranger demandeur en *exequatur* devra, comme tout étranger demandeur, fournir la caution *judicatum solvi* prescrite par l'art. 16. C. C. (5) ; par contre l'étranger qui se bornerait à opposer à une demande faite en France le jugement rendu à l'étranger et qui formerait, comme nous l'avons

(1) Paris, 15 mai 1869. S., 70, 2, 10. — Nancy, 7 déc. 1872. S , 73, 2, 33.
(2) Nancy, 7 déc. 1872. *Journal,* 1874. p. 243, V° Jug. étr.
(3) Toulouse, 29 janv. 1872. S., 73, 2, 18.
(4) Trib. Havre, 8 janv. 1875. *Journal,* 1876, p. 103, V° Jug. étr.
(5) Nancy, 16 juin 1877. S., 78, 2, 15. *Journal,* 1878, p. 159, V° Caution *judicatum solvi*.

dit, des conclusions incidentes dans ce but, ne pourrait être contraint à fournir cette caution, puisqu'il ne cesserait pas d'être défendeur. Il en serait de même, dans les cas exceptionnels où nous avons admis que le jugement d'*exequatur* pût être rendu sur requête, si l'étranger défendeur faisait opposition au jugement d'*exequatur* ainsi obtenu (1). Mais l'existence d'un traité sur l'exécution des jugements ne dispenserait pas l'étranger qui invoquerait un jugement étranger comme demandeur, de fournir la caution *judicatum solvi ;* nous dirons en effet que les stipulations des traités, comme dérogeant au droit commun, doivent êtres interprétées restrictivement et ne peuvent être ni suppléées, ni complétées.

Les demandes en *exequatur* intéressant la Souveraineté et l'indépendance nationales, servant à assurer le contrôle de l'autorité publique française, devront être communiquées au Ministère Public conformément à l'art. 82 1° du Code de Procédure civile (2).

Le jugement en *exequatur*, comme tout jugement, doit être prononcé à l'audience ; il en sera de même de l'arrêt de la Cour d'appel, s'il y a lieu (3).

139. Qui doit supporter les frais de l'instance en *exequatur?* Les principes généraux. auxquels aucun texte ne déroge, commandent l'application en notre matière de l'art. 130 C. P. C. et la condamnation aux dépens de celui qui succombe

L'opinion contraire est cependant soutenue. En effet, dit-on, l'instance d'*exequatur* a pour but de compléter le titre obtenu par le créancier des tribunaux étrangers, de lui donner la force exécutoire ; or c'est bien au créancier que doivent incomber tous les frais nécessaires pour donner au titre sa pleine efficacité (4).

(1) Aix, 11 févr. 1875. *Journal*, 1875, p 101, V° Caution *judicatum solvi.*
(2) Contra : Cass. 11 janv. 1843. S., 43, 1, 671
(3) Cass. 30 janv. 1867. S., 67, 1, 117.
(4) Trib. Havre, 8 janvier 1875. *Journal*, 1876, p. 103.

L'argument est insuffisant pour faire échec à la disposition générale de l'art 130 C. P. C. D'aileurs ce n'est pas
volontairement et de son plein gré, que le créancier s'adresse
aux tribunaux ; il y est forcé par la résistance de son débiteur ; celui-ci n'avait qu'à exécuter de bonne grâce le jugement rendu contre lui et nuls frais n'auraient été faits. Enfin
le débiteur ne doit-il pas d'une façon générale supporter tous
les frais nécessaires pour que le créancier réalise le droit de
gage général que lui donne l'art. 2092 C. C. sur tous les biens
de ce débiteur?

140. Ce qui précède ne s'applique qu'aux jugements proprement dits, et nous n'avons rien dit encore de la procédure à suivre pour obtenir l'*exequatur* des sentences
arbitrales.

D'après quelques-uns, il faudrait dans tous les cas appliquer l'art. 546 C. P. C. En effet, dit-on, le texte s'applique
aux jugements et aux actes étrangers ; or, si la sentence arbitrale n'est pas un jugement, c'est au moins un acte étranger tombant sous l'application de l'art. 546 ; il faudra donc
un jugement d'*exequatur* prononcé par le tribunal tout
entier.

D'autres veulent distinguer selon que la sentence arbitrale
aura ou non reçu la formule exécutoire à l'étranger. Au dernier
cas, ils appliquent simplement l'art. 1020 C. P. C. et décident
que l'*exequatur* sera donné par ordonnance du président du
tribunal. Au premier cas, ils sous-distinguent et adoptent
la même solution dans le cas où la formule exécutoire a été
délivrée par ordonnance du juge ; mais si la loi étrangère exigeait l'intervention de tout le tribunal, de même en France il
faudrait un véritable jugement d'*exequatur*.

Les deux solutions nous paraissent inexactes.

La première fait une fausse application de l'art. 546 C.
P. C. Ce texte parle bien des actes passés à l'étranger, mais
seulement de ceux qui sont reçus par des officiers publics

étrangers, de ceux qui constitueraient des titres exécutoires, s'ils avaient été reçus par des officiers français. C'est ce que démontre amplement l'assimilation établie par le texte entre les actes dont il s'occupe et les jugements, assimilation qui n'est faite d'ailleurs qu'au point de vue de l'exécution, pour l'exécution. Or il est incontestable qu'une sentence arbitrale ne saurait être rangée parmi ces actes ; elle ne constitue pas un titre exécutoire ni authentique, elle n'est même pas reçue par un officier public.

Quant à la seconde solution, les distinctions qu'elle comporte nous paraissent inconciliables avec les principes précédemment posés. Nous avons dit que toute intervention des tribunaux étrangers tombait sous l'application de l'art. 546 C. P. C. et exigeait un *exequatur*, et en conséquence nous avons refusé le caractère de sentence arbitrale volontaire à celle qui aurait déjà reçu d'un tribunal étranger la formule exécutoire ; elle devient d'après nous un véritable jugement étranger. Après cela peu importe que la formule exécutoire ait été délivrée par un juge seul ou par le tribunal tout entier; dans les deux cas il y a acte de juridiction, nécessité d'un *exequatur* nouveau donné par nos tribunaux.

Nous pensons au contraire que c'est avec raison que l'on applique dans ce système l'art. 1020 C. P. C. aux sentences arbitrales volontaires non encore revêtues de la formule exécutoire ; c'est là, croyons-nous, la bonne solution. Elle ne sacrifie aucun principe, elle ne porte atteinte ni aux intérêts d'ordre public, ni à ceux d'ordre privé ; elle est très simple et d'une application facile; enfin elle est absolument conforme aux règles que nous avons posées et qui exigent un *exequatur* du tribunal dans les termes de l'art. 546 C. P. C. toutes les fois, mais alors seulement qu'il s'agit d'un acte des juridictions étrangères.

141. Mais de même que nous appliquons l'art. 1020 C. P. C. aux sentences arbitrales volontaires, de même nous apliq-

querions l'art. 1028 du même Code. On pourrait donc former opposition à l'ordonnance d'*exequatur* si le jugement arbitral avait été rendu sans compromis, ou s'il avait statué sur des points non prévus par ce compromis, ou encore si ce compromis etait nul ou expiré ; — si ce jugement n'avait pas été rendu par tous les arbitres, mais seulement par quelques-uns d'entre eux ; — s'il avait été statué par un tiers départiteur, sans avoir conféré avec les arbitres partagés ; — enfin s'il avait été prononcé sur choses non demandées (1). D'une façon générale, tous les moyens qu'on pourrait présenter pour s'opposer à l'*exequatur* d'une sentence arbritrale française, pourraient l'être de même à l'égard d'une sentence étrangère : par exemple que l'objet n'était pas susceptible de compromis, et ici il faudrait, à cause de l'intérêt d'ordre public engagé dans la question, s'en référer à la loi française ; — que les parties n'avaient pas capacité pour compromettre, capacité à apprécier évidemment selon la loi nationale de chacune d'elles ; — que l'arbitre n'avait pas capacité pour remplir ces fonctions, capacité à déterminer encore selon la loi personnelle de l'arbitre, mais aussi selon la loi du lieu où la sentence est intervenue, parce que c'est une condition de régularité qui touche de près à la forme et tombe sous l'application de la règle *Locus regit actum*, en sorte que l'arbitre doit avoir capacité à la foi selon sa loi nationale et selon la *lex loci ;* — que la sentence est nulle en la forme, et alors s'appliquera sans conteste la règle *Locus regit actum*, les formes de la sentence arbitrale sont régies par la loi du lieu où elle est rendue ; — qu'elle est contraire à l'ordre public et aux lois prohibitives du lieu où il s'agit de la rendre exécutoire.

142. Quant aux sentences arbitrales non volontaires, tout

---

(1) Paris, 7 janv. 1833. S , 33, 2, 148.

ce que nous avons dit des jugements proprement dits leur est applicable.

143. Une fois l'*exequatur* obtenu, le jugement étranger sera mis à exécution selon sa teneur, pourvu toutefois que les actes d'exécution qu'il prescrit ne soient pas contraires à notre ordre public. Ces actes d'exécution devront être accomplis en suivant les formes prescrites par la loi française (1).

144. — III. *Voies de recours.* — Nous avons déjà dit que dans les cas où par exception le jugement sur l'*exequatur* a été rendu sur requête, ce jugement peut être attaqué par la voie de l'opposition (2).

Quant aux jugements rendus sur assignation, ils sont en principe soumis à toutes les voies de recours ouvertes contre les jugements en général : la jurisprudence a fait l'application de ce principe notamment en ce qui concerne la tierce opposition (3) et l'appel.

Mais, pour l'appel, la chose ne va pas sans soulever quelques difficultés. On se demande si l'appel sera possible dans tous les cas ; et un arrêt faisant une fausse application du principe de la revision a décidé que la voie de l'appel ne serait ouverte contre le jugement d'*exequatur* que si le jugement au fond en eût été lui-même susceptible, s'il avait été rendu par un tribunal français (4).

Il y a là, croyons-nous, une décision aussi mauvaise au point de vue des principes que fâcheuse dans ses conséquences.

On dénature le véritable caractère que nous avons attri-

---

(1) Paris, 2 déc. 1848. S., 49, 2, 32.

(2) Aix, 25 nov. 1858. S., 59, 2, 605. — Douai, 17 juin 1863. S., 63, 2, 255. — Chambéry, 29 janv. 1873. S., 73, 2, 266.

(3) Trib. Bayonne, 17 mars 1874, Cass. 27 juill. 1874. *Journal*, 1875, p. 271 et 354, V° Jug. étr.

(4) Paris, 7 févr. 1880, *Journal*, 1880, p. 584, V° Jug. étr

bué au jugement d'*exequatur* dans le système de la revision au fond ; on fait de ce jugement une décision sur le fond même du procès jugé à l'étranger. Mais c'est là une erreur, le jugement d'*exequatur* est rendu sur cette question : la sentence étrangère doit-elle être rendue exécutoire ? Dès lors, qu'importe le taux de la demande formée à l'étranger, dans la question de savoir si ce jugement d'*exequatur* est susceptible d'appel ?

Quant aux conséquences du système, elles sont faciles à saisir. On écarte d'une matière importante et intéressant la Souveraineté française la garantie des deux degrés de juridiction. On aboutirait souvent à appliquer aux jugements étrangers des règles contraires à celles de leurs lois nationales, en rendant susceptibles d'appel des jugements qui ne l'auraient pas été à l'étranger ou inversement à laisser sans recours des décisions pour lesquelles l'appel eût été possible à l'étranger. En somme on substituerait absolument le jugement français sur le fond au jugement étranger, ce serait un nouveau jugement et non pas un jugement d'*exequatur*.

Il faut donc tenir pour certain que les jugements d'*exequatur* sont toujours susceptibles d'appel.

Il va sans dire que cette décision est acceptée sans conteste par ceux qui écartent le droit de revision.

Elle devrait d'ailleurs être écartée dans les cas où une disposition expresse d'un traité donnerait compétence à la Cour d'appel.

CHAPITRE V

Lois politiques et traités

Lois politiques

145. Plusieurs auteurs ont nié qu'il en existât. Cependant, au moins jusqu'au démembrement de 1870, on pouvait citer une application de cet ordre d'exceptions. L'art. 85 de la convention conclue à Mayence le 31 mars 1832 entre les États riverains du Rhin stipulait la création de tribunaux mixtes appelés à juger les difficultés relatives à la navigation de ce fleuve. En exécution de cette convention intervint dans notre pays la loi du 21 avril 1832, dont l'art. 5 (1) déclare les jugements de ces tribunaux exécutoires en France moyennant un *exequatur* donné sans revision au fond par le tribunal civil de Strasbourg.

La convention de 1832 a été renouvelée le 17 octobre 1868 ; les art. 32 à 40 de la nouvelle convention reproduisent en substance les dispositions de l'ancienne (2).

Depuis que la France a cessé d'être un État riverain du Rhin, il n'est plus inexact d'affirmer qu'aucune loi politique existante ne fait exception aux dispositions des art. 546 C. P. C. et 2123 C. C.

(1) V. le texte dans Sirey, *Lois annotées*, 2ᵉ série, 1831-44, p. 111,
(2) V. le texte dans Godefroy, *les Tribunaux pour la navigation du Rhin.* *Rev. Gand*, 1869, p. 494

SECTION II

Traités

146. On a vu par l'Introduction historique que la pratique de la France en ces matières n'est pas nouvelle, et que l'on trouve sur l'exécution du jugement des traités conclus sous l'Ancien Régime.

Actuellement la France a des traités sur cet objet avec le Grand-Duché de Bade et l'Alsace-Lorraine, l'Italie, la Suisse, la Russie. Elle a été sur le point d'en conclure un autre avec l'Espagne. Le 14 mai 1870, MM. Émile Ollivier pour la France et Salustiano Olozaga pour l'Espagne avaient arrêté définitivement les termes d'une convention, d'après laquelle les jugements devaient être déclarés exécutoires sans revision en France par le Président du tribunal, en Espagne par le juge de première instance. L'*exequatur* ne pourrait être refusé que dans le cas où les parties ou le représentant de la loi auraient à signaler une nullité dans la citation ou une atteinte soit aux règles d'ordre public du pays où l'exécution devait avoir lieu, soit aux dispositions que le même traité contenait relativement à la compétence. Mais ces négociations furent arrêtées par un vote hostile du Sénat émis sur les instances de MM. Bonjean, Baroche, Boinvilliers et Brenier, qu'avaient émus ces projets, et qui y voyaient un danger pour la dignité et l'indépendance de la France ; elles n'ont pas été reprises depuis (1).

---

(1) Le compte rendu de la séance du Sénat est au *Journal Officiel* du 22 juin 1870. Le récit de ces négociations a été consigné par M. Silvela dans un discours lu le 29 octobre 1879 à l'Académie Madrilène de Jurisprudence et de Législation, dont M. P. David a rendu compte dans le *Bull. Soc. Lég. Comp.*, 1881, p. 557. Le texte du projet se trouve dans de Clercq, *les Traités de la France*, t. X, p. 364

147. Avant d'examiner en détail chacun des traités en vigueur, il nous faut éclaircir quelques questions générales qui se posent à l'égard de tous.

§ 1. *Questions générales* (1)

148. Et d'abord quel est exactement l'effet de l'exception apportée par un traité aux règles générales?

Il est certain qu'un traité ne saurait assimiler d'une façon complète les jugements étrangers aux jugements français. Il faut nécessairement que l'autorité française intervienne pour revêtir de la formule exécutoire le jugement qui ne saurait être exécutoire *de plano*. Décider autrement serait donner effet en France aux ordres émanés d'une Souveraineté étrangère et porter atteinte à la Souveraineté française ; ou bien même, dans le cas où selon la loi étrangère le jugement étranger ne recevrait pas sa force exécutoire du juge lui-même et seulement du fonctionnaire administratif ou spécial du lieu où l'exécution doit se faire, cas auquel évidemment le jugement étranger se présente à nos tribunaux sans formule exécutoire, ce serait faire produire à ce jugement des effets plus étendus que ceux qui lui sont attribués par la loi étrangère (2).

Le tribunal français doit donc être saisi pour donner un *exequatur*. Et son rôle ne se borne pas à donner un simple *visa ;* il est autorisé à s'assurer d'une part que le jugement est valable, et d'autre part qu'il ne viole aucun principe d'ordre public.

C'est ainsi que l'*exequatur* peut être refusé pour incompétence du juge qui a rendu le jugement. Parfois le traité lui-même contiendra des dispositions réglant la com-

---

(1) V. Aubry et Rau, t. VIII, p. 422. — Fœl. et Dem., II, p. 372, n. a. — Bonfils, 272. — Lemoine, p. 244. — Thévenet, 148
(2) Paris, 31 janvier 1872. S., 74, 2, 33

pétence, et c'est à ces dispositions qu'il faudra se référer pour apprécier si la décision étrangère émane d'un jugement compétent. Si le traité ne contient pas de dispositions de ce genre, c'est la loi étrangère qu'il faudra appliquer (1). Cependant on trouve des décisions qui ont fait respecter la compétence exceptionnelle de l'art. 14 C. C. comme étant d'ordre public (2).

De même l'*exequatur* pourrait être refusé pour irrégularité dans les formes soit de la procédure, soit du jugement; et sans conteste, c'est d'après la loi étrangère que devra se vérifier la régularité du jugement.

Enfin il pourrait être refusé en vue d'assurer le respect de nos principes d'ordre public, mais ceci est à entendre de la façon que nous avons indiquée ci-dessus (3).

Le tribunal français exerce d'ailleurs sur ces points réservés à son examen un contrôle absolument libre ; toutefois il ne pourrait pas, sous prétexte d'exercer ce contrôle, descendre à l'appréciation du fond, qui échappe toujours à son examen (4).

La décision sur l'*exequatur* cesse-t-elle d'avoir l'autorité de la chose jugée lorsqu'elle a été rendue en conformité d'un traité? Un arrêt récent (5) le prétend, pour ce motif qu'en ce cas le juge français n'a pas pu s'approprier la décision. L'opinion contraire nous paraît préférable; ce n'est pas parce que le juge français s'approprie la décision étrangère que nous avons été conduits à admettre en principe l'autorité de chose jugée des déclarations d'*exequatur,* c'est parce que le jugement a obtenu en France la valeur

---

(1) Aix, 25 nov. et 8 décembre 1858. S., 59, 2, 605 — Req. rej., 27 avril 1870. S., 71, 1, 91. —Milan, 4 avril 1873; Aix, 13 mai 1874. — *Journal*, 1875, p. 188, V° Jug. étr.

(2) Cass. 17 mars 1830. S., 30, 1, 95.

(3) Cass. 17 mars 1830. S., 30, 1, 95.

(4) Montpellier, 10 juill. 1872. S., 72, 2, 139. — Bordeaux, 31 déc. 1877. *Journal*, 1878, p. 272, V° Jug. étr.

(5) Paris 17 mars 1883, *Le Droit* du 28 sept.

de la chose jugée. Or ce motif n'emporte pas de distinction, et il doit conduire à la même solution, soit qu'il y ait un traité reconnaissant par avance à tous les jugements l'autorité de la chose jugée, soit qu'il n'y en ait pas.

149. Quant à la portée de l'exception admise par un traité, elle se limite exactement aux objets prévus par les termes du traité, lesquels doivent être interprétés très étroitement comme dérogeant au droit commun. Ainsi lorsqu'un traité, par exemple celui que la France a conclu avec la Russie, s'occupe spécialement de certaines classes de jugements, on ne peut étendre ses dispositions aux jugements d'une autre nature. *A fortiori* ne pourrait-on pas déduire d'un traité étranger à nos matières, mais favorable aux étrangers, une dérogation au droit de revision; et par exemple un traité qui dispense certains étrangers de la caution *judicatum solvi* n'implique en aucune façon que les jugements rendus dans le pays de ces étrangers doivent être recevoir l'*exequatur* sans revision (1).

De même lorsque le traité n'indique pas une procédure spéciale pour obtenir l'*exequatur*, il faut appliquer ce que nous avons dit à ce sujet précédemment (2).

150. Le traité peut-il être invoqué par toute personne, ou bien seulement par les nationaux des pays contractants? Cette dernière solution a été défendue. En effet, a-t-on dit, le traité, qui est un contrat entre peuples, est à l'égard des autres nations *res inter alios acta*, et ne peut être invoqué que par ceux au nom desquels il a été conclu. Cela est d'autre part conforme au caractère exceptionnel de ces conventions, qui s'oppose à ce qu'on les étende arbitrairement (3).

(1) Trib. Seine, 15 janv. 1878. *Journal*, 1878, p. 376, V° Jug. étr.
(2) Cass. 30 janv. 1867. S., 67, 1, 117. — Nancy, 7 déc. 1872, S., 73, 2, 33.
(3) Req. rej., 17 mars 1830. S., 30, 1, 95. — Trib Com. Havre, 6 mars 1878, *Journal*, 1878, p. 382, V° Traité diplomatique.

L'opinion contraire nous paraît préférable. Il n'est pas exact d'assimiler absolument un traité à une convention entre particuliers. Le traité a pour but d'apporter une dérogation aux lois ; il le fait en vertu d'une confiance réciproque que les deux pays ont dans leurs tribunaux et dans leur justice. Ce qui est pris en considération, c'est donc seulement la nationalité du tribunal et non pas celle des plaideurs ; celle-ci est indifférente à cette question de confiance. La distinction que repoussent les motifs qui font conclure les traités, est également écartée par les termes de ces traités, qui accordent exécution aux jugements rendus par les juges de telle nation en général, sans spécifier si ces jugements seront invoqués par des nationaux de ce pays ou par d'autres étrangers. Quant au caractère exceptionnel des stipulations diplomatiques, il nous paraît exagéré et dénaturé ; nous convenons volontiers qu'on ne peut sortir des termes exprès des traités ; mais il faut ajouter que ces termes absolus ne distinguent pas et sont susceptibles d'être invoqués par toute personne, fût-elle étrangère aux deux peuples contractants.

151. Enfin que deviennent les traités lorsque la guerre éclate entre les deux peuples qui les ont conclus? Sont-ils de plein droit anéantis ou bien ne sont-ils que suspendus pendant la durée de la guerre pour reprendre leur cours à la conclusion de la paix? Pour nous, nous ne voyons pas de raison juridique même pour suspendre pendant la guerre l'exécution du traité. Assurément ce fait de la guerre n'empêche pas à lui seul que les nations aient pleinement confiance dans leurs tribunaux ; il n'implique pas à lui seul que chacun des peuples considère désormais son adversaire comme une nation dépourvue de civilisation, sans mœurs judiciaires, sans bonnes lois, sans organisation régulière ; ces circonstances n'ont jamais été et ne seront jamais des *casus belli*, et les plus ordinaires de ceux-ci sont absolument

étrangers à cet ordre d'idées. En général cependant on admet que la guerre survenue a pour effet de suspendre l'exécution des traités pendant sa durée (1). Les derniers arrêts même vont plus loin et considèrent les traités comme irrévocablement anéantis par le fait de la guerre (2).

152. Disons aussi, en terminant, sur ce point, que de l'avis de tous, les stipulations d'un traité ne peuvent jamais être suppléées, et que par conséquent un jugement étranger n'échapperait pas à la revision pour ce motif seulement que la législation du pays où il a été rendu admet les jugements étrangers à l'*exequatur* sans les soumettre à la revision. La réciprocité peut bien être établie par traité, mais évidemment il ne peut pas dépendre d'une nation seule de l'établir et d'imposer à d'autres nations les conséquences de sa volonté unilatérale. Autrement il y aurait atteinte à la Souveraineté et à l'indépendance respective des États. L'on ne peut pas invoquer en sens contraire l'art. 11 C. C., qui consacre, quant aux droits civils, le principe de la réciprocité ; car nous savons qu'il y a ici en jeu un autre intérêt que la jouissance des droits, qu'il y a en jeu des principes de droit public, la Souveraineté et l'indépendance nationales (3).

§ 2. *Conventions diplomatiques en vigueur*

153. Ces principes posés, entrons dans l'examen détaillé

---

(1) Civ. Cass., 15 juill. 1811. S., 11, 1, 311. — Req. rej., 9 juin 1825. S., 26, 1, 402. — Colmar, 2 avril 1824. Devilleneuve, *Coll. nouv.*, 7, 2, 341. — Poitiers, 2 juin 1824. S., 25, 2, 59

(2) Cass., 23 déc. 1854. S., 54, 1, 811.

(3) Aubry et Rau, § 769 ter, t. VIII, p. 422. — Duranton, t. XIX, n° 542. — Merlin, *Quest*: V° Jugement, § 95. — Grenier, *Hyp.*, I, n° 216. — Zachariæ, § 30, note 15. — Fœlix, t. II, p. 376. — Larombière, art 1351, n° 9. — Bonfils, n° 273.—Toullier, t. X, n° 91.—Demante et Colmet de Santerre, t. IX, n° 89 bis, II. — Persil, *Rég. Hyp.*, art. 2123!, n° XIX. — Thévenet, Thèse, n° 150. — Lemoine, Thèse, p. 243.

de chacun des traités conclus par la France en ces matières. Ce sont dans l'ordre chronologique :

Le traité du 16 avril 1846 avec le Grand-Duché de Bade ;

Celui du 1er septembre 1860 avec l'Italie ;

Celui du 15 juin 1869 avec la Suisse ;

Celui du 1er avril 1874 avec la Russie.

154. — I. *Traité conclu avec le Grand-Duché de Bade* (1). — Ce traité, conclu le 16 avril 1846, a été expressément remis en vigueur par l'art. 18 de la convention du 11 décembre 1871, additionnelle au traité de Francfort, convention qui a été ratifiée en France par la loi du 9 janv. 1872 (2). Le même art. 18, par son dernier alinéa, étend le bénéfice de ce traité à l'Alsace-Lorraine.

Aux termes de ce traité, les jugements badois sont exécutoires en France et les jugements français dans le Grand-Duché sous deux conditions :

1° Qu'ils aient acquis l'autorité de la chose jugée ;

2° Qu'ils émanent d'un juge compétent.

On convient généralement qu'il faut ajouter deux autres conditions :

3° Que les droits du défendeur aient été sauvegardés ;

4° Que le jugement n'ait rien de contraire à l'ordre public.

Le demandeur en *exequatur* doit justifier :

1° Que le jugement a été signifié au défendeur ; — il devra à cet effet représenter l'original de l'exploit de signification ;

2° Que l'expédition du jugement qu'il produit est authentique ; celle-ci doit dans ce but être légalisée ; toutefois cette formalité n'est pas exigée à peine de nullité (3) ;

---

(1) V. pour le texte du traité, S., 1846, *Lois annotées*, p. 41. — Lemoine, p. 329. — *Journal*, 1874, p. 305, V° Inscription hypothécaire.

(2) Arrêts de la Chambre d'appel de Manheim et Tribunal supérieur du Grand-Duché du 25 juill. 1873. *Journal*, 1375, p. 118.

(3) Trib. Nancy, 8 janv. 1873. *Journal*, 1874, p. 305, V° Inscr. hyp.

3° Que le jugement a acquis l'autorité de la chose jugée; ceci sera attesté par un certificat du greffier du Tribunal ou de la Cour auteur du jugement constatant qu'il n'existe ni opposition ni appel contre le jugement.

Quant à la compétence, elle est réglée par le traité lui-même dans l'art. 2. Est compétent en principe le tribunal d'arrondissement du domicile ou de la résidence du défendeur ; — en matière réelle celui de la situation des biens; — en matière de succession, celui du lieu où s'est ouverte la succession; — en matière de société, pour les contestations entre associés ou entre la société et des tiers, celui du domicile ou du siège social; — en cas d'élection de domicile, celui du lieu où le domicile a été élu. Ce sont à peu de chose près les dispositions de l'art. 59 C. P. C. C'est donc en conformité de ces règles que devra s'apprécier la compétence du tribunal auteur du jugement, et non pas selon la loi du pays où ce jugement a été rendu; il faut en conclure que la compétence exceptionnelle de l'art. 14 reçoit échec par le traité franco-badois ; cependant le contraire a été jugé sur ce motif que cette disposition est d'ordre public (1). Il est d'évidence d'ailleurs que le traité ne règle que la compétence internationale, et que c'est à la loi nationale, une fois que l'on sait aux tribunaux de quelle nation la compétence doit être reconnue, qu'il faut se référer pour savoir lequel de ces tribunaux est compétent *ratione loci*.

L'*exequatur* doit être demandé au tribunal du lieu où sont situés les biens sur lesquels l'exécution doit être poursuivie; et à défaut de celui-ci, au tribunal du domicile ou de la résidence du défendeur. On s'adressera au tribunal de première instance, si c'est un tribunal de même degré qui a rendu le jugement; à la Cour d'appel, si c'est une Cour d'appel.

L'hypothèque judiciaire n'est pas soumise à la nécessité

(1) Colmar, 11 décembre 1861. S., 62, 2, 205.

d'un *exequalur;* elle résulte du jugement lui-même, et on peut prendre inscription sans recourir à l'*exequatur*, sur la simple présentation d'une expédition légalisée du jugement accompagnée de l'acte de signification (art. 2 du traité). Toutefois la nécessité de l'*exequalur* ne cesse que relativement à l'inscription, considérée comme une simple mesure conservatoire ; elle reprend tout son empire lorsqu'il s'agit de ramener à exécution l'hypothèque inscrite, par exemple de faire vendre les biens et d'obtenir collocation dans un ordre ; il faut alors obtenir un jugement d'*exequatur* (1).

155.—II. *Traité avec l'Italie* (2). — Le premier traité sur la matière est celui du 24 mars 1760, qui fut rendu exécutoire par des lettres patentes du 24 août, enregistrées au Parlement de Paris le 6 septembre de la même année. D'après l'art. 22 §3, les Cours Suprêmes de chaque État devaient déférer à la forme du droit aux lettres rogatoires des Cours de l'autre État.

Ce traité avait été fidèlement exécuté jusqu'à la Révolution, et on en trouve des applications dans des arrêts rendus aux dernières années de l'Ancien Régime, notamment par le Parlement de Paris le 26 juillet 1787, par celui de Grenoble le 23 juillet 1785 et le 30 août 1787, par le Sénat de Chambéry le 1ᵉʳ février 1781.

Pendant la Révolution son application fut suspendue à raison des guerres incessantes que soutenait la France. Il y eut même une loi du 1ᵉʳ mars 1793 dont l'art. 1 déclara

---

(1) Trib. Nancy, 8 janv. 1873. *Journal,* 1874, p. 205.
(2) V. Quétand, *Rev. Crit.*, 1869, I, p. 251. — Le Bourdellès. *Journal,* 1882, p. 369. — Troplong, *Hyp.*, II, 454. — Thévenet, 151-6. — Lemoine, p. 247. —Fiore, dans le *Journal,* 1878, p. 244. — Grenier, *Hyp.*, I, 215. — Fœlix, *Rev. Etr.*, IX, p. 832 — Féraud-Géraud, *France et Sardaigne*, p. 320. — Renault, *Rev. Crit.*, 1881, p. 473. —Fiore, *Senlenze*, I, p. 19. — De Lachenal, *Rev. Prat.*, 1859, p. 383. — Eyssautier, *Rev. Hist.*, VI, p. 443. — Pont, *Hyp.*, 584 et 607. —Bournat, *Rev. Prat.*, V, p. 340. — Berlin. *Chambre du Conseil,* II, 1381. — Valette, *Mél.*, II, p. 355. — Dubois, note sous un arrêt. *Journal,* 1879, p. 86.

abrogés tous les traités encore en vigueur entre la France
et des nations contre lesquelles elle était en guerre. De
plus en 1798 le Piémont fut annexé à la France, et cette
annexion, confirmée par le sénatus-consulte du 28 fructidor an X, entraînait extinction du traité. Cependant il
avait été confirmé par les traités du 15 mai 1793 et de
1797, et ceux de 1814 et 1815 rétablissant le royaume de
Sardaigne l'avaient remis en vigueur.

Aussi discutait-on vivement sur le point de savoir si le
traité était encore exécutoire. La jurisprudence française
après s'être montrée opposée à l'exécution du traité (1),
en proclamant le droit de revision au fond des jugements
italiens, s'était cependant fixée en sens contraire et admettait la validité du traité de 1760. De même la jurisprudence italienne ne revisait pas les jugements français et
se bornait à vérifier l'observation des règles de compétence, de formes, de justice générale, d'ordre public (2).

156 Quoi qu'il en soit, la question n'était pas claire et
laissait subsister une incertitude fâcheuse, de nature à soulever des difficultés sans cesse renaissantes. C'est en vue de
couper court à ces difficultés et de trancher la question douteuse qu'intervint la Déclaration du 1er septembre 1860 (3),
signée par MM. de Talleyrand et de Cavour, publiée en
France au *Moniteur Officiel* du 14 novembre de la même
année, et qui fut présentée comme une interprétation du
traité de 1760. Mais il semble qu'une véritable fatalité ait
pesé sur les actes internationaux conclus entre la France
et l'Italie pendant l'année 1860. On sait quelles difficultés

(1) Req. rej., 4 juill 1825. D., 25, 1, 365. S., 26, 1, 378.—Grenoble, 9 janvier
1826. S., 27, 2, 56. — Grenoble, 3 janvier 1829 S., 29, 2, 176.

(2) Sénat de Chambéry, 19 juin 1819 et 25 août 1819. — Nice, 14 juillet 1838.
— Turin, 19 novembre 1852 et 2 décembre 1854. — Gênes, 29 novembre 1856,
8 mai 1857 et 28 septembre 1858 Cependant en sens contraire : Sénat de
Chambéry, 30 mars 1820.

(3) V. texte dans Sirey, 1860, *Lois annotées*, p. 97.

soulèvent en matière de nationalité le traité de Turin du
24 mars 1860 et les décrets impériaux qui furent rendus
sous prétexte d'en assurer l'exécution. La Déclaration dont
nous nous occupons eut une mauvaise fortune semblable,
elle a suscité des controverses qui durent encore.

157. On a commencé par se demander si elle était en
vigueur.

Pour ce qui est de la France, l'affirmative est incontestable : la Déclaration est parfaitement valable, elle a été
conclue par l'autorité publique qui avait qualité à cet effet
(Constitution de 1852, art. 6) ; elle a été rendue publique
par le *Moniteur Officiel*. Aussi ne doute-t-on pas qu'elle
soit en vigueur en France (1).

Mais la difficulté est très sérieuse pour ce qui est de
l'Italie. Il paraît inadmissible de prime abord qu'un traité
soit en vigueur dans un des États qui l'ont conclu et ne le
soit pas dans l'autre. Cependant on ne peut nier la gravité
des motifs invoqués en sens contraire. La Déclaration de
de 1860 est une interprétation du traité de 1760 ; or l'interprétation authentique des traités comme des lois appartient en Italie au pouvoir législatif, lequel en 1860 se compo-
sait en Piémont du roi et du Parlement, et par conséquent
la Déclaration ayant été conclue par les Ministres des deux
puissances, émane en réalité d'autorités dépourvues de
qualité à cet égard. Elle est encore irrégulière en ce que
si la Déclaration de 1860 pouvait, comme traité diplomatique interprétant une convention précédente, être conclue
par le roi seul sans l'intervention du pouvoir législatif,
conformément à l'art. 5 du Statut, en fait ce n'est pas le
roi qui l'a signée, et elle aurait dû être sanctionnée par

<hr>

(1) Req. rej , 27 avril 1870. S., 71, 1, 91. — Chambéry, 29 janvier 1873.
Journal, 1874, p. 306, V° Jug étr. — Paris, 24 novembre 1873. *Journal*, 1875,
p. 19, V° Honoraires d'avocat. — Montpellier, 10 juillet 1872. S., 72, 2, 139
Journal, 79, p. 69. V° Traité international.

un décret royal, ce qui n'a jamais eu lieu. Enfin pour être exécutoire, elle aurait dû être publiée dans la *Gazette Officielle* à la partie destinée aux lois et aux décrets, et elle ne l'a jamais été. Aussi un parti important dans la doctrine et dans la jurisprudence italiennes repousse-t-il la force obligatoire en Italie de la déclaration de 1860 (1).

Il s'ensuivrait que la Déclaration de 1860 conclue par des négociateurs sans pouvoir est en droit nulle, et n'est exécutoire ni en Italie, ni même en France.

Cependant les dernières décisions de la jurisprudence italienne semblent marquer une tendance à reconnaître la force exécutoire de la Déclaration (2) ; sans toutefois motiver bien sérieusement cette solution, et sans réfuter les arguments opposés. Seul l'arrêt de Milan dit que la Déclaration n'exigeait pas le concours du pouvoir législatif, parce que cette intervention n'est nécessaire, selon l'art. 5 du Statut, que pour les traités qui emportent modification du territoire ou charge pour les finances de l'État, et que la déclaration n'offre ni l'un ni l'autre de ces caractères. Mais les deux autres motifs, dont le premier répond précisément par avance au raisonnement de la cour de Milan, conservent toute leur force, et nous n'apercevons aucune raison plausible autre que l'utilité qui permette de les repousser.

Il faut reconnaître cependant que ce ne sont que des irrégularités de forme faciles à corriger, et que toute difficulté disparaîtrait si le Gouvernement italien songait à revêtir la Convention d'un décret qui serait régulièrement publié. En fait d'ailleurs, la question n'offre pas d'intérêt pratique très apparent. L'art. 941 C. P. C. italien écarte expressé-

---

(1) Brescia, 14 sept. 1875. *Journal*, 1879, p. 305. — Lucques, 26 avril 1867. *Ib.*, p. 309. — Florence, 7 avril 1869. *Ibid.* — Cass., Florence, 20 juin 1870, cité par Fiore, *Sentenze*, I, p. 19, note 2.

(2) Cass. Florence, 23 déc. 1867. *Journal*, 1879, p. 309. — Milan, 19 juill. 1875. *Journal*, 1879, p. 305. — Turin, 20 mars 1876. *Ibid.* p. 307.

ment la revision au fond des jugements étrangers à exécuter en Italie, et cela en l'absence même de tout traité ; le but poursuivi dans la Déclaration de 1860 se trouve réalisé sans elle.

Mais le résultat n'est pas absolument le même. Et d'abord si vraiment la Convention de 1860 n'est pas valable au regard de l'Italie, elle ne saurait être regardée comme exécutoire en France, car la France n'a pas eu l'intention de prendre un engagement unilatéral, mais bien de faire un traité sur les bases de la réciprocité ; en sorte que si les jugements français doivent en Italie être mis à exécution sans revision, en vertu de l'art. 941 C. P. C., à l'inverse les jugements italiens resteraient en France soumis à l'application des art. 2123 C. C. et 546 C. P. C., et par conséquent à la nécessité de la revision. En outre si la Convention de 1860 est encore en vigeur, il est incontestable qu'elle ne peut être révoquée que du consentement de la France et de l'Italie ; si au contraire il faut se contenter de l'art. 941 C. P. C., la volonté unilatérale et libre du législateur italien suffit pour modifier la situation actuelle et rétablir le droit de revision ; et il le ferait probablement si nos tribunaux déduisant logiquement les conséquences du défaut de validité de la Déclaration, prétendaient appliquer aux jugements italiens leurs théories générales sur la revision, ce que quelques-uns avaient déjà tenté de faire, prétendant que les mots *à la forme du droit* que contient le traité de 1760, n'empêchaient pas l'application des art. 546 C. P. C. et 2123 C. C.

158. Admettons avec la jurisprudence française et les derniers monuments de la jurisprudence italienne, que le traité de 1760 n'a pas été anéanti et que la Déclaration de 1860 est en vigueur dans les deux pays.

Depuis 1860, de grands événements politiques se sont accomplis, qui ont amené l'unification de l'Italie en un royaume placé sous le sceptre de la maison de Sardaigne.

Il nous faut déterminer les effets de cette transformation à l'égard des Conventions de 1760 et de 1860.

La solution de cette question dépend essentiellement de celle qu'on donne à cette autre question : Y a-t-il eu annexion à la Sardaigne des autres monarchies italiennes, ou bien y a-t-il eu formation d'un État nouveau.

Si l'on adopte la première solution, comme il est incontestable que les pays annexés prennent la condition générale du pays annexant et profitent conséquemment des stipulations diplomatiques qu'il a conclues, il faudra décider que les conventions citées s'appliquent à toute l'Italie. En quelque partie de la péninsule que soit rendu le jugement, il pourra être mis à exécution en France sous le couvert de la Déclaration et du traité, et réciproquemment, les jugements français seront exécutoires de la même façon en quelque lieu de l'Italie qu'on veuille les mettre à exécution.

Si l'on adopte la seconde solution, il faudra décider que le traité et la Convention ont été anéantis en même temps que la personnalité de l'État qui les avait conclus, en sorte que non seulement les jugements français ne seraient pas exécutoires dans les diverses parties de l'Italie jadis étrangères au Piémont, mais que dans le Piémont même, ils ne pourraient réclamer les avantages des conventions désormais abrogées.

Les deux opinions ont leurs partisans.

En faveur de la dernière, on fait remarquer que le royaume nouveau porte un nom, celui de Royaume d'Italie, qui n'appartenait à aucun des États dont la réunion le constitue. C'est sous cette dénomination qu'il a été reconnu diplomatiquement par les diverses puissances de l'Europe. Donc il n'y a pas eu annexion, car le royaume annexant aurait dû conserver sa dénomination primitive.

L'opinion contraire nous paraît préférable. Le royaume d'Italie ne s'est pas formé pacifiquement par la réunion volontaire des pouvoirs de plusieurs princes aux mains d'un seul ; sa formation affecte au contraire toutes les allures d'une conquête continue, d'une véritable série d'annexions successives consenties par le vote des populations et sanctionnées par l'Europe. Telle est bien l'idée qui respire dans la déclaration mise par le gouvernement italien lui-même en tête d'un Recueil officiel des traités de l'Italie. La circonstance que le royaume nouveau porte un nom nouveau nous semble de bien mince importance ; elle peut d'ailleurs s'expliquer par une foule de meilleures raisons historiques, géographies et politiques (1). La jurisprudence italienne est unanime en ce sens (2).

159. Aux termes du traité de 1760, et de la Déclaration de 1860, les Cours des deux pays doivent déférer à la forme du droit aux demandes d'*exequatur* qui leur sont adressées.

Elles doivent se borner à vérifier les trois points suivants :

1° *Si le juge étranger était compétent.* En principe cette question doit être décidée d'après les dispositions de la loi nationale du tribunal auteur du jugement (3) ; cependant la jurisprudence italienne se refuse à reconnaître la compétence exceptionnelle établie par l'art. 14 C. C. français (4). Il ne suffirait pas d'ailleurs que le jugement ait été rendu dans le pays aux tribunaux duquel en

---

(1) Nîmes, 14 août 1829, J. P., 29, p. 549. — Paris 29 août 1864 et Cass. 30 janv. 1867. S., 67, 1, 117. — Req. rej. 27 avril 1870. S., 71, 1, 91. — Cass. 5 févr. 1872. S., 72, 1, 190. — Montpellier. 10 juill. 1872. S., 72, 2, 139. *Journal*, 1879, p. 69, V° Traité international. — Trib. Seine. 27 déc. 1872. *Journal*, 1874, p. 241, V° Caution *judicatum solvi*. — Paris, 9 janv. 1875, *Journal* 1875, p. 354. V° jug. étr. — Cass., 5 nov. 1878. *Journal*, 1879, p. 65, V° Hyp. légale. — Trib. Corr. Seine, 21 févr. 1879. *Journal*. 1879, p. 57 et 278. V° Caution *judic. solvi.* — Paris, 1er déc. 1879. S., 81, 2, 145. *Journal*, 1879, p. 545, V° Jug. étr. — Paris, 16 février 1883, *Le Droit* du 12 sept.

(2) Turin, 15 mai 1865. — Florence. 23 déc. 1867 et 20 juin 1870. — Turin, 20 mars 1876.

(3) Req. rej., 1 8 févr. 1862. S., 62, 1, 427.

(4) Brescia, 14 sept. 1875. *Journal*, 1879, p 211 et 306.

général devait appartenir compétence ; il faut en outre que le tribunal auteur du jugement soit le tribunal compétent au regard des autres tribunaux du même pays (1). Dans le cas où la compétence appartiendrait à la fois à un tribunal français et à un tribunal italien, il existe une sorte de droit de prévention en ce sens que le tribunal le premier saisi pourrait s'opposer à l'exécution du jugement rendu par l'autre tribunal (2).

2° *Si le défendeur a été régulièrement cité et s'il a comparu ou du moins si son défaut a été légalement constaté.*

3° *Si le jugement ne contient rien de contraire à l'ordre public* (3).

Le fond du procès échappe donc à l'examen du tribunal auquel on demande l'*exequatur* ; mais sur les points réservés par la Convention de 1860, il peut y avoir, il faut même qu'il y ait un débat libre et contradictoire (4).

160. L'*exequatur* doit en tous cas être demandé aux tribunaux de l'ordre civil, et parmi ceux-ci la Convention de 1860, conformément à l'esprit du traité de 1760, donne exclusivement compétence aux Cours d'appel ; la demande d'*exequatur* ne pourrait pas être formée devant un tribunal de première instance (5). Il en est ainsi même à l'égard des jugements rendus par un tribunal de première instance ou par une Cour de Cassation (6).

La demande doit être formée devant la Cour du lieu où l'exécution doit être poursuivie. Mais s'il s'élevait des difficultés au cours de l'exécution, on se trouverait en pré-

---

(1) Req. rej., 27 avril 1870. S., 71, 1, 91.
(2) Turin, 12 mars 1875. *Journal*, 1879, p. 212.
(3) Aix, 25 nov. 1858. S., 59, 2, 605. — Req. rej., 18 juill 1859. S., 59, 1, 822.
(4) Civ. Cass. 7 juill. 1862. S., 62, 1, 831.
(5) Trib. Seine., 27 mai 1875. *Journal*, 1876, p. 359, V° *Exequatur.* — Nancy, 6 janv. 1877. *Journal*, 1877, p. 234, V° Jug. étr.
(6) Paris, 3 juin 1881. D., 82, 2, 67.

sence d'un procès ordinaire, soumis aux règles de compétence normales, et dont la connaissance appartiendrait en principe au tribunal de première instance (1).

161. L'instance en *exequatur* peut être introduite soit par une assignation au débiteur condamné, soit par voie de simple requête adressée à la Cour compétente (2) ; seulement dans ce dernier cas la voie de l'opposition reste ouverte au défendeur (3).

Faut-il ajouter qu'il est nécessaire d'obtenir des lettres rogatoires adressées par le tribunal qui a rendu le jugement à celui qui doit lui donner l'*exequatur* ?

La négative est soutenue. Cette nécessité, dit-on, a disparu dans le Code de Procédure civile français de 1806, dans les Codes sardes de 1854 et 1859 et dans le Code italien de 1865. Elle ne résulte même pas du traité de 1760, car dans le texte exact du traité, il y a une virgule entre le mot *fins* et le mot *même*, ce qui montre que les lettres rogatoires étaient dans la pensée du négociateur tellement facultatives qu'on ne prévoyait leur usage qu'à titre exceptionnel, en accordant l'exécution *même au cas de lettres rogatoires ;* et on renforce l'argument de la virgule, en ajoutant que si *même* se rapportait à *fins,* il devrait prendre un *s*, qu'il n'a pas. Enfin ces lettres rogatoires sont une formalité lente, coûteuse et même attentatoire à la dignité de la magistrature que l'on oblige à demander humblement *exequatur* de ses décisions aux juges étrangers.

Ces dernières considérations pourraient être examinées s'il s'agissait d'établir l'usage des lettres rogatoires entre les deux pays. Mais notre question est toute différente : il s'agit de savoir si la nécessité en a été exigée par le traité de 1760, et sur ce point l'affirmative nous paraît cer-

<hr>

(1) Gênes, 29 nov. 1856.
(2) Cass., 30 janv. 1867. S., 67, 1, 117.
(3) Nîmes, 14 août 1839. — Metz, 15 nov. 1856. — Aix, 16 juin 1858.

taine. Sans vouloir entrer dans des discussions grammati-
cales sur la langue du XVIIIe siècle, nous nous bornerons
à renvoyer au texte exact du traité rapporté dans *de Clercq,
les Traités de la France*, t. VIII, p. 118, texte qui réfute de
lui-même les arguments qu'on a voulu tirer d'une version
inexacte. Cette nécessité clairement établie par le traité de
1760, n'a pas été supprimée par la Déclaration de 1860, qui
est muette sur ce point; et il est incontestable que les
Codes sardes ne peuvent avoir dérogé à une convention
diplomatique, d'autant plus qu'ils réservent expressément
le cas où il y aurait un traité. La jurisprudence française
est en ce sens (1). La jurisprudence italienne est plus hésitante (2). D'ailleurs l'usage des lettres rogatoires a duré
sans contestation pendant très longtemps ; aujourd'hui encore, en fait, il est pratiqué, et l'on en trouve de récents
exemples (3).

162. La conséquce pratique de cette solution est qu'il
sera impossible de donner un effet quelconque à un jugement italien dont l'exécution n'aurait pas été demandée
par des lettres rogatoires. C'est ainsi qu'il a été jugé avec
raison qu'un tribunal français régulièrement saisi par lettres
rogatoires d'un jugement italien ne pourrait refuser l'*exequatur* à raison d'un nouveau jugement italien accordant
un sursis au débiteur condamné par le premier jugement,
si la deuxième sentence n'a pas fait elle aussi l'objet de
lettres rogatoires (4).

Quant à la sanction, elle consiste dans le pourvoi en

----

(1) Req. rej., 14 juill. 1825. S , 26, 1, 378. — Paris, 3 juin 1881. *Le Droit*
des 20 et 21 juin.

(2) Turin, 14 déc. 1856 et 18 juin 1872. — Contrà : Casale, 14 juill. 1868.
Gaz. Trib., 21 mai 1869.

(3) Paris, 24 nov. 1873 *Journal*, 1875, p. 19, V° Honoraires d'avocat. —
Paris, 9 janv. 1875. *Journal*, 1875, p. 354, V° Jug. étr.

(4) Paris, 23 août 1880. *Journal*, 1880, p. 585, V° Jug étr *Le Droit* du
13 nov *Rev. Crit.*, 1881, p 473.

cassation contre un arrêt rendu en l'absence de lettres rogatoires.

Dans l'opinion contraire on admet que, les lettres rogatoires n'étant pas nécessaires, le demandeur conserve la
faculté de demander l'*exequatur* par voie d'assignation directe. Mais alors les traités cesseraient d'être applicables,
et les jugements présentés sans lettres rogatoires seraient
soumis au droit commun, donc en France au droit de revision au fond.

168. Les lettres rogatoires pourraient intervenir au
cours même du procès (1).

Leur formule doit être conçue en termes courtois et con-
tenir promesse de réciprocité.

Normalement elles devraient être transmises par la voie
diplomatique. Cependant plusieurs décisions du Ministre de
la Justice repoussent cette manière de procéder, et déclarent
que de tels actes ne peuvent être transmis diplomatiquement. Les parties sont obligées de s'adresser par les voies
ordinaires à la Cour qui a prononcé l'arrêt ou de laquelle
dépend le Tribunal de première instance, auteur de la sentence. Pour obtenir des lettres rogatoires, on procède par
assignation ou par requête, selon que le jugement aura été
rendu lui-même sur assignation ou sur requête. Le demandeur produit une expédition du jugement, le Ministère Public est entendu.

L'exécution a lieu selon la loi du lieu où elle est poursuivie.

169. Aux termes du paragraphe premier du même art. 22,
du traité de 1760, l'hypothèque résulte des jugements étrangers auxquels on doit avoir même égard quant à ce qu'aux
jugements nationaux. De là la question de savoir si l'inscrip-

---

(1) Paris, 9 janvier 1875. *Journal*, 1878, p 116

tion de l'hypothèque judiciaire peut être prise en vertu du jugement tout seul sans l'*exequatur*.

Pour la négative, on invoque l'art. 2123 C. C., en ajoutant que le traité ne contient pas de dérogation formelle à cette règle.

Le contraire nous semble mieux établi. Le traité assimile, quant à l'hypothèque judiciaire, les jugements italiens aux jugements français, et ce faisant, il déroge très clairement à l'art. 2123. S'il n'en était pas ainsi, on ne verrait pas quel sens il serait possible d'attribuer au paragraphe premier sus cité.

Toutefois, il n'apparaît pas qu'il soit entré dans la pensée des négociateurs du traité de pousser l'assimilation au delà, et par conséquent si une expédition légalisée du jugement italien suffit pour autoriser une inscription d'hypothèque judiciaire, sur des immeubles français, il faudrait, pour mettre en mouvement l'hypothèque, pour faire vendre l'immeuble et se faire payer sur le prix, que le jugement italien eût été déclaré exécutoire. Ceci en effet serait réellement exécuter le jugement, et tous les actes d'exécution sont subordonnés à cette nécessité d'un *exequatur* (1).

170. — *Traité avec la Suisse* (2). — La situation respective de la France et de la Suisse quant à l'exécution des jugements a été de bonne heure régie par des traités. Comme nous l'avons déjà dit (3), dès le XVIIᵉ siècle, un traité d'alliance réglait incidemment la matière ; et l'on trouve des dispositions du même genre dans le traité du

(1) Aix, 16 déc. 1869. D., 71, 2, 73. — Contrà : Trib. Nancy, 8 janv. 1873. *Journal*, 1874, p. 305, Vᵒ Inscr. hyp. — Turin, 20 mars 1876. *Journal*, 1879, p. 86.

(2) Brocher, *Comment. du Traité de* 1869, p. 100-123. — Descombes, plus. art. *Gaz. Trib.* 23-24-25 juill. 1869. — Thévenet, 166-70. — Lemoine, p. 261-6, et sur la question de revision du traité, divers art. dans le *Journal*, 1879, p. 117, 503, 533. Le texte dans S., 1869, *Lois annotées*, p. 435

(3) V. suprà, nᵒˢ 29-30.

28 mai 1778 art. 15, dans la convention diplomatique du 23 fructidor an VI, art. 11, dans le traité du 4 vendémiaire an XII, art. 12, et dans celui du 28 juillet 1828, art. 1. Aujourd'hui la matière est régie par le traité du 15 juin 1869, sur la compétence et l'exécution des jugements, qui lui consacre les art. 15 à 19. Il faut en outre consulter comme documents officiels le Protocole explicatif annexé au traité et le décret du 19 octobre 1869.

Le traité ne parle que des jugements rendus en matières civiles ou commerciales ; ses termes excluent donc de son application les jugements des tribunaux administratifs et d'autre part ceux des tribunaux de répression. On ne pourrait donc invoquer le traité de 1869 pour faire exécuter en France les condamnations civiles prononcées par un tribunal suisse accessoirement à une condamnation pénale ; le jugement criminel ne vaudrait même pas comme preuve irréfragable des faits délictueux dans une instance civile formée en France en réparation du préjudice causé par ces faits, la preuve contraire serait permise. Mais le traité s'appliquerait sans difficulté aux jugements émanés des juges civils, alors même qu'ils auraient pour base un jugement administratif ou criminel.

172. La revision au fond est écartée à condition que le jugement soit définitif, et qu'il ait l'autorité de la chose jugée.

D'abord *qu'il soit définitif*. Il serait plus exact de dire : *que la loi étrangère en autorise l'exécution*. C'est en effet d'après cette loi que doit être appréciée l'existence de de cette condition ; par conséquent si le jugement, non définitif, était de ceux dont l'exécution provisoire nonobstant appel ou opposition est autorisée par la loi étrangère, il faudrait accorder l'*exequatur* conformément au traité. Mais le traité ne s'appliquerait pas aux jugements préparatoires, au moins dans ses dispositions relatives à l'*exequa-*

tur ; l'exécution de tels jugements pourrait être réclamée au moyen de commissions rogatoires ; et nous aurons à analyser les dispositions que contient le traité de 1869 relativement à l'exécution des commissions rogatoires.

En second lieu, *qu'il ait acquis l'autorité de la chose jugée ;* c'est-à-dire qu'il ne soit pas déjà ou qu'il ne puisse plus être l'objet d'un recours ; et c'est encore la loi étrangère qui devra être appliquée pour vérifier cette condition.

Sous cette double condition, le tribunal saisi d'une demande d'*exequatur* ne peut faire porter son examen que sur les trois points suivants :

1° *Compétence du tribunal* qui a rendu le jugement ; — le traité lui-même renferme des règles de compétence qui devront être respectées ; quant aux cas non prévus par le traité, il faudrait leur appliquer la loi du lieu où le jugement a été rendu ;

2° *Régularité de la citation du défendeur ;* il faut ajouter la comparution de celui-ci ou du moins la constatation régulière de son défaut, ou, d'une façon générale, le respect des droits de la défense ; questions de formes d'ailleurs soumises à la loi du lieu du jugement ;

3° *Respect de l'ordre public ;* il s'agit évidemment ici de l'ordre public international ; de celui qui comprend les principes essentiels en fait d'organisation dans l'ordre politique, économique, moral, religieux ou familial.

173. Aux termes du traité, l'*exequatur* doit être demandé en France au tribunal de première instance du lieu où l'exécution doit avoir lieu, et en Suisse à l'autorité compétente du même lieu ; le traité emploie à dessein ce terme général et vague à cause de la diversité qui existe entre les lois d'organisation judiciaire des divers cantons ; le principe est qu'il faut s'adresser au juge de droit commun.

Le défendeur doit recevoir notification du jour et de l'heure où il sera statué sur la demande d'*exequatur*.

Le demandeur doit produire :

1° Une expédition du jugement légalisée par les envoyés respectifs des deux pays ou, à leur défaut, par les autorités du pays ayant compétence à cet égard ;

2° L'original de l'exploit de signification du jugement ou l'acte qui en tient lieu dans le pays ;

3° Un certificat délivré par le greffier du tribunal qui a rendu le jugement et constatant qu'il n'existe ni opposition, ni appel, ni autre acte de recours.

En France, le jugement est rendu en chambre du conseil sur le rapport d'un juge et les conclusions du Ministère Public.

En Suisse, l'ordre d'exécution est donné, suivant les cantons, par le Tribunal tout entier, par son Président, ou même par l'Autorité exécutive.

Ce jugement ne peut être l'objet d'une opposition, mais seulement d'un recours ordinaire, tel que l'autorise la loi du lieu où il est rendu. En France, le jugement d'*exequatur* est susceptible d'appel seulement ; cet appel est jugé par la Cour après débat contradictoire, toujours en chambre du conseil et sur les conclusions dn Ministère Public ; et l'arrêt qui intervient n'est pas plus susceptible d'opposition que le jugement de première instance (1).

Les difficultés qui pourraient survenir au cours de l'exécution sont de la compétence du tribunal qui a ordonné l'*exequatur*.

Le traité stipule expressément que si la condamnation est de nature, selon la loi du pays où elle est intervenue, à emporter la contrainte par corps, celle-ci ne pourra être ordonnée que si la loi du lieu d'exécution l'autorise dans le cas dont il s'agit ; et si elle l'autorise, elle ne pourra être exécutée que dans les limites autorisées par cette même

---

(1) Paris, 12 mai 1874. Le *Droit* du 29 mai. *Journal*, 1875, p 189, V° Jug. étr.

loi, soit en général. soit dans l'hypothèse en question ; ce qui revient en somme à reconnaître aux lois relatives à la contrainte par corps les caractères d'une disposition d'ordre public.

L'exécution se poursuit conformément aux lois du lieu où elle se fait.

Le jugement d'*exequatur* est d'ailleurs nécessaire, quel que soit l'effet qu'on veuille faire produire au jugement, s'agît-il même de faire inscrire l'hypothèque judiciaire qui en résulte (1). Le traité de 1869 en effet, à la différence du traité de 1760 avec l'Italie, n'assimile pas quant à l'hypothèque judiciaire les jugements suisses aux jugements français, et les laisse à cet égard sous l'empire des dispositions générales du traité. En vain objecterait-on le prétendu caractère de mesure conservatoire qu'on reconnaît à l'inscription ; prendre cette inscription est bien donner effet au jugement, et le traité n'excepte pas de la nécessité de l'*exequatnr* cet effet particulier.

Les dispositions qui précèdent sont, aux termes mêmes du traité, applicables aux sentences arbitrales assimilées en tous points aux jugements proprement dits.

174. Enfin le traité s'occupe spécialement des actes de procédure et des commissions rogatoires.

Les actes judiciaires sont transmis par le Gouvernement du pays où ils interviennent à celui de ses agents diplomatiques ou consulaires qui est le plus rapproché du lieu où réside l'autorité étrangère chargée de les remettre. Cette autorité, en France le Procureur de la République, les fait tenir aux destinataires et en remet les récépissés à l'agent diplomatique ou consulaire. Ce mode de transmission, d'une lenteur incontestable, a été adopté au lieu de la trans-

---

(1) Aix, 16 décembre 1869. D., 71, 2, 73.

mission directe à cause des termes impératifs de l'art. 69, § 9, de notre Code de Procédure.

Quant aux commissions rogatoires, les Gouvernements s'engagent à les faire exécuter sur leurs territoires sous la réserve d'assurer le respect des lois. La transmission s'en fait également par la voie diplomatique et ne peut avoir lieu directement de tribunal à tribunal. C'est le Gouvernement français qui a exigé cette transmission diplomatique en vue de pouvoir exercer une surveillance sur les commissions rogatoires adressées à nos tribunaux. Les frais d'exécution des commissions rogatoires restent à la charge de l'État sur le territoire duquel elles ont été accomplies.

175. — IV. *Traité avec la Russie* (1). — A la différence des traités dont nous venons de parler, dont la portée est générale et s'applique à tous les jugements de quelque nature qu'ils soient, les traités conclus avec la Russie eurent toujours un objet restreint : les jugements en matière de succession.

Une première convention avait été conclue le 31 décembre 1786-11 janvier 1787. L'art. 16 stipulait que les jugements rendus dans un État relativement à la succession d'un sujet de l'autre État seraient pleinement valables quant aux biens situés sur le territoire de l'État où les jugements seraient rendus. Le traité ne devait être appliqué que pendant douze ans (art. 46). La jurisprudence, il est vrai, décida que ce délai avait été suspendu pendant la durée des guerres de la Révolution et de l'Empire, et que les traités du 8 octobre 1801 et celui de Tilsitt en 1807, art. 27, remettant en vigueur les anciens traités, avaient fait reprendre son cours au traité de 1787 (2). Mais enfin il vint un jour où les douze années stipulées expirèrent et où il fallut reconnaître que le traité

(1) Thévenet, 157. — Lemoine, 249. — Fœlix, II, 375. — Bonfils, 270.
(2) Cass., 15 juill. 1811. S., 11, 1, 301. — Rouen, 25 mai 1813. S., 13, 2, 233

de 1787 avait cessé d'être en vigueur (1). D'ailleurs la tendance de la jurisprudence avait été d'étendre l'effet du traité aux jugements sur l'état rendus accessoirement à une instance en matière de succession (2).

Un nouveau traité a été conclu le 1er avril 1874 et ratifié par la loi du 17 juin 1874 (3). L'art. 10 dispose que la succession aux biens immobiliers doit être régie par la loi de la situation et que compétence exclusive doit être attribuée aux tribunaux locaux, dont les jugements auront ainsi une valeur complète. Quant à la succession mobilière, la loi personnelle du défunt doit être appliquée et la compétence appartient aux tribunaux du défunt. Cependant si un national du pays où la succession s'est ouverte avait des droits à faire valoir dans cette succession mobilière, il pourrait faire régler ses droits, conformément à la loi du pays où la succession s'est ouverte, par les tribunaux de ce pays.

(1) Cass. 16 août 1816. S., 16, 1, 343.
(2) Cass. 15 juillet 1811. S., 11, 1, 301.
(3) V. le texte dans S., 74, *Lois annotées*, p. 556.

TROISIÈME PARTIE

LÉGISLATIONS ÉTRANGÈRES

176. — I. ALLEMAGNE DU NORD (1).— Il faut s'occuper successivement des relations des États Allemands entre eux et des relations des États Allemands avec les États étrangers.

177. — A. *Relations des États Allemands entre eux.* — Il paraît qu'avant la reconstitution de l'Empire d'Allemagne sous l'hégémonie de la Prusse, la plupart des États qui composaient la Confédération de l'Allemagne du Nord admettaient réciproquement leurs jugements à produire *de plano* l'*exceptio rei judicatæ*, et repoussaient pour l'exécution forcée la revision au fond. Mais il paraît aussi que ces principes, consacrés à la vérité par les lois, n'étaient pas suivis dans la pratique et que l'usage traitait les juge-

---

(1) V. Klüber, § 59 et les autorités qu'il cite; — Aubry, *Rev. Etr. et Fr.*, III, 1836, p. 128; — Bar, § 125; — Fœlix et Demangeat; — Fiore, *Sentenze*, I, p. 30 et 84; — Keyssner, *De l'exéc. des j. étr. dans l'Emp. d'All. Journal*, 1882, p. 25. — Lederlin, *Étude sur le projet de Code de Procédure allemand. Bull. de la Soc. de Législ. Comp.*, 1875, p. 185. — Dubarle, *Étude sur le projet de Code d'Organis. judic.* Même *Bull.* 1876, p. 103. — Wharton, p. 258. — Pour la jurisp. V. *Rev. de Gand*, 1874, p. 250, et *Journal*, 1878, p. 616.

ments des États Allemands comme les jugements venus de l'étranger (1).

On trouvait aussi quelques traités sur la matière : entre la Prusse et la Saxe (traité du 11 décembre 1839) ; — entre l'Allemagne du Nord d'une part, et le Grand-Duché de Bade (traité du 14 janvier 1870, rendu inutile par suite de la constitution de l'Empire d'Allemagne), le Grand-Duché de Hesse (traité du 18 mars 1870), d'autre part.

Lorsque l'Empire d'Allemagne eut été rétabli, la Constitution du 12 décembre 1870, qui fut publiée à Berlin le 31 du même mois, prévit la question de l'exécution des jugements entre les divers États auxquels elle allait s'appliquer. L'art. 4, n° 11, rangea cette matière parmi les objets qui devaient être réglementés par la législation de l'Empire. C'est en conséquence de cette disposition que le Code d'organisation judiciaire du 21 janvier 1877 contient un titre XII consacré aux rapports des tribunaux entre eux (*Rechtshülfe*) et qui comprend onze articles (127-138). Aux termes de ces textes, qui généralisent la loi fédérale du 28 mai 1869, tous les tribunaux de l'Empire se doivent mutuellement assistance pour l'exécution de leurs jugements. A cet effet, commission rogatoire doit être adressée par le juge qui a prononcé la sentence au tribunal de bailliage dans le ressort duquel l'exécution doit avoir lieu. Ce tribunal de bailliage doit exécuter la commission rogatoire sans l'apprécier lorsqu'elle émane d'une juridiction supérieure, tribunal de district ou tribunal supérieur : si elle lui est adressée par un autre tribunal de bailliage, il peut se refuser à l'exécuter pour incompétence de lui-même ou pour illégalité. S'il refuse, le débat est porté devant le tribunal supérieur duquel il relève, et dont la décision n'est susceptible de recours que sous les deux conditions que la décision du tribunal de bailliage soit con-

(1) Klüber, loc. cit.

firmée et que les deux tribunaux de bailliage intéressés, le tribunal requérant et le tribunal requis, soient ressortissants à deux tribunaux supérieurs différents. Le recours, dans les cas où il est possible, est déféré au tribunal fédéral, qui juge sans débat oral.

178. — B. *Relations des États Allemands avec les États étrangers*. — Ici aussi la législation a été remaniée à la suite des événements de 1870.

Autrefois chaque État avait sa législation spéciale basée en général sur le principe de la réciprocité. Nous ne croyons pas utile d'entrer dans le détail de ces innombrables lois particulières, qui sont toutes conçues dans le même esprit et ne diffèrent que dans les détails (1).

Quelques États avaient aussi des conventions avec des peuples étrangers; on a vu que le Grand-Duché de Bade et la France avaient conclu un traité à ce sujet en 1841 ; il existait une convention de même nature entre Bade et l'Autriche, dont nous parlerons plus tard (2); la Prusse de son côté avait signé avec l'Autriche une convention en date du 9 septembre 1840, dans laquelle on peut relever à titre de particularité qu'on ne donnait l'*exequatur* qu'aux jugements rendus par un tribunal compétent selon la loi du lieu d'exécution.

179. Cet état de choses a changé à la suite des événements de 1870. Le nouveau Code de Procédure civile pour l'Empire d'Allemagne, entré en vigueur le 1er octobre 1879, contient sur la matière deux dispositions, les art. 660 et 661 (3).

---

(1) V. Fœlix et Demangeat pour la description de chacune de ces lois particulières. L'exposition complète serait trop longue et vraiment oiseuse.

(2) V. infrà n° 187.

(3) Art. 660 : « L'exécution forcée d'un jugement rendu par un tribunal étranger ne peut avoir lieu que si elle a été autorisée par un jugement d'*exequatur*. — La demande d'*exequatur* est portée devant le tribunal du bailliage

Il y est posé en principe que l'exécution d'un jugement étranger ne peut avoir lieu sans un *exequatur* délivré par jugement. A cet effet, compétence est accordée, selon l'importance de la condamnation, jusqu'à 300 marks aux tribunaux de bailliage, au-dessus de ce chiffre aux tribunaux d'arrondissement. La compétence *ratione loci* se règle comme pour une instance ordinaire : en première ligne, le tribunal du domicile du défendeur.

La demande est introduite par une requête fondée sur le jugement étranger, et poursuivie comme une instance ordinaire. — Le demandeur est tenu de produire une expédition du jugement étranger légalisée par l'ambassadeur, l'envoyé ou le consul allemand, suivant que c'est l'un ou l'autre de ces fonctionnaires qui réside dans la ville étrangère où le jugement a été rendu. — C'est aussi au demandeur qu'incombe la charge de la preuve, en ce sens qu'il doit établir l'existence de toutes les conditions sous lesquelles un jugement étranger peut recevoir l'*exequatur*.

Le jugement qui accorde ou refuse l'*exequatur* est soumis aux voies ordinaires de recours que la loi allemande ouvre contre les jugements en général.

L'*exequatur* peut être refusé pour une des cinq causes suivantes, dont le juge allemand devrait tenir compte, quand même le défendeur ne les opposerait pas formellement :

(Amtgericht), ou le Tribunal d'arrondissement (Landgericht) dans le ressort duquel le défendeur a son domicile légal, et à défaut de domicile, devant les Tribunal qui aux termes de l'article 24 serait [valablement saisi d'une instance intentée contre le défendeur. — Art. 661 : Le jugement d'*exequatur* sera accordé sans examen de la régularité de la sentence (Gesetzmässigkeit). — Il ne sera pas accordé : 1° Si le jugement étranger n'a pas encore acquis force de chose jugée d'après la législation en vigueur auprès du Tribunal qui l'a rendu ; — 2° Si l'exécution a pour objet un acte qu'il est défendu au juge allemand d'ordonner en vertu de la loi qui règle l'exécution forcée ; — 3° Si d'après la loi qui règle l'exécution forcée pour le juge allemand, les tribunaux de l'État auquel appartenait le tribunal étranger n'étaient pas compétents ; — 4° Si le débiteur condamné est un Allemand et s'il n'a pas comparu dans l'instance, à moins que la citation ou l'ordonnance introductive d'instance ne lui ait été remise en personne dans l'État où était situé le Tribunal saisi du procès, ou qu'elle ne lui soit parvenue en Allemagne par l'intermédiaire des autorités compétentes ; — 5° Si la réciprocité n'est pas garantie. »

1° Le jugement étranger n'a pas acquis l'autorité de la chose jugée d'après la loi du tribunal qui l'a rendu ;

2° L'acte d'exécution qu'on se propose d'accomplir est prohibé par la loi allemande ;

3° Le jugement émane d'un tribunal incompétent selon la loi allemande ;

4° Le débiteur condamné était un Allemand, et il n'a pas comparu devant le juge étranger, excepté toutefois le cas où l'assignation lui aurait été remise personnellement à l'étranger ou lui aurait été transmise en Allemagne par l'intermédiaire des autorités compétentes ;

5° La réciprocité n'est pas garantie.

Il convient de remarquer :

Sur le 1°, qu'il ne suffirait pas, aux termes des textes, que le jugement fût exécutoire par provision d'après la loi étrangère ;

Sur le 2°, que cette disposition ne prohibe pas l'exécution des jugements rendus en vertu d'une loi contraire à un principe d'ordre public allemand, pourvu que les actes d'exécution eux-mêmes n'attentent pas à cet ordre public ;

Sur le 5° enfin, que la réciprocité législative suffit, en dehors de tout traité, pour satisfaire à la loi ; — et que cette disposition atteint directement les jugements français.

Le défendeur doit être entendu soit qu'il invoque une des circonstances prévues par l'art. 661, soit qu'il oppose une exception qui, dans les termes des art. 686-7, empêcherait l'exécution d'un jugement allemand.

Avant le jugement sur l'*exequatur*, la sentence étrangère peut servir de titre pour obtenir l'autorisation de prendre des mesures conservatoires en vue de l'exécution à intervenir ultérieurement.

Si l'*exequatur* est accordé, le jugement étranger est mis à exécution aussitôt que le jugement sur l'*exequatur* a acquis l'autorité de la chose jugée ; il est désormais exécutoire dans tout l'Empire d'Allemagne.

Si l'*exequatur* est refusé, le demandeur peut néanmoins former une demande au fond et même demander à nouveau l'*exequatur*, s'il peut prouver que la circonstance qui l'avait fait échouer la première fois n'existe plus.

Les art. 866 et 868 s'occupent des sentences arbitrales étrangères, auxquelles ils reconnaissent la même valeur qu'aux sentences arbitrales allemandes. L'*exequatur* peut leur être refusé :

1° Si la procédure arbitrale n'était pas admissible en l'espèce ;

2° Si la sentence emporte condamnation à un fait illicite;

3° Si le défendeur n'a pas comparu, à moins qu'il n'ait expressément ou tacitement approuvé la procédure ;

4° Si le défendeur n'a pas été entendu ;

5° Si la sentence n'est pas motivée ;

6° Si elle est susceptible d'être attaquée par l'action en restitution ; or cette action, selon l'art. 543, peut être intentée pour forfaiture du juge, — pour faux serment d'une des parties, d'un témoin ou d'un expert, — dans le cas où la sentence a été rendue sur un document faux ou en conséquence d'un jugement criminel annulé dans la suite, ou a été obtenue grâce à un fait délictueux.

180. On s'accorde à reconnaître que la nouvelle législation a dérogé aux traités qui existaient autrefois entre les États Allemands et d'autres peuples, probablement parce que en 1870 il y a eu constitution d'un État nouveau, ce qui entraîne abrogation des conventions particulières de chaque État. On a vu cependant que le traité conclu entre le Grand-Duché de Bade et la France a été remis en vigueur et même étendu à l'Alsace-Lorraine par la convention du 11 septembre 1871, additionnelle au traité de Francfort. — Des négociations ont été entamées avec l'Autriche en 1880 (1).

(1) V. aussi infrà une convention avec la Russie (n° 221).

181. — II. ANGLETERRE (1). — Il n'y a pas en Angleterre de dispositions législatives sur la matière, mais seulement une jurisprudence. Les premiers monuments de cette jurisprudence remontent à Jacques Ier ; et l'on cite sous le règne de Charles II l'opinion de lord Nottingham, qui voulait donner effet sans revision à une sentence de divorce prononcée à l'étranger.

Cette jurisprudence distingue et sous-distingue à divers points de vue.

Et d'abord les actes de juridiction gracieuse sont séparés des actes de juridiction contentieuse et reçoivent exécution *de plano*.

Parmi les jugements proprement dits, les jugements par défaut ne reçoivent pas exécution, à moins qu'il ne soit prouvé que le défendeur a eu connaissance des poursuites dirigées contre lui.

Restent les jugements contradictoires. Ceux qui sont rendus entre étrangers de même nationalité reçoivent exécution sans difficultés. Quant aux autres, la jurisprudence ne paraît pas très bien fixée à leur égard, et c'est probablement ce qui explique l'étrange diversité qui se rencontre parmi les auteurs qui se proposent d'exposer la doctrine anglaise en nos matières. Tous conviennent que le jugement étranger n'est pas exécutoire de lui-même, qu'il sert seulement de titre dans l'action qui s'engage à nouveau devant le juge anglais. Mais quand il s'agit de déterminer la valeur de ce titre, l'accord cesse.

(1) V. Fœlix et Demangeat. — Story, ch. xv. — Phillimore, IV, ch. xLvi. — Wharton, § 829. — Fiore, *Sentenze*, I, p. 31. — Westlake, ch. xii, et dans le *Journal*, 1882, p. 20, Doctrine anglaise en mat. de Dr. Int. privé. — Alexander *De l'exéc. des j. étr. en Anglet. Journal*, 1878, p. 22, et 1879, p. 135 et 516. — Asser, *Rev. de Gand*, 1869. — Lemoine, Thèse, p. 218. — Thévenet, Thèse, n° 177. — Bar, § 125. — Piggott, *Foreign jadgments*. — X... *Foreign judgments* aus le *Law Magazine*, 1879, p. 417. — Valette, *Mélanges*, II, p. 347, note 2. — Laurent, *Dr. civ. Int.*, VI, p. 195, n° 109. — V. pour la jurisp. *Journal*, 1877, p. 248, et 1880, p. 600.

D'après les uns (1), le jugement étranger constitue une preuve complète et absolue du droit de celui qui l'invoque pourvu qu'il soit *in personam*, qu'il émane d'un tribunal compétent, respecte les principes du droit international et ne consacre pas une injustice évidente ; — s'il est *in rem*, il faut outre ces conditions qu'il ait été rendu par le tribunal de la situation des biens.

Selon d'autres, le jugement étranger n'est qu'un contrat obligatoire qui peut servir à fonder une action. Mais il y a division même entre ceux qui adoptent ce point de vue. D'après les premiers (2), il suffit pour que le jugement étranger ait force obligatoire et forme preuve absolue, qu'il soit exécutoire selon la loi étrangère ; — que la condamnation soit principale et liquide ; — que le tribunal étranger eût compétence ; — qu'il n'y ait dans la sentence ni fraude, ni irrégularité, ni injustice. — D'autres (3), outre ces conditions, exigent que le défendeur fût sujet du pays étranger ; qu'il y résidât au jour du procès ; — à moins qu'il n'ait expressément ou tacitement reconnu la compétence du tribunal étranger ; il en serait ainsi notamment si le défendeur actuel à l'*exequatur* avait saisi comme demandeur le tribunal étranger.

D'après d'autres (4), le jugement étranger sert de preuve absolue lorsqu'il émane d'un juge compétent, est régulier en la forme et a selon la loi étrangère l'autorité de la chose jugée.

Au témoignage d'autres encore (5), le jugement étranger fait preuve absolue des faits, et l'on ne peut plaider contre l'*exequatur* que l'un des moyens suivants : incompétence du juge étranger, — violation des principes du droit interna-

---

(1) V. en ce sens Fiore, loc. cit.
(2) V. Westlake, Alexander, Thévenet, locc. citt.
(3) V. l'opinion du juge Fry, rapportée dans le *Journal*, 1880, p. 602.
(4) V. Phillimore, loc. cit.
(5) V. Wharton, loc. cit.

tional, — fraude, — nullité de forme, — injustice évidente, — non-identité de l'objet du procès.

Dans une autre appréciation (1), le jugement fait preuve complète du droit, pourvu qu'il respecte les règles de compétence, les exigences de la justice internationale, l'ordre public et les bonnes mœurs.

D'après les derniers, tout jugement rendu à l'étranger par un juge compétent est déclaré exécutoire sans revision (2).

182. Malgré ces divergences on peut affirmer qu'en Angleterre, d'une part, le jugement étranger est sans valeur en tant que jugement, d'autre part, comme moyen de preuve, il a une force absolue, pourvu qu'il réunisse les conditions essentielles d'un jugement. D'ailleurs lorsque l'*exequatur* est refusé, on peut revenir par action au fond (*action of* assumpsit), où le jugement a la valeur d'un moyen de preuve ordinaire.

La jurisprudence anglaise tend, sans être très formellement dessinée en ce sens, à donner effet sans revision aux jugements sur l'état et la capacité. C'est ainsi qu'il a été jugé récemment qu'un jugement de divorce prononcé par le tribunal du domicile des deux parties était valable (3). Cependant on ne donnerait pas effet à la mort civile résultant d'une condamnation criminelle.

La condition essentielle pour l'*exequatur* d'un jugement est la compétence du juge qui l'a rendu. La compétence existe d'après la jurisprudence anglaise au profit du juge du domicile soit réel, soit élu, du défendeur ; au profit du juge de sa résidence, à défaut de domicile. On reconnaît aussi compétence au juge du lieu du contrat ; mais si le jugement est

---

1) V. Lemoine, loc. cit.

(2) V. Okey, *Droit d'aubaine de la Grande-Bretagne*, cité par Aubry, loc. cit.

(3) V. en ce sens Phillimore, IV, p. 408 ; — Story, § 499 et 594 ; — Wharton, § 261 ; — Westlake, § 402. — V. cep. Laurent, *Dr. Civ. Int.*, t VI, p. 198.

par défaut et que ce lieu ne se confonde pas avec le domicile du défendeur, le jugement ne sera exécuté que si le défendeur a eu réellement connaissance des poursuites engagées contre lui. Les plaideurs pourraient aussi par une convention expresse ou tacite donner compétence à un juge naturellement incompétent ; il est à remarquer que l'acceptation tacite de la compétence ne peut être opposée qu'au demandeur, le défendeur n'est jamais présumé avoir accepté la juridiction du juge. Au cas de convention expresse, un jugement par défaut peut être exécuté, alors même qu'il ne serait pas démontré que le défendeur a connu les poursuites.

Le jugement étranger peut être attaqué pour violation de la loi nationale du tribunal qui l'a rendu ; il est présumé l'avoir bien appliquée, mais la preuve du contraire peut être faite par tous les moyens possibles, même par l'aveu des parties; en général lorsque ce moyen est soulevé, le juge anglais s'adresse à un jurisconsulte du pays étranger. Mais on ne peut attaquer le jugement étranger pour erreur dans l'application qu'il a faite de la loi anglaise, ou plus généralement, selon une décision récente (1), d'une loi qui n'est pas sa loi nationale.

Le défendeur ne peut sur l'*exequatur* plaider des moyens qui auraient été omis devant le juge étranger.

L'exception de litispendance ne s'impose pas aux tribunaux anglais, qui peuvent ou forcer les parties à opter entre les deux juridictions saisies, ou choisir eux-mêmes entre la continuation de l'instance et le renvoi des parties devant le tribunal étranger déjà saisi.

L'exécution se poursuit, comme pour tout jugement anglais, par les soins du *sheriff* du comté où elle doit avoir lieu, sur la présentation d'un *writ* obtenu d'un bureau spécial par le demandeur et qui désigne le *sheriff* chargé d'exécuter.

(1) Dans le *Journal*, 1877, p. 248.

Les règles qui précèdeut sont en principe applicables aux jugements des tribunaux écossais et irlandais. Cependant une loi de 1868 a étendu à tout le Royaume-Uni l'autorité des jugements rendus par les Cours suprêmes, et le 15 mars 1882, la Chambre des communes a voté en seconde lecture un *Judgments (Inferiors Courts) bill* qui consacre la même disposition au profit des jugements des Cours inférieures (1).

183. La doctrine de la jurisprudence paraît avoir été consacrée par le Code de Procédure Civile pour l'île de Sainte-Lucie de 1879, approuvé par la reine en 1881, dont l'art. 416 porte qu'aucun jugement ne peut être exécuté sans un ordre (*writ*) libellé au nom du Souverain et adressé au *sheriff*.

Nous devons signaler aussi un *Act for amending foreign jurisdiction acts* du 13 août 1875 et un autre du 16 août 1878, dont nous n'avons pu retrouver le texte dans les *Hansards Parlementaries Debates*, malgré de patientes recherches (2).

184. III-IV. AUTRICHE-HONGRIE (3). — Les deux États ont eurs lois particulières qu'il faut étudier successivement.

185. — *A. Autriche.* — A proprement parler, il n'y a pas de loi, mais une jurisprudence solidement établie sur les

---

(1) V. Denis Weil, *Notice sur les trav. du Parl. anglais. Bull. de la Soc. de Législ. Comp.*, 1882, p. 471.

(2) Ils sont complètement cités dans l'*Annuaire de l'Institut de Droit international*, 1878, p. 222, et 1879-80, t. II, p. 142.

(3) V. Fœlix et Demangeat : — Thévenet ; — Lemoine ; — Fiore, *Sentenze*, I, p. 29 : — Wharton, IV, p. 310 ; — *Rev. de Gand*, VI, p. 503 ; — Lombard, *De l'exéc. des j. étr. en Autr.*, *Journal* 1877, p. 210 ; — Starr, *die Rechtshülfe in Oesterreich gegenüber dem Auslande* ; — von Püttlingen, *Handbuch des in Oesterreich - Ungarn geltenden Internationale Privatrechts* ; — dell'-Adami , *De l'exéc. des j. étr. Magyar Themis*, 1879. — X... *De la réciprocité en mat d'exéc. des j.*, *Magyar Jogasz*, 1878. — V. aussi le *Journal.* 1877, p. 210, et 1881, p. 169.

Hofdecret des 18 janvier et 18 mai 1799 et du 15 février 1805.

Le jugement étranger n'est déclaré exécutoire que sous les conditions suivantes :

1° Qu'il y ait réciprocité garantie par le pays d'où vient le jugement et constatée par une Cour suprême étrangère;

2° Que le jugement ait été rendu par un juge compétent;

3° Qu'il soit régulier en la forme ;

4° Qu'il ait l'autorité de la chose jugée, ce qui doit être attesté par le juge étranger lui-même ;

5° Qu'il ne consacre pas une injustice évidente.

La première condition : réciprocité, a pour conséquence d'exclure les jugements français. Telle est en effet la décision d'un *Hofdecret* du 1er mars 1809 et d'un arrêt de la Cour d'Appel de Vienne du 21 septembre 1830, et cette doctrine a été récemment rappelée au Tribunal supérieur (*Oberlandgericht*) par une lettre du Ministre de la Justice du 20 octobre 1875.

Pour obtenir l'*exequatur*, il faut ou bien prendre des lettres rogatoires du tribunal auteur du jugement, que l'on joint à une expédition authentique de ce jugement, et qui doivent constater la force exécutoire de ce dernier ; ou bien adresser directement requête au juge autrichien, en produisant une expédition authentique du jugement revêtue de la formule exécutoire. Il serait donc impossible d'intenter une demande au fond avec le jugement étranger comme titre (1).

La compétence appartient en matières civiles seulement aux tribunaux de l'ordre civil, et parmi ceux-ci au tribunal de première instance du lieu où l'exécution doit être poursuivie (2).

---

(1) Décis. minist. du 21 janv. 1853, du 5 juin 1865, du 29 févr. 1870. — Arrêt de la Cour de Trieste du 5 févr. 1875. — Contrà : Trib. Comm. Trieste, 29 mai et 12 oct. 1873. — Dans le *Journal*, 1877, p. 210.

(2) Loi d'organis. judic. du 20 nov. 1852. — Trib. Comm. Trieste, 7 juill. 1874.

L'exécution a lieu dans les formes prescrites en général par la loi autrichienne.

L'exéculion des jugements rendus en Transylvanie et en Hongrie est régie par des règles spéciales, mais qui ne diffèrent pas sensiblement de celles que nous venons de constater (1).

186. — *B. Hongrie.* — Jusqu'à ces derniers temps on suivait les mêmes principes qu'en Autriche. La matière vient d'être remaniée par la loi LX de l'année 1880, art. 3 à 5 (2).

A défaut de traité, un jugement étranger ne peut recevoir exécution que moyennant les conditions suivantes :

1° Qu'il y ait réciprocité, ce dont le demandeur doit justifier ;

2° Que le jugement ait acquis l'autorité de la chose jugée;

3° Que le tribunal étranger ait été compétent selon la loi hongroise;

(1) *Hofdecret* des 2 août 1792, 15 juill. 1793, 22 avril 1796, 24 nov. 1797, 19 juin 1813 et 24 nov. 1817.

(2) « Art. 3 : L'exécution des décisions des tribunaux étrangers ou des actes exécutoires étrangers revêtus de formules exécutoires est réglée en principe par les dispositions des traités. — A défaut de traité, l'exécution ne peut avoir lieu qu'au cas de réciprocité, dont il doit être justifié par celui qui la poursuit, et de plus sous les conditions suivantes: *a)* que l'exécution soit poursuivie en vertu d'une décision judiciaire passée en force de chose jugée ou d'une transaction consacrée par la justice; — *b)* que si le sujet hongrois a été condamné par défaut, l'acte de citation lui ait été régulièrement signifié en mains propres dans le pays où le jugement a été rendu ou, en cas d'absence de sa part, par l'entremise d'un tribunal hongrois; — *c)* que les tribunaux du pays dans lequel a été rendue la décision ou conclu l'accord qu'il s'agit d'exécuter, ait été compétent en vertu des dispositions de la présente loi; — *d)* que le résultat poursuivi par la voie de l'exécution ne tombe sous la prohibition d'aucune loi hongroise. — Art. 4 : L'exécution des décisions judiciaires et des transactions passées dans l'autre État de la Monarchie sera donnée purement et simplement sur la demande des tribunaux de cet État, sous condition de réciprocité, sauf le cas où le résultat poursuivi par la voie d'exécution tomberait sous la prohibition d'une loi hongroise. — Art. 5 : Dans les questions qui intéressent le statut personnel des sujets hongrois, les décisions judiciaires rendus contre un sujet hongrois par un tribunal étranger ne peuvent être exécutées en Hongrie. » (*Annuaire de la Société de Législ. Comp.*, 1882, p. 368.)

4° Que l'acte à obtenir par l'exécution ne soit pas prohibé par la loi hongroise ;

5° Si le jugement est par défaut et le condamné sujet hongrois, que la citation lui ait été signifiée régulièrement et en mains propres en pays étrangers ou en Hongrie par l'entremise des tribunaux hongrois (art. 3).

Nulle valeur n'est reconnue aux jugements étrangers qui intéressent le statut personnel d'un sujet hongrois (art. 5).

Pour les jugements autrichiens, l'exécution en est ordonnée sur la simple demande du juge qui les a rendus, sous la condition de réciprocité et pourvu que l'exécution ne comporte aucun acte prohibé par la loi hongroise (art. 4).

Il faut noter aussi que l'exécution, qui en général se poursuit sans entendre le défendeur, doit au contraire laisser place à ses explications, quand il s'agit d'exécuter un jugement étranger.

187. Le gouvernement austro-hongrois a conclu plusieurs traités sur la matière. D'abord une convention avec le Grand-Duché de Bade du 14 mai 1819, complétée par le traité du 28 mai 1838 ; la compétence devait être appréciée selon la loi du lieu où le jugement était rendu ; à cet égard les renseignements devaient être demandés au tribunal étranger et en cas d'insuffisance au Ministre de la Justice badois, et à la Cour suprême d'Autriche. — Puis le traité du 9 septembre 1840 avec la Prusse étendu peu après à la Prusse Rhénane ; il y était stipulé, à l'inverse de la convention précédente, que les jugements ne seraient exécutés que s'ils émanaient d'un juge compétent selon la loi du lieu d'exécution.

Ces conventions ont-elles disparu lors de la constitution de l'empire d'Allemagne ? Cela est à croire, car en 1880 des négociations ont été entamées entre l'empire d'Allemagne et l'Autriche-Hongrie en vue d'un traité sur la compétence et l'exécution des jugements.

188.— V. Belgique (1).— Avant l'annexion à la France, les jugements étrangers n'étaient exécutés que moyennant des lettres de *pareatis*. On trouve cependant un traité du 27 novembre 1615 entre la province de Brabant et l'Évêque-Duc de Liège, qui stipule l'exécution réciproque sans formalités.

Pendant la durée de la réunion à la France, la Belgique fut naturellement soumise aux règles des art. 2123 C. C. et 546 C. P. C. Elle les conserva encore en principe après le démembrement de 1814 et 1815 ; mais alors intervint une législation spéciale pour les jugements français.

189. En droit commun, on continua à appliquer l'art. 2123 C. C. jusqu'en 1851 et l'art. 546 C. P. C. jusqu'en 1876. La jurisprudence belge, comme la jurisprudence française, les interprétait dans le sens qui consacre le droit de revision (2).

La loi du 12 décembre 1851, en supprimant l'hypothèque judiciaire, a enlevé toute application à l'art. 2123 C. C., et le Code de Procédure promulgué le 25 mars 1876 a remplacé l'ancien art. 546 par les dispositions de l'art. 10 du Livre Préliminaire.

Ce dernier texte d'ailleurs consacre implicitement le droit de revision au fond, puisqu'il ne l'écarte que dans le cas où il y a un traité établissant la réciprocité ; alors seule-

(1) V. Asser, *Rev. Gand*, 1869, p. 88 ; — de Paepe, *De l'exéc. des décis. rendues en mat. civ. ou comm. par les juges étr.* ; — Fœlix et Demangeat ; — Laurent, *Dr. Civ.*, XX, 4, et *Dr. Civ. Int.*, VI. 86 ; — Thévenet, 181 ; — Lemoine, p. 300 ; — Humblet, *De l'exéc. du j. ét. en Belg. Journal*, 1877 p. 339 ; — Fiore, *Sentenze*, p. 21 et 55 ; — Valette, *Mél.*, II p. 341, note 1 ; — Polain, *Chronique pour la Belg., Journal*, 1874 p. 341 ; — Corlot, *Etude sur le Tit. 1 Liv. Prél. du C. P. C. belge. Bull. Soc. Lég. Comp.*, 1876, p. 520. — Oulif, *Trav. des chambres belges*, même Bull., 1879, p. 278. — V. aussi pour la jurisp. le *Journal*, 1875, p. 218 ; 1876, p. 297, 1880, p. 215 et 508 ; 1881, p. 13 et 99 ; 1882, p. 364.

(2) Trib. Anvers, 7 avril 1873 ; — Bruxelles, 22 juill. 1873. *Journal*, 1875, p. 218. — Cep. contrà : Bruxelles, 3 juin 1843.

ment l'examen du tribunal belge est limité aux principes d'ordre public aux règles de compétence, au respect des droits de la défense, à l'autorité de la chose jugée et à la régularité en la forme du jugement (1).

Pour les jugements sur l'état, la vérification est limitée aux principes de morale et d'ordre public (2).

La procédure en *exequatur* suit les règles applicables à toute demande ordinaire. Cependant le demandeur peut intenter une action au fond en produisant le jugement étranger comme titre (3).

La compétence, quant à l'*exequatur*, appartient exclusivement aux tribunaux civils de première instance (4).

Pour la valeur du jugement étranger avant l'*exequatur*, il a été jugé que, s'il était contradictoire, il formait titre suffisant pour valider une saisie-arrêt opérée en vertu d'une ordonnance rendue par le président du tribunal, sur la présentation de l'expédition authentique du jugement (5).

Les sentences arbitrales échappent à la revision, alors même qu'elles auraient été confirmées par jugement d'un tribunal étranger (6).

Aux termes de la loi d'organisation judiciaire du 18 juin 1869, art. 139 (7), les tribunaux ne sont tenus d'exécuter

(1) Liv. Prél, art. 10 : « Ils (les tribunaux depremière instance) connaissent enfin des décisions rendues par les juges étrangers en matière civile et en matière commerciale ; s'il existe entre lu Belgique et le pays où la décision a été rendue un traité conclu sur les bases de la réciprocité, leur examen ne portera que sur les points suivants : 1° si la décision ne contient rien de contraire à l'ordre public et aux principes du droit public belge ; — 2° si d'après la loi du pays où la décision a été rendue, elle est passée en force de chose jugée ; — 3° si d'après la même loi, l'expédition qui en est produite réunit les conditions nécessaires à son authenticité ; — 4° si les droits de la défense ont été respectés. » (*Bull. Soc. Lég. Comp.*, 1874-75, p. 112.)

(2) Bruxelles, 10 août 1880. *Journal*, 1880, p. 508. — Cass. 19 janv. 1882, *Journal*, 1882, p. 364.

(3) Liège, 23 juin 1875.

(4) Trib. Anvers, 7 avril 1873 ; — Bruxelles, 22 juillet 1875. *Journal*. 1875, p. 218.

(5) Trib. Anvers, 31 oct. 1873.

(6) Trib. Anvers, 27 juin 1873.

(7) « Ils (les juges belges) ne peuvent obtempérer aux commissions roga-

les commissions rogatoires émanées des tribunaux étrangers que s'ils en ont reçu l'ordre du Ministre de la Justice ; réciproquement ils ne peuvent les exécuter qu'avec son autorisation (1).

190. On a vu que l'art. 10 du nouveau Code de Procédure, d'ailleurs adopté malgré l'opposition de la commission et surtout du rapporteur M. Allard (2), n'admet l'exécution sans revision que lorsqu'elle est stipulée par un traité conclu sur les bases de la réciprocité. A la session du Parlement belge de 1878, un membre de la Chambre des Députés se plaignit qu'aucune négociation n'eût été entamée pour assurer l'exécution de cette disposition de l'art. 10 C. P. C. Le Ministre des Affaires étrangères, M. Frère-Orban, répondit qu'il examinerait s'il y avait utilité, avantage ou nécessité d'entamer des négociations dans ce but et avec quels pays. Malgré cette promesse, la Belgique est encore sans traités sur notre matière, et nous ne sachions pas que des négociations soient en voie d'aboutir avec quelque pays.

191. Voilà le droit commun. Mais les jugements français sont soumis à des règles spéciales contenues dans un arrêté-loi du roi des Pays-Bas en date du 9 septembre 1814 (3). Aux termes de cette disposition, les jugements français ne peuvent recevoir aucune exécution en Belgique, et les sujets belges peuvent n'en tenir aucun compte et débattre leurs droits à nouveau devant les tribunaux belges.

toires émanées des juges étrangers qu'autant qu'ils y sont autorisés par le Ministre de la Justice, et dans ce cas ils sont tenus d'y donner suite. »

(1) V. à ce sujet Trib. Bruxelles, 21 nov. 1875. *Journal*, 1876, p. 297.

(2) V. Docum. parlem. de la Belg. Chambre des Représ. Session de 1869-70, p. 189, et Session de 1872-73, p. 302.

(3) « Art. 1 : Les arrêts et jugements rendus en France n'auront aucune exécution en Belgique. — Art. 2 : Nonobstant ces jugements, les habitants de la Belgique pourront de nouveau débattre leurs droits devant les tribunaux qui y sont établis, soit en demandant, soit en défendant. »

Cet arrêté-loi, inspiré par un sentiment haineux et violent contre la France, est, du reste, assez mal fait. Pour désigner les sujets belges, il dit : les habitants de la Belgique. Il était d'ailleurs impuissant à l'égard des jugements rendus avant le démembrement de 1814 sous peine de porter atteinte aux droits acquis : il était inutile à l'égard des jugements rendus après le démembrement, l'art. 546 C. P. C. étant suffisant. Cependant lorsque l'abrogation en fut proposée en 1836, elle fut repoussée ; aussi la jurisprudence continua-t-elle à l'appliquer, et aujourd'hui encore, malgré les termes généraux de l'art. 10 du Code de 1876, on considère l'arrêté-loi de 1814 comme étant encore en vigueur.

Seulement, tandis que les uns y voient une défense absolue d'exécuter tout jugement français (1), d'autres l'interprètent seulement en ce sens que les jugements français sont soumis à la revision au fond (2).

On admet même quelques tempéraments à cette législation rigoureuse. Ainsi les jugements qui ne comportent pas d'actes matériels d'exécution sont déclarés exécutoires par ordonnance du tribunal de première instance rendue en Chambre du conseil. Les jugements sur l'état et la capacité échappent au droit de revision (3) ; un Belge qui a volontairement exécuté un jugement français ne peut plus s'opposer à ce qu'il reçoive exécution en Belgique (4).

192. — VI. Brésil (5). — Le règlement du 27 juillet 1878, publié en exécution de la loi du 4 août 1875 (6), reconnaît aux jugements étrangers, même sans *exequatur*, l'autorité

(1) Trib. Bruxelles, 2ᵉ Chambre, 20 déc. 1876.
(2) Trib. Bruxelles, 1ʳᵉ Ch., 10 févr. 1877.
(3) Bruxelles, 5 août 1880. S., 81, 4, 1. — Cass. 19 janv. 1882. S., 82, 4, 19.
(4) Bruxelles, 23 mai 1821.
(5) V. Thévenet, 196. — Lemoine, p. 297.
(6) V. *Annuaire de Législation Étrangère*, 1879, p. 736.

de la chose jugée, et permet de les exécuter avec l'autorisation des tribunaux brésiliens, mais à la condition :

Qu'il y ait réciprocité de la part du pays d'où ils viennent, qu'ils soient revêtus des formes exécutoires de la loi étrangère ;

Qu'ils aient selon cette même loi l'autorité de la chose jugée ;

Qu'ils aient été légalisés par le consul brésilien ;

Qu'ils soient accompagnés d'une traduction faite par un interprète assermenté.

L'*exequatur* peut être refusé :

Si le jugement blesse la Souveraineté brésilienne, par exemple ;

Si les sujets brésiliens ont été distraits de leurs juges naturels ;

S'il viole les lois d'ordre public, notamment celles qui régissent l'organisation de la propriété territoriale ;

S'il est contraire à la morale.

Aucun privilège n'est attaché à la nationalité.

Le Brésil a conclu des conventions pour l'exécution des lettres rogatoires avec le Paraguay, le 5 novembre 1879 ; — avec la Bolivie, le 22 décembre de la même année ; — avec le Pérou le 29 septembre 1879 (1).

193. — VII. CHILI (2). — Les lois chiliennes ne renferment aucune disposition expresse sur l'exécution des jugements étrangers. Cependant l'esprit général des articles qui composent le Titre Préliminaire du Code Civil promulgué le 14 décembre 1855 pour entrer en vigueur le 1er janvier 1857, ne paraît pas favorable à une exécution sans revision. En tous cas les immeubles chiliens échapperaient-ils aux conséquences des jugements étrangers. De même, on refuserait

---

(1) V. *Ann. Lég. Etr.*, 1879, p. 908 et 1882, p. 846.
(2) V. Oudin. *Étude sur le Code Civil du Chili. Bull. Soc. Lég. Comp.*, 1788, p. 508.

tout effet aux jugements intéressant l'état et la capacité des sujets chiliens.

194. — VIII. DANEMARK (1). — Ici aussi, les textes précis manquent.

Aussi la question est-elle très controversée.

Cependant, comme c'est un principe du droit danois que seul un jugement danois peut être ramené à exécution, on s'accorde à reconnaître que le jugement étranger ne pourra servir qu'à obtenir un jugement du tribunal danois, et que ce dernier jugement seul recevra exécution.

Sur tout le reste, les avis sont partagés. Mais dans l'opinion la plus répandue, les jugements étrangers ont *de plano* l'autorité de la chose jugée, et le jugement d'exécution n'est accordé que si le jugement émane d'un tribunal compétent selon la loi danoise, s'il a acquis l'autorité de la chose jugée selon la loi étrangère, si d'après la même loi il est exécutoire, enfin si l'exécution n'a pas pour but un fait contraire à l'ordre public.

L'exécution a lieu conformément à la loi danoise.

195. Ces controverses cesseront prochainement. La question de l'exécution des jugements étrangers est prévue par le projet de Code Civil actuellement en préparation, dans les paragraphes 436 et 443 (2). Le paragraphe 436 permet

---

(1) V. Fœlix et Demangeat. — Lemoine, p. 285. — Asser, *Rev. Gand*, 1869, p. 93. — Goos, *De l'exéc. des j. étr. en Danemark. Journal*, 1880, p. 368.

(2) § 436 : « L'exécution pourra en outre s'effectuer en vertu des jugements et ordonnances rendus par des tribunaux étrangers ou par d'autres autorités étrangères à ce compétentes, pourvu : *a*) que la partie ait pu, selon les principes de loi danoise, être rendu justiciable en l'espèce du Tribunal ou de l'autorité étrangère ; — *b*) que le jugement ou l'ordonnance soit, en l'état, exécutoire d'après les lois du pays étranger en question ; — *c*) que le jugement ou l'ordonnance ne porte pas sur un objet dont la réalisation au moyen du pouvoir exécutif de l'État porterait atteinte à des prescrits ou à des principes qui son inviolables suivant la législation danoise. — Un décret royal indiquera les États qui, quant à l'exécution des jugements et des ordonnances, rentreront dans le présent paragraphe. — Quant à la Suède, il n'est rien innové à la loi

d'exécuter les jugements qui réunissent les conditions que nous venons d'indiquer, et ajoute qu'un décret royal indiquera les États dont les jugements pourront être exécutés moyennant ces conditions. D'après le paragraphe 443, l'exécution doit être demandée au magistrat spécialement chargé de l'exécution des jugements (*fogd*). Le demandeur est tenu de démontrer que les conditions exigées par le paragraphe 436 sont remplies. Moyennant ce, le *fogd* procède à l'exécution du jugement étranger suivant les règles applicables à l'exécution des jugements danois.

196. Il existe entre le Danemark et la Suède une convention du 25 avril 1861, conclue en exécution de la loi danoise du 19 février 1861. L'exécution des jugements, ordonnances et bordereaux de frais de greffe et de timbre rendus en Suède est autorisée moyennant le visa de l'*Overstatholder* de Stockholm ou d'un *Landshovning* (préfet) (art. 1-2). — Il est fait exception au cas où a eu lieu en Suède le partage public des biens du débiteur (art. 4). — Les jugements suédois sont soumis aux règles établies par les lois danoises pour la prescription des jugements, excepté lorsque le jugement a accordé des aliments à une femme séparée ou délaissée, ou à des enfants légitimes ou illégitimes (art. 3). — L'exécution a lieu dans les formes de la loi danoise (art 5).

du 19 février 1861. » — § 4443 : « Celui qui requiert l'exécution en vertu d'un jugement ou d'une ordonnance étrangers, sera tenu, en adressant sa demande à cette fin au *fogd* (juge qui procède à l'exécution), de représenter devant ledit magistrat les renseignements qu'il appartiendra, pour vérifier si les conditions indiquées au paragraphe 436 sont remplies. — Si le chef dont il est dit au paragraphe 436 à la lettre *b* n'est pas justifié au moyen d'un certificat émanant de l'autorité étrangère compétentente et apposé à l'expédition du jugement ou de l'ordonnance (quant à ce, un décret royal pourra indiquer les autorités étrangères qualifiées pour délivrer un tel certificat), il faudra produire devant le *fogd* les preuves requises d'après les principes du droit danois pour constater le droit étranger. — Cela fait, le *fogd* rendra une ordonnance déclarant le jugement ou l'ordonnance pourvus de la force exécutoire qui leur appartiendrait s'ils avaient été rendus par un tribunal danois, et l'exécution aura lieu suivant les règles qui s'appliquent aux jugements et aux ordonnances de l'intérieur. »

197. — IX. Espagne (1). — Jusqu'en 1855, la matière n'était régie que par de très anciens textes, qui déclaraient seuls exécutoires les jugements rendus par les juges espagnols au nom du Roi (2).

La *Ley de Enjuiciamento Civil* du 5 octobre 1855 en traite dans ses art. 923 et 924, 926 à 929 (3).

Elle réserve avant tout les stipulations des traités.

En l'absence de convention diplomatique, elle exige comme condition essentielle la réciprocité de la part du pays où le jugement a été rendu. Il faut en outre que ce jugement ait été rendu en matière personnelle et contradictoirement, et qu'il présente toutes les conditions exigées par la loi espagnole en même temps que par la loi étrangère pour la validité d'un jugement ; il faut enfin que l'obligation qu'il sanctionne soit licite selon la loi espagnole. — Lorsque le pays d'où vient le jugement n'a ni loi ni jurisprudence sur l'exécution des jugements étrangers, les conditions précédentes suffisent, à défaut de réciprocité constatée.

La jurisprudence applique très libéralement cette loi. La revision au fond n'est guère plus pratiquée que pour les jugements portugais ; les jugements des autres peuples ont *de plano* l'autorité de la chose jugée (4). Il en était ainsi spécialement pour les jugements français depuis 1867 (5), où un arrêt a fait jurisprudence depuis lors invariable jusqu'à la rupture des négociations dont nous avons parlé (6), à la suite de laquelle *l'exequatur* a été, par mesure de rétorsion, refusé à un jugement français (7).

---

(1) V. Silvela, *De l'exéc. des j. étr. en Espagne. Journal*, 1881, p. 20. — Fœlix et Demangeat. — Asser, *Rev. Gand*, 1859, p. 91. — Fiore, *Sentenze*, I, p. 24. — Thévenet, Thèse, n° 184. — Lemoine, Thèse, p. 292.

(2) *Fuero viejo de Castilla ; Leyes de toro de Ferdinand et Isabelle.*

(3) V. *Gaz. des Trib.* du 17 déc. 1855, pour le texte.

(4) Trib. Supr., 28 mai 1880. *Journal*, 1881, p. 365.

(5) Arrêt du Trib. Suprême du 22 octobre 1870.

(6) V. IIe Partie, ch. v, sect. ii, n° 146.

(7) Trib. Suprême, 22 déc. 1880.

L'*exequatur* est donné par le Tribunal Suprême de justice.

Le demandeur doit produire une traduction officielle du jugement étranger faite par le Service de l'Interprétation des Langues qui dépend du Ministère des Affaires Étrangères ; il y joint un exposé succinct signé par un avocat (*abogado*) et un avoué (*procurador*). Citation (*real provision*) doit être adressée au défendeur, qui a trente jours pour comparaître et présenter ses observations écrites. Le Procureur Général (*Fiscal*) donne ses conclusions écrites aussi. L'arrêt est rendu sans débat public ; il n'est pas susceptible de recours, émanant de l'autorité judiciaire suprême.

Si l'*exequatur* est accordé, provision royale est adressée au tribunal compétent pour qu'il ordonne au juge de première instance du domicile du défendeur ou à celui du lieu où l'exécution doit être faite de procéder à cette exécution selon les formes de la loi espagnole.

Il est utile, pour mieux assurer l'authenticité du jugement, d'en faire opérer la transmission par la voie diplomatique ; mais cette formalité, jadis obligatoire, d'après le décret royal du 17 septembre 1852, n'est plus que facultative, le Code de 1855 ayant abrogé le décret de 1852.

La réforme du Code de Procédure Civile de 1881 n'a apporté aucune modification aux règles qui précèdent, et qui restent par conséquent en vigueur dans leur ensemble.

198. Il reste à signaler un traité conclu le 30 juin 1851 avec la Sardaigne et que l'on considère aujourd'hui comme applicable à toute l'Italie unifiée (1). Il stipule que l'exécution aura lieu moyennant ces lettres rogatoires (*exhorto*) adressées au tribunal d'appel (*audiencia del territorio*) du lieu où l'exécution doit être réalisée. L'examen de ce tribunal est limité aux points suivants :

(1) Trib. Sup., 2 octobre 1880.

Incompétence du juge étranger,

Contravention aux lois prohibitives du pays où l'exécution est poursuivie,

Défaut de citation du défendeur, injustice évidente.

Rappelons aussi que, en 1870, des négociations avaient été engagées avec la France et qu'elles n'ont échoué que devant l'opposition acharnée de quelques sénateurs français.

199. — X. ÉTATS-UNIS (1). — A. *Relations des États entre eux.* — Aux termes de l'art. 4, § 1 de la Constitution et de divers actes du Congrès en date du 26 mai 1790 et du 27 mars 1804, les jugements rendus par les tribunaux d'un État jouissent dans les autres États de l'autorité de la chose jugée de plein droit. Mais ils ne donnent pas de même l'hypothèque judiciaire ; un *exequatur* est nécessaire pour prendre inscription, comme aussi pour procéder aux actes d'exécution réelle. La jurisprudence exige que le jugement ne viole pas les règles de compétence en vigueur dans l'État où l'exécution est poursuivie ; elle ne reconnaît même compétence aux tribunaux d'un autre État que si les deux parties avaient leur résidence dans cet État (2). Il faut également que le défendeur ait comparu, ou du moins qu'il ait été régulièrement cité et que son défaut ait été légalement constaté (3).

Il n'y a pas lieu à l'exception de litispendance au cas où, une instance étant pendante devant les tribunaux d'un État, la même action est portée devant les juges d'un autre État.

---

(1) V. Beach-Lawrence, IV, p. 545 ; — Story, § 608 ; — Phillimore, IV, p. 741 ; — Wharton, p. 516 ; — Fœlix et Demangeat ; — Bar, § 125 ; — Lemoine, p. 283 — Fiore, *Sentenze*, I, p. 36 et 88 ; — Coudert frères, *De l'exéc. des j. étr. aux États-Unis. Journal*, 1879, p. 21 ; — Valette, *Mél.*, I, p. 347, note 2 ; — Magne, *Notice sur le Code Civil de la Louisiane. Bull. Soc. Législ. Comp.*, 1872, p. 216. — V. pour la jurisp. *Journal*, 1880, p. 313.

(2) Cour Suprême du Minnesota, 25 avril 1878. *Journal*, 1880, p. 313.

(3) Cour d'appel de New-York, 21 janv. 1878. *Ibid.*

200. — B. *Relations des États avec les nations étrangères.*—Le système suivi aux États-Unis se rapproche sensiblement de celui que nous avons constaté en Angleterre. En réalité, ce n'est pas le jugement étranger lui-même qui est mis à
exécution. Ce jugement a la valeur d'un acte obligatoire et
sert de fondement à une action qui se forme devant les tribunaux américains et qui se termine par un jugement américain aussi, lequel sera seul ramené à exécution.

Dans cette instance le jugement étranger a une force considérable; il est tenu pour définitif en ce sens qu'il forme
preuve complète et absolue du droit, et qu'on ne peut invoquer contre lui que des motifs qui n'atteignent pas le fond
de la sentence. Les tribunaux américains ne peuvent vérifier que les points suivants:

1° Si le jugement a été rendu par un juge compétent, mais
la compétence doit être appréciée selon la loi américaine;
et par exemple on a refusé de sanctionner un jugement
français qui avait statué sur une demande en pension ali-
mentaire entre Américains (1);

2° Si le défendeur a été régulièrement cité ;

3° Si le jugement est régulier en la forme ; il doit en conséquence être revêtu des formes légales et en outre être
légalisé par le consul ou le ministre des États-Unis ;

4° S'il a acquis selon la loi étrangère l'autorité de la chose
jugée ;

5° S'il ne renferme pas d'injustice évidente ;

6° S'il n'a pas été obtenu par fraude.

Quant aux jugements rendus sur les questions d'état et
de capacité, la jurisprudence est hésitante ; et si l'on trouve
des décisions qui les admettent à effet sans *exequatur*, il
en est d'autres aussi qui les soumettent à la nécessité commune d'un recours aux tribunaux américains. La même in-
décision existe quant aux incapacités qui résultent des con-

(1) Cour de Circuit de New-York, 24 févr. 1873. *Journal*, 1874, p. 45.

damnations criminelles prononcées par les tribunaux étrangers ; les uns leur donnent effet, d'autres au contraire les méconnaissent absolument.

L'instance en exécution du jugement étranger est portée au juge du lieu où l'exécution doit se poursuivre. Sa décision est susceptible d'appel.

L'exception de litispendance n'existe pas plus de tribunal étranger à tribunal américain qu'entre les tribunaux des différents États américains.

Les jugements étrangers ne sont soumis à aucun droit fiscal.

201. Quelques-uns des États américains possèdent une législation spéciale relativement aux jugements étrangers. Il en est ainsi notamment de la Louisiane. Tous les jugements venant de l'extérieur, soit d'un autre État de l'Union, soit d'un pays d'une autre nationalité, ne peuvent être mis à exécution qu'après avoir été sanctionnés par un tribunal local ; il y a exception cependant pour les actes de juridiction, gracieuse, notamment pour les jugements qui nomment un administrateur aux biens. Le demandeur doit remettre au tribunal local un dossier complet. D'ailleurs le jugement étranger forme preuve entière du droit, pourvu qu'il émane d'un juge compétent, ait été rendu contradictoirement et soit définitif. Mais ces trois caractères doivent être appréciés selon la loi louisiannaise et non pas selon la loi étrangère du pays où le jugement a été rendu. Enfin on n'accorderait aucun effet au jugement s'il renfermait quelque chose de contraire aux lois de la Louisiane. — Quant à l'hypothèque judiciaire, elle n'est attachée ni aux jugements des tribunaux des autres États américains, ni à ceux qui émanent de juges étrangers (1).

(1) C. C., art. 3294.

202. — XI. Grèce (1). — Lalégislation de ce pays distingue le cas où toutes les parties qui ont plaidé devant le juge étranger étaient de nationalité étrangère, et le cas où l'une au moins de ces parties, soit le demandeur, soit le défendeur, était Hellène.

Au premier cas, le jugement étranger est bien soumis à un *exequatur*, mais les seuls points que le juge saisi à cet effet ait à examiner sont :

Si le jugement a été rendu par un juge compétent ;

S'il est régulier en la forme ;

Si les droits de la défense ont été entièrement respectés ;

Si le jugement n'a rien de contraire aux lois ou à l'ordre public hellènes.

L'*exequatur*, s'il y a lieu, est donné par ordonnance du président du tribunal civil.

Au second cas, la demande en *exequatur* est portée devant le tribunal tout entier. Celui-ci a alors la faculté de reviser le jugement au fond. En règle générale, l'*exequatur* n'est refusé que si le jugement étranger manque d'une des conditions qui viennent d'être énumérées sous le premier cas, ou bien lorsque sa décision est manifestement en contradiction avec des faits prouvés.

Dans tous les cas, le jugement étranger même sans *exequatur* constitue un titre suffisant pour prendre inscription dè l'hypothèque judiciaire.

La compétence pour connaître des demandes en *exequatur* appartient aux tribunaux de première instance ou à leurs présidents, suivant la distinction qui vient d'être faite.

L'*exequatur* peut être accordé à certaines parties du jugement et refusé à d'autres parties.

Lorsqu'il est accordé, l'exécution se poursuit en confor-

(1) V. Asser, *Rev. Gand*, 1859, p. 94 ; — Fiore, *Sentenze*, I, p. 25 ; — Lemoine, p. 298 ; — Saripolos, *De l'exéc. des jug. étr. en Grèce. Journal*, 1880, p. 173.

mité des lois hellènes ; c'est ainsi que pour obtenir l'exécution forcée, on devra obtenir une ordonnance spéciale du président du tribunal.

Si l'*exequatur* est refusé, le fond est retenu par le tribunal hellène, qui statue lui-même.

Tout jugement sur l'*exequatur* est susceptible des mêmes voies de recours qu'un jugement rendu sur une demande ordinaire.

La Grèce n'a aucun traité sur l'exécution des jugements.

203. — XII. Haïti (1). — On suit encore dans ce pays l'art. 546 du Code français de Procédure Civile toujours en vigueur, et l'art. 1890 du Code Civil reproduit en substance les dispositions de notre art. 2123 C. C.

204. — XIII. Italie (2). — Avant la réalisation de l'unité italienne, chacun des Etats de la Péninsule avait naturellement ses règles spéciales.

En Toscane, à défaut de traité réglant la matière, les jugements étrangers étaient soumis à la revision au fond (3).

Dans le royaume de Naples, l'art. 2009 du Code Civil et l'art 636 du Code de Procédure civile reproduisaient le texte des art. 2123 et 546 des Codes français, et de même qu'en France l'interprétation de ces textes divisait la doctrine et la jurisprudence.

Les États Romains jouissaient d'une législation particulièrement libérale ; en l'absence de tout traité, en dehors de toute réciprocité, le jugement étranger était déclaré exé-

---

(1) V. Fœlix et Demangeat.

(2) V. Fiore, *Sentenze*, I, p. 141 et 285 ; — *Dr. Int. Privé*, p. 392 ; — *De l'exéc. des j. et actes étr. en Italie. Journal*, 1878, p. 235, 1879, p. 244 ; — Norsa, note sous un arrêt, *Journal*, 1874 , p 93 ; — Thévenet, 188 ; — Lemoine, p. 272 ; — Féraud-Giraud, *France et Sardaigne*. — Pour la juris., V. *Rev. Gand*, 1874, p. 250 ; 1878, p. 78 et 207 ; — *Journal*, 1874, p. 138 ; 1876, p. 217 ; 1877, p. 515 ; 1879, p. 74 et 292 ; 1881, p. 536.

(3) Régl. sur la Procédure Civile de 1814, art. 794, loi du 2 mai 1836, art. 67.

cutoire sur lettres rogatoires du tribunal qui l'avait rendu et sans revision au fond, pourvu qu'il remplît les conditions essentielles d'avoir été rendu par un juge compétent, d'avoir l'autorité de la chose jugée et d'être régulier en la forme (1).

Dans le duché de Modène, à défaut de traité, le demandeur devait assigner le défendeur en *exequatur*. Ce défendeur avait un délai de huit jours pour comparaître et s'opposer à l'*exequatur* par tous les moyens possibles ; s'il ne le faisait pas, le jugement était déclaré exécutoire après un examen sommaire destiné à vérifier si le jugement était régulier en la forme, et si dans le fond il ne consacrait pas une iniquité flagrante.

A Parme, on appliquait une distinction analogue à celle de notre Ordonnance de 1629. Si le jugement était rendu contre un national, le tribunal parmesan avait la faculté d'examiner le fond ; s'il était rendu contre un étranger, son examen se limitait au respect de l'ordre public et de la compétence des tribunaux nationaux.

Dans le royaume de Sardaigne enfin, les Royales Constitutions de 1770, l'édit du 16 juillet 1822 et le Code Albert par ses art. 1466 et 2181 exigeaient avant tout la condition de réciprocité, soit qu'elle eût été stipulée dans un traité, soit même qu'elle existât en fait seulement en vertu d'une loi ou de la jurisprudence du pays où le jugement en question avait été rendu. Si cette condition était remplie, l'examen des juges sardes se limitait aux conditions essentielles de validité d'un jugement, de respect de l'ordre public, d'absence d'iniquité évidente. Si elle n'était pas remplie, le jugement étranger subissait l'examen au fond. — Le Code de Procédure Civile de 1854 donnait compétence pour l'*exequatur* à la Cour d'appel du lieu où l'exécution devait s'accomplir, et reconnaissait à cette Cour le droit

---

(1) Décret du 11 mars 1820, confirmé par le Règlement du 10 nov. 1834. V. le texte dans Toullier, X, 93.

14

de reviser les jugements rendus contre un sujet sarde ; les autres échappaient au droit de revision.

205. Aujourd'hui dans l'Italie unifiée, la matière est régie par les art. 941 et suivants du Code de Procédure Civile de 1865 reproduisant le Code Sarde de 1859, et par les art. 10 à 12 des Dispositions Préliminaires du Code Civil. Ces textes ont fait disparaître la nécessité de la réciprocité ; l'*exequatur* sera accordé moyennant la réunion des conditions suivantes :

1° Que le jugement ait été rendu par un tribunal compétent : en principe la compétence doit s'apprécier selon la loi du pays où le jugement a été rendu (1) ; mais on repousse la compétence exceptionnelle de l'art. 14 C. C. français (2), et en général toute règle qui usurperait sur la compétence normale des tribunaux italiens (3) ;

2° Que le défendeur ait été régulièrement cité dans les formes prescrites par la loi étrangère (art. 10 Dispos. Prélim. C. C.) ; cependant l'irrégularité de la citation serait couverte par la comparution volontaire du défendeur (4) ;

3° Que les parties aient dûment comparu ou du moins que leur défaut ait été légalement constaté, toujours dans les conditions déterminées par la loi étrangère ; — l'*exequatur* a été refusé à un jugement qui n'avait condamné le défendeur que parce qu'il était défaillant (5) ;

4° Que le jugement ait acquis force exécutoire selon la loi étrangère ; — c'est ainsi qu'un jugement frappé de prescription d'après la loi en vigueur auprès du tribunal qui l'avait rendu a été écarté (6) ;

(1) C. C., art. 10 ; Milan, 21 sept. 1879. *Journal,* 1881, p. 536. — Contrà : Turin. 23 déc. 1872.

(2) Brescia, 14 sept. 1875. ¡V. cep. Naples, 18 mars 1865. *Journal,* 1881, p. 542.

(3) Palerme, 28 mars 1881. *Journal,* 1881, p. 536,

(4) Cass. Turin, 6 octobre 1872, cité par Fiore. *Journal,* 245.

(5) Cas., Turin, 28 août 1874. *Journal,* 1879, p. 294.

(6) Milan, 22 nov. 1873. *Journal,* 1874, p. 93.

5° Qu'il ne blesse aucun des principes du droit italien qui intéressent l'ordre public.

Les jugements rendus sur les questions d'état et de capacité produisent effet de plein droit et sans *exequatur*, si ce n'est dans les conséquences qu'ils peuvent avoir relativement aux biens.

Les actes de juridiction gracieuse sont assimilés aux actes publics passés à l'étranger et régis par la règle *Locus regit actum*.

L'hypothèque judiciaire ne résulte pas de plein droit des jugements étrangers ; il faut un *exequatur* comme pour les actes d'exécution réelle (art. 1973 C. C).

206. Les demandes en *exequatur* doivent être portées devant la Cour d'Appel du lieu où l'exécution doit se poursuivre, en principe donc devant la Cour de la situation des biens du défendeur, et à défaut de celle-ci, devant la Cour du domicile de ce défendeur (1).

L'instance est introduite soit par la production des lettres rogatoires, lorsqu'elle est exigée par une convention diplomatique, soit par une citation directe au défendeur dans la forme prescrite pour les affaires sommaires. La procédure suit son cours comme en matières sommaires. Le Ministère Public est entendu (art. 942 C. P. C).

Le jugement étranger doit être présenté en la forme authentique telle que la règle la loi du pays où il a été rendu. On trouve cependant des décisions judiciaires (2) qui reconnaissent que l'authenticité résulte du seul fait que le jugement a été transmis par la voie diplomatique. Le jugement doit avoir été légalisé par le Ministère des Affaires Étrangères ou par le consul italien; il faut cependant relever une exception faite en faveur des jugements autri-

(1) Milan, 29 oct. 1877. *Journal,* 1879, p. 214.
(2) Milan, 10 mars 1866, cité par Fiore, *Sentenze,* I, p. 79, note 1, et *Journal,* 1879, p. 245. — Cass., Florence, 29 mars 1883. S., 83, 4, 23.

chiens et hongrois qui sont exécutoires dans les ressorts des Cours d'Appel de Venise, de Brescia et de Milan, après avoir été légalisés par les tribunaux supérieurs de Trieste, d'Inspruck ou de Zara. — Au jugement lui-même doit être jointe une traduction italienne également légalisée. Le tout doit être rédigé sur papier timbré d'un franc, et toutes les pièces sont soumises à la nécessité de l'enregistrement.

207. Le jugement sur l'*exequatur* peut, dans l'opinion la plus généralement admise, être attaqué par le recours en cassation ; toutefois la question est controversée parce que l'art. 517 du Code de Procédure Civile n'autorise expressément cette voie de recours que contre les jugements rendus sur appel, et que le jugement d'*exequatur* est rendu directement par la Cour d'Appel, sans qu'on ait passé par les tribunaux de première instance (1).

Le jugement étranger déclaré exécutoire produit en Italie tous les effets que lui attribue la loi du pays où il a été rendu. Cependant il a été jugé récemment que les tribunaux italiens pouvaient accorder des délais pour l'exécution d'un jugement étranger qu'ils déclaraient exécutoire, et qu'ils pouvaient le faire par une décision même distincte de celle qu donne l'*exequatur* et postérieure à celle-ci (2).

208. Avant l'*exequatur*, le jugement étranger peut servir à obtenir du préteur l'autorisation de faire une saisie conservatoire (3) ; mais pour que la saisie faite dans ces conditions soit confirmée, il faut que le jugement qui lui a servi de base ait été revêtu de l'*exequatur*.

L'instance engagée devant un tribunal étranger ne donne pas une exception de litispendance contre une demande ayant

(1) Cass., Florence, 23 déc. 1867. — Cass. Naples; 5 sept 1869. Fiore, *Journal*, 1879, p. 248.

(2) Pérouse, 22 mars et 2 août 1877. *Journal*, 1881, p. 542.

(3) Cass., Naples, 29 janv. 1873.

le même objet et qui serait formée devant un tribunal italien. Par contre une demande en *exequatur* d'un jugement étranger devrait s'arrêter si une demande était formée devant un tribunal italien sur les mêmes questions qu'aurait jugées la sentence étrangère dont l'*exequatur* est réclamé (1).

209. Après les annexions qui ont unifié l'Italie, la jurisprudence italienne a eu à statuer sur la valeur des jugements rendus avant l'annexion dans les provinces annexées. Elle s'est divisée sur cette question délicate que nous avons étudiée dans notre seconde Partie (2), et tandis que certains arrêts les soumettaient au *pareatis* (3), d'autres les tenaient pour exécutoires *de plano* (4).

210. Rappelons que l'Italie est liée envers la France par le traité de 1760 et peut-être par la déclaration de 1860 (5), et envers l'Espagne par le traité du 15 mai 1851. Enfin elle a conclu avec la Russie le 21 juin-3 juillet 1877 une convention relative à la transmission des exploits et des commissions rogatoires, et nous parlerons plus bas d'une convention avec la Russie et la Turquie pour l'institution de commissions mixtes.

211. — XIV. MEXIQUE (6). — Nos renseignements sont sur cette législation très incomplets.

Nous ignorons quelles sont, au point de vue de l'exécution réciproque des jugements, les relations qui existent entre les différents États dont la fédération forme le Mexique.

---

(1) Cass., Florence, 20 mai 1880. *Journal*, 1881, p. 547.
(2) V. supra, n°ˢ 56-65.
(3) Milan, 15 nov. 1860; — Florence. 10 juin 1873.
(4) Cass., Milan, 20 déc. 1851; — Gènes, 15 juin 1860; — Turin, 10 déc. 1869. V. Fiore, *Journal*, 1878, p. 235.
(5) V. II° partie, ch. v, sect iv, § 2, n°ˢ 55 et suiv.
(6) V. Limantour et Montluc, *Notice sur l'organ. judic. au Mexique. Bull. Soc. Lég. comp.*, 1876, p. 519; — Manuel Aspiroz, *Codigo de extranjera*, compte rendu par Montluc, même Bull. 1876, p. 380.

Pour les jugements rendus par les tribunaux des pays étrangers, nous avons quelques données, mais assez peu précises.

Il est certain cependant que la demande d'*exequatur* rentre parmi les cas fédéraux, et que la connaissance en appartient exclusivement aux tribunaux fédéraux, à l'exclusion des juges particuliers des États.

De plus le Code de Procédure Civile de la Basse-Californie, dont les dispositions ont été adoptées par la plupart des autres États, admet dans son art. 1710, § 1, l'exécution des jugements étrangers en matières personnelles.

Pour les jugements rendus en matières réelles, la loi est muette. Le tribunal de Mexico a récemment refusé l'*exequatur* à un tel jugement dans un arrêt du 26 mars 1874 ; mais le Ministère public a fait appel de cette sentence (1). Nous ignorons quelle solution a eu cet appel.

212. — XV. Principauté de Monaco (2). — Aux termes de l'art. 232 du Code de Procédure, c'est au Prince qu'est réservé le droit d'accorder ou de refuser l'*exequatur*, ce qu'il peut faire d'ailleurs *ad nutum*.

Voici quelle est la procédure suivie en pratique.

L'avocat-défenseur chargé de demander l'*exequatur* rédige une requête contenant un exposé sommaire des faits, à laquelle est jointe une expédition du jugement. Cette expédition doit être légalisée par le consul, le chargé d'affaires ou le Ministre plénipotentiaire de Monaco, selon les cas. Spécialement un jugement français rendu dans une ville de province où il y a un consul de la Principauté, devra être légalisé par ce consul ; un jugement rendu à Paris ou dans une ville de province qui n'a pas de consul monégasque,

---

(1) V. *Journal*, 1874, p. 276.

(2) V. de Loth, *De l'exéc. des jug. et actes étr. dans la Principauté de Monaco. Journal* 1877, p. 121 ; — Lemoine, p. 307 ; — X... *De l'exéc. des j. et actes étr. dans la Princ. de Monaco, Juristen Zeitung,* 1877.

sera légalisé par le Ministre de la Justice française, puis par le Ministre des Affaires Étrangères français, enfin par le Ministre plénipotentiaire de Monaco. Dans tous les cas la légalisation doit avoir lieu sans frais. En pratique, si le jugement est invoqué par un Français habitant la Principauté, le Français s'adresse à son consul, qui obtient par la voie diplomatique la légalisation.

Si le jugement étranger a été rendu par défaut, le demandeur doit produire un acte constatant qu'il est encore exécutoire selon la loi du pays où il a été rendu, et un certificat du greffier du tribunal qui a prononcé le jugemeut constatant qu'il n'a été formé aucun recours.

Si le jugement est contradictoire, il sera prudent, mais non pas rigoureusement nécessaire, d'établir que l'exécution n'avait pu être poursuivie en pays étranger, parce que le débiteur ne possédait pas de biens dans ce pays.

Toutes les pièces du dossier doivent être timbrées et enregistrées à Monaco.

Le dossier est remis à l'avocat général, qui l'examine, vérifie notamment si les pièces sont régulières en la forme, si le jugement ne renferme rien de contraire aux bonnes mœurs, aux lois et usages de la Principauté ; puis l'avocat général fait un rapport, auquel il joint, s'il conclut à donner l'*exequatur*, un projet d'ordonnance.

Enfin le Prince prend connaissance du dossier, et sanctionne ou repousse le projet d'ordonnance de l'avocat général. Parfois l'ordonnance réserve à un débiteur condamné par défaut la voie de l'opposition.

Lorsque l'*exequatur* est accordé, le jugement et l'ordonnance sont déposés au greffe du Tribunal supérieur de la Principauté, où les parties peuvent s'en faire délivrer des expéditions.

L'exécution a lieu conformément aux lois monégasques.

213. — Pays-Bas (1). — Jusqu'en 1838, la jurisprudence des tribunaux néerlandais était fondée sur le principe de la réciprocité. Mais aux termes de l'art. 431 de l'Ordonnance judiciaire de 1838, livre II, titre I, les jugements étrangers sont non avenus ; il ne s'agit même pas de les reviser au fond ; il faut, comme disaient nos anciens auteurs, venir par action nouvelle. Il n'est fait exception qu'en faveur des jugements rendus dans les Indes et de ceux qui sont prononcés en matière de grosses avaries. Les jugements de ces deux classes privilégiées sont rendus exécutoires sans revision par le tribunal du lieu où l'exécution se poursuit ; ce tribunal est saisi par une requête du demandeur.

Il faut ajouter que cette disposition rigoureuse soulève des controverses nombreuses en Hollande même. On se demande notamment si elle s'applique à l'autorité de la chose jugée comme à la force exécutoire, aux actes de juridiction gracieuse comme aux jugements contentieux, aux jugements sur l'état et la capacité comme à ceux qui statuent en matières pécuniaires. La jurisprudence est très divisée sur ces questions et sur nombre d'autres.

On n'oubliera pas que la Hollande est au nombre des États riverains du Rhin qui ont signé la convention dont nous avons parlé dans notre Seconde Partie.

214. Un nouveau Code de Procédure Civile est à l'étude depuis 1867. Les art. 1 et 6 du titre II du livre V prévoient et résolvent les principales questions controversées en jurisprudence.

Ces textes réservent le cas où la matière serait régie par des lois spéciales ou des traités ; en ce cas les tribunaux néerlandais ne pourront vérifier que l'observation des règles de compétence. Mais en principe les jugements étrangers qui

____

(1) V. Asser, *Rev. Gand*, 1869, p. 89, et *Annales du Congrès de Gand*, p. 171; Aubry, *Rev. Étr.*, III, p. 169; — Fiore, *Sentenze*, p. 22.

auront acquis en pays étranger l'autorité de la chose jugée pourront être présentés à l'*exequatur* des tribunaux néerlandais, qui auront la faculté de les reviser au fond. Sont cependant dispensés de la révision les actes de juridiction gracieuse et les jugements rendus en matière d'état et de capacité ; ils recevront l'*exequatur*, pourvu qu'ils émanent d'un juge compétent et aient acquis l'autorité de la chose jugée.

Le jugement qui accordera l'*exequatur* ne sera pas susceptible d'appel : celui qui le refusera pourra toujours être attaqué par cette voie.

Depuis 1867, la réforme a traîné en longueur. Cependant les États-Généraux eurent dans la session de 1879 à s'occuper d'un projet de loi relative à l'exécution des jugements étrangers. Mais le ministre promit de conclure des traités sur cet objet, et cette promesse arrêta la discussion. Les traités d'ailleurs sont toujours à faire. Il faut dire cependant que dès l'année 1877, le Ministre des Affaires Étrangères avait proposé aux Gouvernements Européens la formation d'une Conférence internationale qui aurait étudié la question et proposé des règles à adopter uniformément. Nous aurons à dire dans notre Quatrième Partie que cette proposition ne rencontra presque partout qu'un accueil des plus réservés. Elle n'a pas été renouvelée depuis.

215. — XVII. Pérou (1). — Les lois sont ici à peu près muettes. On peut cependant signaler l'art. 5 du Titre préliminaire du Code Civil, qui déclare que les lois péruviennes seules sont applicables aux immeubles péruviens ; d'où l'on peut conclure que les jugements étrangers en matière immobilière ne sauraient recevoir d'exécution au Pérou. Il y a aussi l'art. 942 du Code Civil, qui se borne à renvoyer aux traités et aux usages.

---

(1) V. Pradier-Fodéré, *De la cond. légale des étr. au Pérou. Journal*, 1879, p. 250. — Lemoine, p. 309.

Les usages sont les suivants. On distingue entre les jugements définitifs et les jugements de pure instruction. Les
premiers servent seulement de moyen de preuve dans une
instance formée devant un tribunal péruvien sur le fond même
du procès jugé à l'étranger. Les autres sont exécutés sans
difficulté sur des commissions rogatoires émanées des tribunaux étrangers et transmises par la voie diplomatique.

Un traité seul pourrait permettre de donner l'*exequatur* à
un jugement étranger, et encore si ce jugement comportait
quelque contrainte, imposait quelque charge, l'*exequatur*
ne devrait-il lui être donné que si le traité était invoqué par
une personne appartenant à l'un ou à l'autre des pays contractants.

En aucun cas d'ailleurs on n'autoriserait l'exécution d'un
jugement qui violerait les lois d'ordre public ou privé du
Pérou.

216. Il existe un traité sur la matière entre le Pérou et la
Bolivie, en date du 5 novembre 1863. Il stipule que les jugements des deux pays seront réciproquement exécutés à la
demande des parties ou sur commissions rogatoires, lorsqu'ils auront acquis l'autorité de la chose jugée, pourvu qu'ils
soient légalisés et ne contrarient ni la Constitution, ni les
lois du pays où ils sont exécutés, soit quant aux personnes,
soit quant aux choses.

Nous avons signalé aussi la convention intervenue avec
le Brésil pour l'exécution des lettres rogatoires, le 29 septembre 1879.

217. — XVIII. Portugal (1). — La matière est régie par
les art. 31 du Code Civil, 44-5°, et 567 de la loi du 21 mai
1841 sur la réforme judiciaire. Ces textes ne soumettent
expressément à l'*exequatur* et à faculté de revision au fond

(1) V. Lemoine, p. 304.

qu'ils reconnaissent aux tribunaux portugais que les jugements étrangers rendus entre Portugais et étrangers. Mais
la doctrine et la jurisprudence s'accordent à étendre l'application de ces textes aux jugements rendus en pays étranger
entre Porgais seulement ou entre étrangers seulement (1).

Pour recevoir l'*exequatur*, il faut que le jugement étranger soit accompagné de lettres rogatoires à ces fins, émanées du tribunal qui l'a rendu ; à défaut de ces lettres rogatoires, le jugement ne serait même pas revisé quant au fond, il
serait considéré comme non avenu et n'aurait qu'une valeur
documentaire. Lorsque les lettres rogatoires sont produites,
l'*exequatur* est donné après revision du fond par la Cour
d'Appel du lieu où l'exécution doit se faire. Il y a lieu sur
l'*exequatur* à un débat contradictoire ; le Ministère public
est entendu.

L'application des règles qui précèdent peut être écartée
soit par un traité, soit par la convention expresse des parties ;
seulement en ce dernier cas, il faut que la convention ait
été faite et signée par le juge étranger, et qu'elle soit confirmée par le juge portugais du lieu de l'exécution.

Ce système dans son ensemble a passé dans l'art. 717
du projet de revision du Code de Procédure Civile voté le 9
novembre 1876, où il forme sous la rubrique : *de la revision des jugements étrangers*, le chapitre VI du titre III ;
des arrêts rendus en Chambre du Conseil, du livre III : *de
la procédure devant les Cours d'Appel*. Cette rubrique montre que les jugements l'*exequatur* doivent être rendus en
la Chambre du Conseil.

218. — XIX. République Argentine (2). — Les anciennes
lois de l'Espagne, sur la matière, à l'exception naturellement

(1) Cour suprême de justice, 7 août 1874 et 25 mai 1875. *Journal*, 1875, p. 54
et 448.

(2) V. David, *Étude sur le projet de Code de Procédure Civile de la République Argentine. Bull. Soc. Lég. Comp.*, 1879, p. 266.

de celle de 1855, sont encore en vigueur dans ce pays. Il en résulte qu'au point de vue de la loi, sinon dans l'usage, les jugements étrangers ne peuvent recevoir exécution et qu'il faut venir par nouvelle action.

La question est expressément prévue par les derniers articles du projet de Code de Procédure Civile déposé le 19 octobre 1876. Le projet dispose qu'au cas de traité, on doit se référer aux termes du traité. Si, à défaut de traité, le jugement vient d'un pays qui admet l'exécution des jugements étrangers, on devra user de réciprocité. Enfin s'il n'y a ni réciprocité conventionelle, ni réciprocité de fait, le jugement ne pourra être déclaré exécutoire que s'il est rendu en matière personnelle, — contradictoirement, — s'il sanctionne une obligation valable selon les lois de la République Argentine, — s'il est régulier en la forme au point de vue à la fois des lois argentines et des lois du pays où il a été rendu.

La compétence pour l'*exequatur* est attribuée au tribunal de première instance, qui statuera après débat contradictoire et sur les conclusions du Ministère public ; une grosse du jugement doit lui être remise.

L'exécution se poursuivra dans les formes prescrites par la loi argentine.

219. — XX. — ROUMANIE (1). — Le jugement étranger même non revêtu de l'*exequatur*, est un titre privé qui autorise une saisie conservatoire par ordonnance du président du tribunal et moyennant caution (art. 610 C. P. C.).

Le *pareatis* des tribunaux roumains n'est exigé que pour les actes d'exécution seulement ; il n'est donc pas nécessaire pour que le jugement étranger produise les effets attachés à l'autorité de la chose jugée. Il n'est pas nécessaire non plus lorsque le jugement étranger ne fait que déclarer l'état et la capacité juridiques des personnes.

(1) V. Lemoine, p. 295 ; — Petroni, *De l'exéc. des jug. étr. en Roumanie. Journal*, 1879, p. 351.

Quant à cet *exequatur* nécessaire pour l'exécution réelle, l'art. 374 C. P. C. pose le principe de la réciprocité (1). Mais il y a controverse, en Roumanie comme en France, sur l'étendue des pouvoirs du tribunal auquel l'*exequatur* est demandé. Cependant il faut dire que dans l'opinion suivie par la Cour de Cassation et la plupart des auteurs, le tribunal roumain ne peut descendre dans l'examen du fond et doit se borner à vérifier si le jugement avait acquis l'autorité de la chose jugée selon la loi du tribunal qui l'a rendue, — s'il ne blesse pas l'ordre public roumain, — si la réciprocité existe bien de la part du pays où le jugement a été rendu, à l'égard des sentences des tribunaux roumains.

A défaut de réciprocité, il semble bien que l'on doive venir par action nouvelle.

L'instance en *exequatur* est introduite directement par le demandeur ou son avocat muni d'une procuration authentique, le ministère des avoués étant inconnu en Roumanie. Le demandeur remet la pétition introductive d'instance au président du tribunal, qui ordonne la citation des parties pour un jour fixé.

Le demandeur doit acquitter aux mains de l'huissier (*portarel*) les frais des citations.

Le tribunal compétent pour connaître de l'*exequatur* est celui du domicile du défendeur ; cependant si l'exécution devait se poursuivre sur des immeubles, la demande en *exequatur* devrait être portée devant le tribunal de la situation de ces immeubles. — Lorsque le tribunal comprend plusieurs sections, la demande doit être adressée au président de la première section seul compétent.

L'hypothèque judiciaire n'existe pas en Roumanie.

____

(2) « Les décisions judiciaires rendues en pays étranger ne peuvent être exécutées en Roumanie que de la manière dont les les sentences roumaines sont exécutées dans le pays en question et pourvu qu'elles soient déclarées exécutoires par les juges roumains compétents. »

220. — XXI. Russie (1). — La matière de l'exécution des jugements étrangers est réglée dans les art. 1273 à 1281 du Code de Procédure civile et par un ukase de 1827.

Ces textes se réfèrent tout d'abord aux traités pour le cas où il en existerait.

A défaut de traité, l'*exequatur* doit être donné sans revision au fond de la sentence étrangère. L'examen des tribunaux russes est limité aux points suivants :

Si le jugement a été rendu par un tribunal compétent ;

Si les parties ont été régulièrement citées ;

Si les droits de la défense ont été respectés ;

Si le jugement ne renferme rien de contraire à l'ordre public russe.

En principe la compétence du tribunal étranger doit être appréciée selon la loi en vigueur auprès de ce tribunal. Cependant il est certaines matières pour lesquelles un tribunal russe peut seul être compétent, par exemple les matières réelles immobilières, les divorces entre russes grecs. Les jugements étrangers rendus en de telles affaires seraient non avenus, et il faudrait venir par nouvelle action devant les tribunaux russes.

Pour la demande d'*exequatur,* la compétence appartient au tribunal d'arrondissement (*okrougny soud*) du lieu où l'exécution doit s'accomplir, sans qu'il y ait d'ailleurs à s'inquiéter du rang du tribunal étranger qui a rendu le jugement en question.

Le demandeur présente requête à fin d'*exequatur*, et doit produire :

Une expédition du jugement revêtue de la formule exécutoire et légalisée par le Consulat ou la Légation russe et par le Ministre des Affaires Étrangères de Russie ;

(1) V. de Martens, *De l'exéc. des jug. étr. en Russie. Journal*, 1878, p. 139; — Lokwitzki, même sujet; — Lemoine, p. 279 ; — Thévenet, 191 ; — Beach-Lawrence, IV, p. 545; — Asser, *Rev. Gand*, 1869, p. 89; 1875, p. 415. — V. pour la jurisp. *Journal*, 1874, p. 47.

Une traduction russe de ce jugement ;

Des copies des pièces précédentes.

Les règles de la procédure sommaire sont applicables à la demande d'*exequatur ;* toutefois les frais judiciaires sont beaucoup moins considérables que dans une affaire ordinaire.

L'exécution a lieu dans les formes prescrites par la loi russe.

Il faut signaler une importante décision de jurisprudence (1) d'après laquelle une condamnation criminelle aux travaux forcés à perpétuité prononcée contre un sujet russe en pays étranger, reçoit exécution en Russie, en ce sens qu'elle entraîne application de l'art. 25 du Code Pénal, russe et conséquemment perte pour le condamné de ses droits de famille et de propriété, en même temps qu'elle ouvre au conjoint de ce condamné le droit de demander le divorce. Mais il est à remarquer que le condamné était, en l'espèce, Russe, et il serait téméraire de poser en règle absolue et générale la décision dont nous parlons.

221. Nous avons étudié dans notre Seconde Partie (2) la convention de 1874 entre la France et la Russie relativement aux successions et à l'autorité des jugements rendus dans les deux pays en ces matières. Cette convention a servi de modèle aux traités que la Russie a conclus sur le même objet avec l'Allemagne le 31 octobre-12 novembre 1874 ; — avec l'Italie le 16-28 avril 1875 ; — avec l'Espagne le 14-26 juin 1876.

Le gouvernement russe a aussi signé une convention avec l'Italie pour l'exécution des commissions rogatoires à la date des 21 juin-3 juillet 1877.

Par une convention des 23 janvier-4 février 1879, l'Alle-

---

(1) Sénat dirigeant, 13 mai 1868. *Journal*, 1874, p. 47.
(2) V. ch. v, Sect. ii, n° 75.

magne et la Russie ont réglé les rapports judiciaires des tribunaux du ressort de Varsovie avec ceux des provinces limitrophes de la Prusse, quant aux matières civiles et criminelles. Ces tribunaux peuvent correspondre directement entre eux et s'adresser réciproquement des commissions rogatoires rédigées dans la langue du tribunal requérant et qui seront obligatoires pour le tribunal requis, pourvu qu'elles ne contiennent rien de contraire aux lois en vigueur près de ce dernier tribunal.

Enfin les ministres de Russie et d'Italie et le gouvernement turc ont, en 1868, signé une convention qui institue une commission mixte pour les procès entre Russes, Italiens et Ottomans ; les jugements doivent être exécutés par les soins du Gouvernement du condamné.

222. — XXII. Suède (1). — Le Code de 1794 est muet sur notre question, et aucune disposition législative ne supplée à ce silence. Il n'y a en Suède que des usages de jurisprudence fondés sur le principe de la réciprocité. Cette coutume est très ancienne et, au témoignage des jurisconsultes Suédois, remonte à la loi de Vestrogothis, qui date du xiiie siècle.

Pour le cas où la réciprocité n'existe pas, la jurisprudence était jusqu'à ces derniers temps unanime pour repousser absolument les jugements étrangers, qui ne pouvaient donc pas recevoir d'*exequatur*, même après revision du fond. Dans l'affaire de la Compagnie Suédoise d'assurances *la Skandia*, où la Compagnie, défenderesse devant un tribunal russe, avait expressément accepté la juridiction de ce tribunal, le jugement rendu dans ces circonstances avait été reçu à exécution par la Chancellerie du Grand Gouvernement de Stockolm, mais cette décision fut infirmée par

(1) V. d'Olivecrona, *De l'exéc. des jug. étr. en Suède. Journal*, 1880, p. 83 ; — Lemoine, p. 304.

la Cour d'Appel de Svea, et l'arrêt de cette Cour fut approuvé par la Cour suprême le 25 janvier 1871.

Les mêmes règles s'appliquent aux relations de la Suède et de la Norwège qui, bien qu'unies dynastiquement sous un même prince depuis 1814, ont conservé leurs institutions distinctes. En 1851, le Parlement suédois chercha à modifier cette situation quant à l'exécution des jugements dans les deux pays, et nomma une commission chargée de préparer un projet de convention sur la matière. Le projet fut rédigé et le Parlement Suédois le vota le 22 juin 1857, mais le Storthing norwégien, auquel la sanction fut demandée, refusa de la donner. La situation est donc restée la même.

223. Nous avons déjà parlé de la Convention du 25 avril 1861 conclue avec le Danemark, approuvée en Suède par la loi du 15 mai. Les jugements danois ont force exécutoire en Suède, pourvu qu'ils soient rendus par un juge compétent et soient déjà exécutoires en Danemark. L'existence des deux conditions doit être attestée par le Grand Gouverneur de Copenhague ou par le Gouverneur (*Amtmann*) de la province danoise où le jugement a été rendu.

224.—XXIII. Suisse (1).—- Dans les relations des Cantons entre eux, l'art. 61 de la Constitution donne aux jugements rendus dans un Canton autorité de chose jugée et force exécutoire dans tous les autres Cantons. Seulement c'est dans les formes prescrites par la loi du Canton sur le territoire duquel le jugement doit être exécuté, que l'exécution aura lieu. La même loi, aux termes d'une décision récente (2),

---

(1) V. de Rossi *De l'exéc. des. jug. étr. Ann. de Législ. et de Jurisp.*, 1821, II, p. 59; — Toullier, X, 89; — Klüber, § 59, note c; — Brocher, *Dr. Int. privé*, liv. IV, ch. IV, § 189, p. 443 ; —Fiore, *Senlenze*, I, p. 27; —Fœlix et Demangeat.
(2) Tribunal Fédéral, 17 juill. 1879. *Journal*, 1880, p. 400.

détermine aussi à quelles conditions un jugement doit être considéré comme périmé.

Quant aux jugements rendus en pays étranger, en l'absence de traité réglant la matière, l'*exequatur* doit leur être donné par le tribunal civil du lieu où l'exécution sera poursuivie, après débat contradictoire et sur les conclusions du Ministère Public (art. 376 C. P. C.).

Notons que, aux termes de la loi génevoise du 5 avril 1876, art. 106, les jugements qui prononcent un divorce, d'où qu'ils viennent, doivent être vérifiés quant à l'autorité de la chose jugée et visés par le procureur général, avant d'être inscrits sur les registres de l'état civil.

On n'a pas oublié le traité de 1869 avec la France (1).

225. On a pu se convaincre par l'exposé qui précède que la plus grande diversité règne entre les vingt-trois législations que nous avons résumées, et cela non seulement dans les détails, mais encore dans les principes essentiels, à tel point qu'il est difficile de faire une classification rigoureusement exacte de ces lois diverses. Cependant en négligeant les questions secondaires, on peut les ranger ainsi qu'il suit :

Deux accordent l'exécution des jugements étrangers sans revision au fond, sans même exiger la réciprocité, et moyennant des conditions variables, mais qui se limitent en général à la validité essentielle du jugement, au respect de l'ordre public et des règles de compétence, à l'autorité de la chose jugée : Italie, Russie.

Six exigent, en outre des conditions essentielles qui viennent d'être énumérées, la réciprocité : Allemagne, Autriche, Brésil, Espagne, Hongrie, Roumanie.

Six soumettent les jugements étrangers à la revision au fond au moins en principe : Belgique, Haïti, Mexique, Monaco, Portugal, Suisse.

(1) V. IIe partie, ch. v, sect. xii, § 2, n° 170.

Enfin neuf tiennent le jugement étranger pour non avenu et obligent à venir par nouvelle action, sauf à attribuer au jugement une force probante plus ou moins grande dans cette nouvelle action : Angleterre, Chili, Danemark, États-Unis, Pays-Bas, Pérou, République Argentine, Suède.

QUATRIÈME PARTIE

PRINCIPES THÉORIQUES

226. Nous venons de voir comment les principales législations anciennes et modernes ont résolu la question que nous posions en commençant et qui forme l'objet de ce travail. Il nous reste à apprécier la valeur de ces solutions pratiques au point de vue rationnel et à essayer de formuler une solution théorique et fondée sur les véritables principes (1).

Au début de cette étude nous avons indiqué les principales idées dont l'application et la combinaison faisaient l'importance et la difficulté de notre question. Il s'agit maintenant de les préciser avec plus de soin et de détails, et d'en déterminer la valeur relative, afin de connaître quelle im-

(1) V. en sens divers : Aubry, *Rev. Étr.*, III, p. 171 ; — Fiore, *Sentenze*, I ; — Heffter; — Halleck; — Calvo ; — Bluntschli ; — Dudlay-Field ; — Klüber ; — Massé ; — Fœlix et Demangeat; — Phillimore ;— Wheaton ; — Huber ; —Rolin-Jacquemyns, *Rev. Gand*, 1869 ; — Brocher *Rev. Gand*, 1871, et *Dr. Int. privé*; — Pradier-Fodéré, Avant-propos à sa traduct. du *Dr. Int. privé* de Fiore ; — Savigny; — Bar; — Funck-Brentano et Sorel; — Westlake; — Story; — de Martens; — Vattel et les notes de Pinheiro-Ferreira et de Vergé ; — Asser, *Rev. Gand*, 1875; — Bertauld ; —Lemoine ; — Thévenet.

portance il conviendra d'attribuer à chacune d'elles dans la recherche de la solution rationnelle.

227. Cette recherche trouve ici sa place naturelle, après la description des lois qu'il nous a été permis de connaître. Nous aurons en effet le droit et le devoir d'utiliser les renseignements que nous avons recueillis sur l'état et les tendances des diverses législations. Ainsi que nous le redirons plus tard, la solution rationnelle que nous poursuivons n'est pas une formule purement théorique, dégagée des intérêts matériels des peuples; c'est la loi à faire pour obtenir dans la plus exacte mesure l'application des principes logiques et la satisfaction tant des intérêts nationaux que des exigences de l'humanité. Pour la rédiger, n'est-il pas nécessaire de connaître les différentes lois positives ? La méthode *a priori* n'eût-elle pas négligé les précieux enseignements que nous a fournis la méthode expérimentale ?

228. Un jugement en général est la décision d'une autorité publique sur un rapport de droit litigieux. L'effet du jugement est donc de dire le droit, de fixer la condition des plaideurs, quant au point contesté, au regard de la loi. Tel est le but essentiel, telle est la fonction sociale du pouvoir judiciaire chargé de faire l'application de la loi aux rapports des hommes.

Or ce but serait manqué, cette fonction resterait inaccomplie si le jugement n'avait pas par lui-même, pour sa valeur de décision judiciaire, une force invincible au point de vue des droits respectifs des plaideurs, s'il n'était pas impossible de remettre en question ce que le juge a déjà décidé une fois, si en un mot le jugement n'avait pas l'autorité de la chose jugée. Sans cette présomption légale, le respect de la justice serait anéanti, l'ordre social ne saurait se maintenir, l'anarchie la plus complète règnerait dans l'ordre des intérêts privés pour se traduire bientôt par un bouleversement social.

A notre avis donc, c'est parce que le jugement émane d'une autorité publique spécialement chargée de cette fonction judiciaire, parce que le respect de cette autorité et de ses décisions est rigoureusement nécessaire pour le maintien de l'ordre social et de la civilisation, que les jugements possèdent cette force probante irréfragable et invincible qu'on appelle l'autorité de la chose jugée.

229. Ce motif nous paraît très suffisant pour justifier l'autorité reconnue à la chose jugée, et nous ne sentons aucunement le besoin de l'appuyer sur on ne sait quel quasi-contrat judiciaire.

D'après quelques-uns, il se formerait devant le tribunal où un procès s'engage une sorte de convention tacite ; fiction de la loi par laquelle les plaideurs seraient tenus l'un envers l'autre de se soumettre à la juridiction du juge, d'accepter à l'avance comme bonne et bien rendue la sentence à intervenir, et renonceraient en conséquence à plaider de nouveau sur la même question. La loi, en sanctionnant comme elle le fait l'autorité de la chose jugée, se bornerait à donner effet à la convention qu'elle suppose être intervenue entre les plaideurs.

Il nous semble que cette théorie prend les choses par les difficultés et s'ingénie sans succès à appuyer sur des motifs douteux une disposition qui se justifie directement et par elle-même.

La fiction du quasi-contrat judiciaire nous vient du droit romain, où elle servait, entre autres utilités, à justifier l'*exceptio rei judicatæ*, que l'on n'avait pas cru pouvoir fonder directement sur la volonté impérative de la loi (1). Elle

---

(1) D. de pec. 15, 1, 2, § 11 Ulp : « Nam sicut in stipulatione contrahitur cum filio, ita judicio contrahi.. »—Cic. de Leg. 3 ,3 : « ... Lites contractas judicanto. »

pouvait se comprendre dans une législation qui, pour des motifs qu'on ne saurait exposer ici, a fait un si grand usage de la fiction, et qui d'ailleurs faisait participer les deux parties à la rédaction de la formule et ne permettait la formation de l'instance que si le défendeur avait comparu *in jus*, sauf bien entendu à régler spécialement la condition des *indefensi*. Le droit romain lui-même ne dissimulait pas le caractère arbitraire de cette fiction, que nous allons faire ressortir, et remarquait que la volonté libre, essence de la convention, était absente chez l'une et l'autre des parties au quasi-contrat judiciaire (1).

Mais en principe et en raison, la fiction du quasi-contrat judiciaire n'est nullement nécessaire pour fonder avec force l'autorité de la chose jugée. A quoi bon supposer une convention quand la loi a parlé, quand elle peut motiver sa décision sur les graves raisons d'ordre social que nous avons indiquées, et en quoi une convention imaginaire des parties peut-elle fortifier la décision toute-puissante, en ces matières au moins, du législateur?

Puis et surtout le motif que l'on cherche à substituer à la volonté raisonnée de la loi est d'une exactitude très douteuse. On ne saurait prétendre que la convention dont on parle se forme en réalité entre les plaideurs dans la grande majorité des cas. Lorsqu'une convention intervient en ces matières, c'est précisément pour éviter le recours aux tribunaux et pour constituer des arbitres. La loi donc supposerait, dans la théorie que nous examinons, la convention invoquée; elle supposerait formé un contrat qui ne le serait pas en réalité. La loi le pourrait-elle en raison? Nous ne le pensons pas. Elle ne pourrait pas interpréter avec certitude la présence des parties devant le juge comme un

______

(1) D. de tut. et rat. 27, 3, 22 Paul : « Defensor tutoris condemnatus non auferet privilegium pupilli : neque enim sponte cum eo pupillus contraxit. » — De verb. obl., 45, 1, 83, § 1 Paul : « .., Stipulatio ex utriusque consensu valet, judicium autem etiam in invitum redditur... »

acquiescement tacite au jugement futur, car cette comparution n'est pas libre. Le défendeur n'est venu en justice
que contraint et forcé, il ne plaide, lorsqu'il plaide, que
pour éviter une condamnation par défaut. Cette condam-
tion par défaut, si elle avait lieu, acquerrait, elle aussi, l'autorité de la chose jugée tout comme un jugement contradictoire; cependant où serait le quasi-contrat judiciaire dans
ce cas? Il n'est pas plus légitime de le supposer conclu
alors que l'une des parties n'a comparu que sous la menace d'un mal considérable, celui d'être jugée sans être
entendue, mal regardé par elle comme plus grand que celui
de venir débattre ses droits devant les tribunaux. Encore
une fois le défendeur n'est pas entièrement libre. Le demandeur ne l'est pas non plus, l'action en justice étant le seul
moyen qu'il ait de faire protéger son droit. Donc la loi ne
peut supposer un consentement que la nature même des choses, les situations où on le fait intervenir repoussent énergiquement. Il existera si peu en fait que ces mêmes parties
qui sont censées avoir accepté la décision, le jugement, ne
négligeront aucun moyen de faire tomber cette sentence qu'ils
devaient respecter. Très souvent ils épuiseront toutes les
voies de recours que la loi ouvre contre les jugements.
Voilà leur consentement, voilà l'engagement réciproque de
respecter la décision du juge. Comment croire que la loi
ait pu supposer ce qui ne peut pas exister? Bien mieux,
la loi elle-même repousse le quasi-contrat judiciaire, puisqu'elle institue des moyens de n'en tenir pas compte, et
qu'elle donne des voies de recours de toute espèce contre
l'exécution de la convention imaginaire. Combien il est plus
simple de rattacher l'autorité de la chose jugée à la volonté
de la loi, et d'en faire une nécessité sociale, entièrement
justifiée à ce titre!

230. Voilà l'effet essentiel du jugement : dire le droit. Mais
cette décision n'est pas destinée à rester lettre morte, et

la même loi qui lui donne une force probante invincible lui donne aussi la valeur d'un titre susceptible d'être ramené à exécution par le concours de fonctionnaires publics, elle lui donne la force exécutoire.

A notre avis, ce nouvel effet du jugement n'est pas à proprement parler attaché à la décision judiciaire elle-même. Le juge qui a prononcé une sentence a ainsi rempli toute sa mission et épuisé ses pouvoirs. Alors commence le rôle du pouvoir exécutif. Dépositaire de la force publique, commandant effectivement à tous au nom de la Souveraineté, pouvant exiger des fonctionnaires et même des particuliers un concours actif et de tous, à coup sûr, un respect absolu, l'autorité exécutive, qui est comme la partie agissante de la Souveraineté, met à la disposition des décisions du législateur et du juge tous les moyens d'action qu'elle possède. Elle intervient notamment pour assurer l'exécution des sentences judiciaires, en enjoignant à tous ses agents de prêter leur concours, injonction qui se trouve exprimée, dans la pratique française, par la formule exécutoire.

A la vérité ce n'est pas toujours la puissance exécutive elle-même qui ordonne l'exécution des jugements ; il en est ainsi dans plusieurs législations; mais dans la plupart des pays, et la France est du nombre, il n'est pas besoin de recourir à un agent de l'administration proprement dite. C'est le tribunal lui-même qui revêt sa décision de la formule exécutoire conçue au nom du chef de l'État, du dépositaire suprême de l'autorité exécutive. Mais lorsque le juge fait cela, il n'agit plus en sa qualité de juge, en vertu de la délégation du pouvoir judiciaire qui lui a été faite ; il agit en vertu d'une délégation spéciale du pouvoir exécutif, délégation dont les motifs sont très plausibles, mais qui crée dans le juge une personnalité double en quelque sorte, pouvoir judiciaire quant à la sentence, pouvoir exécutif quant à la formule exécutoire.

231. Nous apercevrons dans un instant l'intérêt pratique de ces précisions. Avant de le faire ressortir, il nous faut au moins indiquer une grave question qui touche de près aux éléments de la Souveraineté.

Dans l'exposé qui précède, nous avons cherché à ne préjuger en aucun sens la question de savoir si le pouvoir judiciaire constitue un élément de la Souveraineté distinct du pouvoir législatif et du pouvoir exécutif, ou bien si ce pouvoir judiciaire n'est qu'une des branches du pouvoir exécutif; en un mot nous avons laissé de côté la question célèbre des trois pouvoirs. C'est que cette question ne nous paraît pas avoir un lien bien étroit avec le sujet dont nous traitons, et les observations qui précèdent tendent en grande partie à faire voir que les deux solutions à donner sur la controverse des trois pouvoirs et sur celle de l'exécution des jugements sont entièrement indépendantes l'une de l'autre. Dans tous les cas, soit qu'il s'agisse de force exécutoire, soit qu'il s'agisse d'autorité de la chose jugée, il importe peu qu'on reconnaisse dans la Souveraineté trois branches distinctes ou deux seulement, parce que dans tous les cas le jugement est un acte relevant de la Souveraineté. A peine la difficulté présenterait-elle quelque intérêt dans une question de forme dont nous nous occuperons plus tard (1).

232. Il est donc acquis jusqu'à présent que le jugement, soit au point de vue de l'autorité de la chose jugée, soit au point de vue de la force exécutoire, est un acte de Souveraineté. Rendre la justice est un des droits et en même temps un des devoirs du Souverain, constitue un de ces attributs essentiels et inviolables dont le respect intéresse à un très haut degré la dignité et l'indépendance du Souverain lui-même.

(1) V. infrà n° 267.

Ce caractère, on le comprend aisément, est absolument indépendant de la nature du Souverain. Soit que la Souveraineté réside dans un homme ou dans une petite collection d'hommes ou dans l'universalité de ceux qui composent une société, qu'elle existe dans un État monarchique, oligarchique ou démocratique, la Souveraineté, variable dans sa forme, est identique dans ses éléments essentiels, au nombre desquels se place incontestablement l'administration de la justice.

Ce même caractère est également indépendant du mode employé pour l'institution des autorités judiciaires. Dans les sociétés primitives ou peu nombreuses, c'est le souverain lui-même qui rend la justice. Dans les civilisations plus avancées et plus complexes, la dispensation de la justice est toujours constituée par voie de délégation. Parfois la délégation est immédiate en ce sens que c'est le Souverain lui-même qui nomme les juges; d'autres fois elle est médiate parce que les juges ne sont pas choisis directement par le Souverain, mais seulement par ses délégués. Mais il est évident que dans tous les cas le jugement est un acte du Souverain.

Or toute Souveraineté est essentiellement territoriale, et cela à un double point de vue.

Elle est territoriale d'abord en ce sens que dans l'étendue du territoire où elle commande, les actes qui émanent d'elle ont à l'égard de tous une valeur exceptionnelle, une force extraordinaire devant laquelle tout doit céder.

Elle est territoriale aussi en ce sens que ses pouvoirs expirent aux frontières de son territoire, et qu'elle est sans autorité sur les territoires qui ne lui sont pas soumis.

En somme, puissance au dedans, impuissance au dehors, voilà les deux faces du principe que les Souverainetés sont territoriales. L'application de ce principe aux relations des Souverainetés entre elles conduit à décider que les actes de chacune d'elles sont sans force sur les territoires étrangers, et réciproquement, en vertu de cet autre principe que les Souverainetés sont égales entre elles et jouissent respectivement des mêmes droits, chacune d'elles peut s'opposer à ce que l'on exécute sur son territoire les actes qui émanent des autres. Mais si la Souveraineté peut s'opposer à cette exécution, elle peut aussi l'autoriser, et ses droits, son indépendance au regard des autres Souverainetés, sa dignité sont entièrement sauvegardés par l'autorisation qu'elle donne.

233. Ces propositions sont d'une exactitude absolue et d'une application générale. Elles sont vraies spécialement des jugements comme de tous les actes du Souverain, et par conséquent aucune Souveraineté ne peut prétendre à faire exécuter les décisions de ses juges sur un territoire étranger sans en avoir obtenu l'autorisation de la Souveraineté étrangère. Et de même que nous appliquons ces principes sans distinguer entre les différents actes de la Souveraineté, de même nous les appliquerons sans réserve aux divers effets des jugements, à l'autorité de la chose jugée comme à la force exécutoire. Il serait même plus exact de dire que nous devons faire application de ces principes à la force exécutoire comme émanant de la fonction exécutive du Souverain, et à l'autorité de la chose jugée comme émanant de sa fonction judiciaire; car, répétons-le encore, la force exécutoire n'est pas un effet direct du jugement; l'autorité de la chose jugée seule a ce caractère et est proprement l'œuvre de l'autorité Souveraine dans sa fonction judiciaire. Du reste, nous avons dit et nous dirons encore que la question de l'exécution forcée ne peut se poser qu'après la décision sur l'autorité de la chose jugée.

234. Ce premier aspect des principes conduit donc à exiger l'autorisation de la Souveraineté étrangère pour assurer l'effet extraterritorial d'un jugement. Mais il faut

se demander si cette conséquence logique ne se trouve pas contrariée par l'application d'autres principes tout aussi incontestables en droit international que celui de l'indépendance de la Souveraineté territoriale.

Nous avons parlé du principe de l'égalité des Souverainetés entre elles, pour faire voir qu'il conduisait à appliquer plus strictement encore celui de la territorialité. On l'a invoqué en un sens diamétralement opposé, et on s'en est servi pour arriver à démontrer que les jugements doivent avoir en tous lieux la même valeur de chose jugée.

En effet, a-t-on dit, l'égalité implique essentiellement le respect de la dignité nationale, le respect de l'honneur national de chaque peuple. C'est l'égalité dans la bonne considération, dans l'estime, et non pas l'égalité dans la méfiance, dans une attitude hautaine et méprisante. En ce dernier cas il n'y aurait pas égalité, il y aurait confusion de tout ce qui n'est pas national dans une même méconnaissance de droits, dans une même situation faite de défiance hostile. L'égalité entre les peuples est fondée, comme l'égalité entre les hommes, sur un respect dans les autres des droits que chacun se reconnaît. Ceci admis et on ne peut pas ne pas l'admettre, il est indéniable que le fait de repousser les actes des Souverainetés étrangères est contraire aux relations qui constituent l'égalité entre les nations ; c'est un véritable acte d'hostilité, une marque de défiance injurieuse pour la Souveraineté étrangère, c'est un manque de respect, un atteinte grave au principe de l'égalité.

Ce raisonnement paraît séduisant au premier abord, mais il ne nous entraîne pas, et nous maintenons en dépit de ces raisons la solution que nous fournissent les principes précédents.

Cette solution, dit-on, viole l'égalité dans la Souveraineté dont les actes sont ainsi repoussés. Admettons ceci comme vrai pour un moment ; mais est-ce que la solution contraire ne viole pas les droits de l'autre Souveraineté ? est-ce qu'elle n'impose pas à celle-ci l'obligation de recevoir avec leur force irréfragable les décisions judiciaires venant de l'étranger ? Il faut donc se résoudre à blesser cette égalité si chère dans un sens ou dans l'autre, et jusqu'à présent nous n'avons vu aucun motif qui oblige à violer plutôt la Souveraineté du lieu où l'on produit le jugement que celle du lieu où le jugement a été rendu, en deux mots à sacrifier la Souveraineté nationale à la Souveraineté étrangère.

Il nous semble au contraire que celle-ci doit succomber de préférence à celle-là. En quoi souffre en effet la seconde ? En ce que l'acte judiciaire qui émane d'elle ne recevra pas effet devant un tribunal étranger ; ceci constitue, si nous pouvons parler ainsi, une atteinte négative, *in omittendo*, elle n'impose rien à la Souveraineté qu'elle frappe. Au contraire la Souveraineté, que l'on contraint à accepter les jugements étrangers souffre d'une atteinte positive, *in committendo*, on lui impose la reconnaissance de l'acte étranger. Évidemment en ce dernier cas l'atteinte aux droits essentiels du Souverain est infiniment plus grave que dans le premier cas.

Ajoutez que dans la solution que nous combattons on frappe précisément la Souveraineté qui est restée sur la défensive, qui n'a pas agi ; c'est elle qu'on vient atteindre chez elle, et cela au profit d'une Souveraineté qui a pris l'initiative, qui a agi, qui a fait un acte dont les conséquences devaient franchir les frontières. En somme, comme toute Souveraineté a conscience de ses pouvoirs et de ses actes, elle savait pertinemment en rendant telle ou telle sentence que cette sentence était susceptible de produire des conséquences en pays étrangers, mais aussi qu'elle ne devait avoir sa valeur pleine de jugement que sur le territoire où elle était rendue, et à vrai dire si la sentence est repoussée à la frontière, il n'y aura là rien que de prévu, rien que de parfaitement conforme aux droits de la Souveraineté même qui a rendu le jugement. Si au contraire vous donnez en tous lieux à cette sentence la valeur d'un jugement, vous imposerez à la Souveraineté étrangère les conséquences d'un acte qu'elle n'a pas accompli, vous violerez ses droits pour faire à l'autre Souveraineté une véritable faveur. En vérité, ne voit-on pas en quel cas l'égalité est violée, et ne sent-on pas que l'application pure et simple du principe de la territorialité respecte encore mieux le principe de l'égalité que la solution qui prétend tempérer celui-là par celui-ci ?

235. Mais les peuples se doivent même plus que le respect strict et rigoureux de leurs droits respectifs. De même que l'individu doit à ses semblables une certaine bienveillance amicale, de même les nations se doivent les unes aux autres cette *comitas inter gentes* qui entretient entre elles des relations courtoises et aisées.

Or on soutient que la méconnaissance aux jugements étrangers de l'autorité de la chose jugée est tout à fait opposée aux pratiques que commande cette *comitas inter gentes*.

Cela est incontestable aussi bien que l'utilité et même la nécessité de la *comitas inter gentes*. Mais cela est-il suffisant pour justifier l'abandon q'un principe essentiel comme celui de l'indépendance de chaque Souveraineté territoriale ? Non, car cette *comitas* tant vantée ne peut aller jusqu'à l'abdication des droits primordiaux du Souverain, de même que la bienveillance entre particuliers ne saurait aller jusqu'à l'aliénation des droits essentiels de l'homme, de sa liberté par exemple. Or n'est-ce pas aliéner sa liberté pour un peuple que d'accepter sans examen les jugements étrangers ? La *comitas inter gentes* est fort utile dans une foule de cas, alors qu'un peuple fait abandon d'un intérêt, ou même d'un droit de minime importance, en compensation d'autres avantages, lorsqu'en un mot elle produit entre les peuples les heureux effets que l'amitié peut produire entre les hommes. Mais ne dirait-on pas de la *comitas* qui sacrifierait l'indépendance nationale ce qu'il est permis de dire de l'amitié qui oublierait la liberté et la dignité humaines, qu'il n'y a plus ni amitié, ni *comitas*, mais on ne sait quel fâcheux oubli des sentiments élémentaires d'honneur et de dignité ?

236. Enfin, dit-on, pourquoi faire une différence entre les jugements étrangers et les lois étrangères ? Celles-ci de l'aveu de tous peuvent et doivent recevoir application dans un pays donné. Or il n'y a entre elles et les jugements que la différence d'une disposition générale à une disposition spéciale. Le jugement n'est pas autre chose qu'une *lex specialis ;* en tant qu'il déclare le droit sur un point litigieux, il est assimilable à la loi qu'il applique, et en droit civil il a la même valeur qu'une disposition de la loi. Si d'une part la loi étrangère est applicable dans un pays, et que le jugement d'autre part est une loi particulière, pourquoi ne pas donner à celle-ci l'effet qu'on accorde à celle-là ?

Le raisonnement est spécieux, et il le serait encore davantage si, au lieu de le formuler dans les termes classiques, nous l'avions exprimé en disant que la loi est elle-même un acte de Souveraineté au même titre qu'un jugement, et qu'il n'y a pas de raison pour distinguer entre les actes de la Souveraineté, pour donner aux uns la force extraterritoriale qu'on refuse aux autres.

L'argument n'est cependant pas invincible.

On pourrait d'abord combattre l'assimilation faite quant à l'autorité de la chose jugée entre la loi et le jugement. Mais il resterait toujours que la loi n'est pas moins que le jugement qui l'applique, un acte de Souveraineté. Or il arrive que nos tribunaux ont parfois à appliquer les lois étrangères, et aussi que ces lois reçoivent directement effet en France. N'y a-t-il pas dans ces deux faits une atteinte à la Souveraineté ?

Non, car dans le premier cas les tribunaux qui appliquent la loi étrangère, n'obéissent pas aux ordres de cette loi, en réalité ils se conforment à l'injonction plus ou moins explicite du législateur national qui s'est approprié pour certains cas et dans certaines parties la loi étrangère et en a ordonné l'application. En fait d'ailleurs cette application n'a lieu qu'aux actes passés en pays étranger, et si l'on appliquait à ces actes la loi nationale, on violerait ouvertement le principe de la territorialité de la Souveraineté, car la Souveraineté nationale ne saurait prétendre à régir les actes juridiques qui s'accomplissent hors de son territoire ; par application stricte et rigoureuse du principe que nous rappelons, on est obligé de laisser ces actes soumis à la loi étrangère.

Cette observation répond par avance à l'objection qu'on aurait pu nous faire en disant que c'est précisément une loi impérative que l'on propose de faire relativement aux jugements étrangers.

Au second cas, la réponse est encore plus facile à saisir : les lois qui reçoivent effet directement sont celles qui régissent l'état et la capacité. Or à y regarder de près, est-ce bien la loi qu'on applique, à laquelle on donne effet ? n'est-ce pas bien plutôt à l'état lui-même, à la capacité qui en résultent ? L'individu auquel sa loi nationale donne telle ou telle qualité, tel ou tel état, devra conserver cet état, cette capacité en tous lieux, parce qu'ils sont désormais inséparables de sa personnalité. Mais c'est cette personnalité qui agira, qui produira effet au lieu de la loi qui l'a créé ; l'homme emporte avec lui ses attributs juridiques tout comme ses attributs physiques et moraux, on ne peut détacher de sa personnalité ni les uns, ni les autres.

Voilà en quel sens les lois reçoivent effet à l'étranger ; voilà pourquoi leur application peut s'en faire sans blesser la Souveraineté. Quand il s'agit d'un jugement les choses sont bien différentes. Nous exceptons cependant les jugements sur l'état et la capacité qui, au même titre que les lois personnelles et pour les mêmes motifs, confèrent des qualités légales qui doivent valoir en tous lieux, ainsi que

nous l'avons fait voir dans notre Seconde Partie (1). Mais
un jugement ordinaire auquel on voudrait donner autorité
de la chose jugée devant un tribunal français serait un acte
positif de commandement de l'autorité étrangère envers nos
tribunaux ; il ne s'agirait plus d'appliquer aux actes inter-
venus à l'étranger la loi qui doit la régir, mais d'imposer
à la Souveraineté française *dans l'exercice de ses fonctions*
les actes accomplis par la Souveraineté étrangère dans les
mêmes fonctions ; l'empiétement serait manifeste.

237. Nous persistons donc à penser que les jugements
étrangers ne sauraient avoir, sans le consentement de la
Souveraineté étrangère, l'autorité de la chose jugée ailleurs
que sur le territoire où ils ont été rendus.

Mais si la question est controversée quant à l'autorité de
la chose jugée, il n'en est pas ainsi pour la force exécutoire.
Tout le monde convient que les jugements étrangers ne
pourraient, sans atteinte à la Souveraineté, recevoir *de plano*
exécution forcée dans un territoire soumis à un Souverain
autre que celui au nom duquel ils ont été rendus. Ici, en
effet, le commandement de l'autorité étrangère est trop manifeste, l'empiétement est trop évident pour qu'on puisse hésiter un seul instant.

Il y a quelques remarques à faire sur cet accord unanime
sur ce point, remarques qui intéressent l'exposé qui précède et notre doctrine sur l'autorité de la chose jugée.

On se rappelle l'argument qui, rapprochant les jugements
et les lois sous le titre commun d'actes de Souveraineté,
veut leur assigner le même traitement. Or est-ce que la formule exécutoire ou son équivalent dans les divers pays ne
constituent pas aussi des actes de Souveraineté, et ne faut-
il pas en vertu du même raisonnement leur donner effet en
tous lieux, puisque les lois ont cette force extraterritoriale ?

(1) V. suprà nᵒˢ 40-44.

Tout le monde repousse cette conséquence sans que personne songe à donner la raison de cette distinction entre l'autorité de la chose jugée et la force exécutoire, actes de Souveraineté toutes deux au même titre que les lois. Le motif de la distinction est d'autant plus difficile à indiquer que la force exécutoire présuppose l'autorité de la chose jugée qui en est inséparable. Donc double bizarrerie : le raisonnement en question serait vrai de l'autorité de la chose jugée seulement, et encore ne le serait-il pas si elle était liée à la force exécutoire. C'est donc que le raisonnement est mauvais. Il y a en effet une grande différence entre les actes du pouvoir judiciaire et ceux du pouvoir exécutif d'une part, et d'autre part les actes du pouvoir législatif, ou si l'on veut employer la terminologie que nous indiquions tout à l'heure, entre la *lex specialis* et la *lex generalis*. L'action de la Souveraineté est infiniment plus saisissante, plus prochaine, plus voisine de nous dans les actes qui rentrent parmi les *leges speciales* que dans les actes législatifs. Dans ces derniers, la Souveraineté n'intervient que par des formules générales, indépendantes encore de leur application aux hommes et aux faits. Lorsqu'il s'agit de les appliquer aux situations pratiques, les éléments spéciaux à chaque cas jouent un rôle important dans le problème juridique, et influent dans une mesure considérable sur la décision de l'autorité souveraine ; l'application de la loi peut être faussée par des circonstances de fait et de personnes qui lui sont étrangères. A ce point de vue, il nous semble que les expressions mêmes de *lex specialis* et de *lex generalis* que nous n'avons pas inventées et qui ont été imaginées par nos adversaires eux-mêmes, devaient avertir que toute assimilation complète entre les deux objets serait dangereuse et par certains côtés inacceptable.

238. Voilà la première observation que nous suggère l'opinion générale en matière d'exécution forcée et elle

nous paraît répondre d'une façon décisive à l'argument le plus spécieux qui nous ait été opposé.

La seconde observation n'a pas moins d'importance dialectique.

On distingue dans l'opinion que nous combattons, entre l'autorité de la chose jugée et la force exécutoire. Cette distinction, au point de vue rationnel et théorique, est rigoureusement exacte, et nous nous sommes efforcé de l'établir le plus clairement possible. Mais cette concession faite aux principes, il est impossible de méconnaître que dans les faits il est souvent difficile de les distinguer efficacement et utilement. C'est un point que nous avons déjà indiqué dans notre seconde partie (1) et sur lequel il convient d'insister ici. Il y a en effet nombre de cas dans lesquels l'autorité de la chose jugée suffira à faire produire au jugement toute son efficacité, où l'*exceptio rei judicatæ* sera suffisante pour faire obtenir à celui qui a triomphé toute l'utilité qu'il attendait du jugement. Prenons un exemple. Paul a réclamé en justice à Pierre la somme de 100 fr. ; un jugement de condamnation est prononcé contre Pierre au profit de Paul; puis Pierre devient créancier de Paul, son créancier, et l'actionne en justice pour avoir payement. Paul opposera en compensation la créance née à son profit du jugement de condamnation, et par ce moyen paralysera l'action de Pierre. En somme, l'autorité de la chose jugée lui a suffi en ce cas pour retirer du jugement obtenu par lui tout l'avantage qu'il pouvait en espérer, il a eu payement par la compensation tout comme il l'aurait eu par voie d'exécution forcée. Le résultat serait de tous points semblable si Paul, débouté par le jugement, avait essayé d'intenter à nouveau la même demande : l'*exceptio rei judicatæ* défendrait Pierre complètement. En matière réelle, il en serait de même. Celui qui, demandeur, a triomphé dans une

(1) V. suprà n° 95.

revendication et qui se trouve ensuite en possession, puise dans l'*exceptio rei judicatæ* que lui donne le jugement les moyens de rester en possession et en retire pratiquement le même avantage que s'il s'était fait mettre en possession en vertu du jugement, par voie d'exécution forcée. Ainsi donc en fait, en pratique, l'autorité de la chose jugée constitue une véritable exécution du jugement, et il n'y a aucune raison pour distinguer, quant à la valeur extraterritoriale, entre elle et la force exécutoire, sous peine de tomber dans des contradictions incompréhensibles. Il faut donc les soumettre l'une et l'autre au même régime, et comme on ne saurait accepter la force exécutoire *de plano*, il faut également décider que l'autorité de la chose jugée n'appartient pas en principe et de plein droit aux jugements étrangers.

239. La conclusion de ce qui précède, c'est que les jugements étrangers ne peuvent dans un pays donné produire les effets que la loi attribue aux jugements nationaux, c'est que l'application du principe de la territorialité des Souverainetés ne saurait être limitée par aucun autre principe. Mais nous n'avons envisagé la question qu'au point de vue théorique, il nous faut aussi rechercher si la solution que nous avons donnée ne doit pas être modifiée à raison des intérêts qui y sont engagés, si la pratique n'exige pas quelques concessions des principes.

249. A notre avis, ce nouvel aspect du problème que nous étudions ne présente pas moins d'importance que le précédent. Ce que nous recherchons en effet, c'est bien moins la solution abstraite des questions que nous avons posées, bien moins les conclusions que la raison seule donnerait pour un état de choses idéal et irréalisable, que la décision qui est le plus conforme au but du droit international, aux nécessités présentes de l'état général de l'humanité, celle qui offre le plus d'avantages au point de

vue du développement des hommes, des progrès de la civilisation. C'est là le côté théorique de notre étude, en ce sens que nous cherchons à présenter une théorie qui puisse servir de modèle aux législateurs futurs et leur fournisse les moyens de respecter tous les principes et de donner satisfaction à tous les intérêts. Mais il nous paraît stérile et oiseux de rechercher ce que devrait être le système à suivre dans un monde organisé suivant des principes purement naturels, ce que devrait être la loi, si l'humanité, au lieu d'être ce que nous la voyons, imparfaite, mais susceptible de progrès, était parvenue à cet état idéal et parfait où elle cesserait d'être l'humanité pour être une société d'êtres éminents et impeccables n'ayant pas d'intérêts privés, occupés seulement à cultiver le beau, à rechercher le vrai, à pratiquer le bien. Disons bien vite que dans cet état bienheureux, notre question ne se poserait pas; il n'y aurait ni frontières, ni magistrats, ni lois.

Laissons donc de côté ce prétendu problème rationnel. Prenons la société humaine dans son état actuel, avec ses nationalités diverses, ses Souverainetés distinctes, son état relatif d'indépendance, avec ses besoins, ses aspirations, ses *desiderata*, et faisons du droit, c'est-à-dire recherchons quelles sont les lois qui seraient les plus propres à assurer à l'homme sa conservation et son développement.

250. Or il nous paraît qu'à ce point de vue même la solution qui découle des principes ne reçoit aucune atteinte des nécessités pratiques, et se trouve au contraire confirmée par les avantages qu'elle présente et par les inconvénients graves que présenterait l'application du système inverse.

L'autorité de la chose jugée, nous l'avons vu, est une présomption légale, d'une force invincible, qui a pour base des motifs d'ordre social sur lesquels il n'y a pas à insister. Le respect de l'autorité publique d'une part, des droits privés d'autre part serait fortement compromis, si la sentence du juge ne disait pas le droit d'une façon irrévocable et irréfragable.

Cette présomption dont la nécessité s'imposait ainsi en principe est justifiée en fait aussi complètement que possible.

Lorsqu'un législateur attribue aux décisions des tribunaux cette valeur exceptionnelle, il est en droit de le faire, car il agit sachant ce qu'il fait et ce qu'il peut faire. Il a réglé l'organisation judiciaire; il a exigé des magistrats des garanties de capacité et d'intégrité, et il a assuré leur indépendance ; il a prescrit enfin des formes de procédure qui lui paraissent éminemment propres à assurer la recherche du vrai et à conduire à une justice exacte dans l'application des lois qu'il a faites. En un mot toutes les précautions que la sagesse humaine peut prendre en vue d'obtenir une bonne sentence se trouvent réunies ; et alors le législateur peut donner satisfaction au besoin social dont nous parlions à l'instant, en déclarant invincibles les jugements rendus dans les conditions qu'il a déterminées et dont l'excellence ne lui paraît pas douteuse ; il peut légitimement leur donner l'autorité de la chose jugée, attribuer à ces opinions humaines la force d'une vérité absolue : *res judicata pro veritate habetur.*

Nul ne saurait prétendre que la situation soit la même au regard des jugements étrangers. La loi nationale en somme ne connaît ni les principes qui président à l'organisation judiciaire étrangère, ni les garanties d'ordre intellectuel et moral que présentent les juges étrangers, ni les protections accordées aux droits par les lois de procédure étrangère. En fait, tel ou tel législateur saura bien à quoi s'en tenir sur ce point au moins à l'égard de quelques législations ; mais il ne le saura jamais à l'égard de toutes ; et surtout cette connaissance qu'il en a ne peut passer dans la loi. Donc accepter l'autorité de la chose jugée résultant des jugements étrangers, c'est d'abord illogique, c'est aussi dangereux parce qu'on reconnaît ainsi la force d'une présomption légale de bien jugé à une sentence qui peut avoir été rendue dans les conditions les plus déplorables et être une audacieuse violation des droits les plus sacrés et les plus certains, parce qu'on s'expose à donner effet à des jugements iniques. Or est-il besoin de demander si l'ordre social ne serait pas ébranlé par de pareils résultats ?

251. C'est là cependant un côté de la question qui a été trop peu aperçu et trop peu discuté. On a feint d'ignorer que l'admission *de plano* des jugements étrangers portait atteinte à l'ordre public, et cela à deux points de vue.

D'abord, ainsi que nous l'avons montré, elle viole la Souveraineté, et il n'est douteux pour personne que cette atteinte n'intéresse à un haut degré l'ordre public.

En second lieu, elle aurait pour conséquence la nécessité de laisser exécuter tous les jugements que l'on présenterait sans en vérifier le bien fondé. Ici encore il n'est douteux pour personne que le maintien de l'ordre social ne soit au plus haut point intéressé dans l'administration d'une bonne justice. C'est pour cela que le législateur national s'efforce de l'assurer par tous les moyens en son pouvoir. Quelle singulière inconséquence que de défendre l'ordre public contre la justice nationale et de le laisser sans protection contre la justice étrangère ! Quelle inconséquence, et aussi quel danger ! Car enfin un jugement inique, pour avoir été rendu par un juge étranger, n'en sera pas moins préjudiciable à l'ordre public.

252. Mais, objecte-t-on, ce raisonnement méconnaît une vérité incontestable et blesse injustement la légitime susceptibilité des peuples. Dans toutes les nations civilisées, le pouvoir judiciaire, dans son organisation comme dans son personnel, comme dans les règles de son fonctionnement, présente toutes les garanties désirables. C'est un outrage

immérité que de mettre en suspicion les décisions qui en émanent.

L'observation est juste en principe et pour les nations civilisées. Elle ne prétend pas cependant avoir une portée universelle, elle a trait aux nations civilisées ; mais et les autres nations ? Quel sera le sort des jugements qui en viendront ? Faudra-t-il les accepter aveuglément comme les précédents ? Personne n'oserait le conseiller. Faudra-t-il les repousser ? Cette solution plus prudente est aussi inacceptable, car enfin comment justifier autrement que par une volonté arbitraire cette distinction entre les nations civilisées et les nations non civilisées ? et surtout dans quels termes la faire ? Quels peuples rangera-t-on parmi les nations civilisées ? quels autres en exclura-t-on ? Il y aurait dans une semblable classification une offense aux peuples dits non civilisés, offense qui serait bien plus grave que celle qu'on nous reproche de faire aux nations civilisées en repoussant leurs jugements. Ce reproche même, nous le repousserons formellement lorsque nous montrerons dans la faculté de conclure des conventions internationales un instrument puissant de concorde entre les peuples.

253. On insiste encore en ce sens, et on prétend qu'une pareille pratique appellerait des représailles de la part des législateurs étrangers, et qu'il ne faut pas s'attendre à rencontrer pour soi chez les autres autre chose que la méfiance trouvée chez soi par les autres. De là naîtraient des conséquences graves, une situation respective des peuples fondée uniquement sur un esprit d'hostilité et de défiance, l'abandon des pratiques les plus inoffensives de la courtoisie internationale, l'isolement pour chaque peuple qui adopterait ces principes, le ralentissement des relations entre les nations, le progrès entravé, la civilisation retardée, l'humanité retournant à l'état sauvage, aux luttes farouches et cruelles des premiers jours.

Voilà de bien grosses conséquences pour un jugement auquel on aura refusé l'autorité de la chose jugée. Il est permis d'y trouver un peu d'exagération et de penser que l'humanité ne remontera pas à son berceau devant ce fait; comme les fleuves, le courant humain ne revient pas à sa source, sa marche peut se ralentir, elle ne s'arrête jamais.

Au moins est-il juste de reconnaître qu'il y a une part de vérité dans l'objection que nous examinons ; — que la pratique que nous conseillons sera préjudiciable au développement de relations internationales ; — qu'à ce titre, elle pourra nuire au pays même qui l'adoptera. Toutefois ceci reconnu sans hésitation, nous n'y voyons pas un motif suffisant de renoncer à notre doctrine. L'inconvénient n'est pas d'une importance bien démontrée, et il est peu croyable que les lois économiques cessent de recevoir leur applicacation à cause de cette pratique et que si, d'après ces lois les relations commerciales doivent exister, elles cesseront absolument d'exister à cause de l'application de notre théorie. Mais aussi il faut se demander si cet inconvénient est plus grave que celui qui résulterait de l'abandon des principes, plus dangereux que ne le serait une pratique contraire. Ce qu'on vient de voir nous paraît répondre énergiquement par la négative. Notre solution aura ses inconvénients ; quelle institution humaine n'a pas son côté défectueux ? Il nous suffit de constater que ces inconvénients sont encore moindres que ceux qui seraient attachés à toute décision différente. Nous verrons d'ailleurs qu'il y a un remède pratique aux maux signalés : les conventions diplomatiques.

254. De plus, nous dit-on, votre décision atteindra des innocents dans les droits qu'ils auront légitimement acquis. Le plaideur qui a obtenu un jugement d'un tribunal étranger sera, par l'application de ces principes, privé du titre qu'il s'était fait donner. Il en sera dépouillé sans qu'il y ait de

sa faute, car il s'est adressé aux juges compétents (il est d'évidence que si le juge était incompétent, nul n'accepterait le jugement), il a usé de la seule ressource qui lui fût offerte pour la conservation de ses droits. Il y aurait une iniquité flagrante à le frustrer du fruit de sa vigilance, à le frapper pour avoir fait ce qu'il avait le droit de faire.

Il est bien possible qu'en fait on blesse quelque peu, en adoptant notre système, des droits légitimes, des intérêts respectables. Cependant ici encore il faut voir si la solution contraire ne serait pas plus grave à ce point de vue. Il faut se préoccuper non seulement de celui qui a triomphé, mais aussi, mais surtout de celui qui a succombé ; il faut être assuré que la sentence qui le condamne est équitable, et s'il est grave de porter atteinte aux droits du demandeur, n'est-il pas encore plus grave de négliger ceux du défendeur?

Et qu'on ne prétende pas trouver là une prime à la mauvaise foi de ce défendeur, un moyen commode d'éluder une condamnation. L'objection n'est pas sérieuse. Imagine-t-on un débiteur dont la mauvaise foi soit intense et assez aveugle pour préférer l'expatriation à l'exécution d'un jugement? Cela serait, à la rigueur extrême, concevable s'il suffisait en effet de passer la frontière pour échapper aux conséquences d'un jugement? mais on sait qu'il n'en est rien et les précisions que nous apporterons tout à l'heure aux formules absolues que nous posons en ce moment feront bien voir qu'un débiteur équitablement condamné n'a pas d'intérêt à se réfugier en pays étranger où le créancier parviendra toujours à l'atteindre et à le faire condamner.

255. On a encore invoqué un argument auquel nos adversaires attachent visiblement une grande importance.

Il est certain, dit-on, que les législations des divers peuples de la terre tendent vers l'unité. Ce résultat est presque entièrement réalisé déjà pour les lois commerciales, et à coup sûr, dans cet ordre de lois, il est chimérique de redouter des sentences iniques, des violations de l'ordre public. Il ne serait que logique et juste d'admettre *de plano* les jugements rendus en matières commerciales. — Pour les lois civiles, l'unité, sans être complètement obtenue encore, est de jour en jour plus prochaine. Grâce à l'extension des relations internationales, à l'effacement des caractères arbitraires des nationalités, les peuples tendent à avoir les mêmes besoins, les mêmes aspirations, et leurs lois reflètent cette tendance en se rapprochant constamment d'un type unique. Déjà l'accord est fait en nombre de points essentiels ; déjà il est permis d'avoir confiance dans les solutions données par les lois étrangères, et dans les jugements qui appliquent ces solutions. Bien plus, il convient dans l'intérêt même de la civilisation de favoriser le plus possible ce mouvement fécond en résultats heureux.

Il y a plus d'une réponse à faire à ce raisonnement.

D'abord il est prématuré. La conclusion qu'il déduit ne serait acceptable que si les prémisses étaient vérifiées. Or il nous paraît superflu de démontrer qu'elles ne le sont pas. Il suffit de comparer sur un point quelconque du droit les lois des divers peuples ; les différences abondent. Ce qui est vrai des lois l'est aussi du génie propre de chaque nation, de ses idées, de ses préjugés. L'argument vient trop tôt, il convient d'attendre encore.

D'ailleurs, en admettant même qu'il soit fondé en fait, il néglige plusieurs des éléments de l'autorité de la chose jugée. Il ne s'occupe que des solutions de la loi sur le point de droit. Or nous savons que l'autorité de la chose jugée est aussi fondée sur l'organisation judiciaire, les garanties de tout ordre offertes par les magistrats. (Nous n'ajoutons pas : les lois de procédure, celles-ci suivant le mouvement des lois civiles.) Il faudra donc attendre que sur tous ces points les différences aient disparu, pour pouvoir prétendre que l'admission des jugements étrangers ne présente aucun danger au point de vue de l'ordre social.

Encore cela ne serait-il pas suffisant. Nous avons vu en effet que l'ordre public est intéressé à la fois quant à l'administration de la justice et quant aux droits de la Souveraineté. Or si l'argument en question vise le premier point de vue, il reste totalement étranger au second.

256. Restent les arguments tirés de l'esprit et des tendances du droit international.

Voyez, s'écrie-t-on, l'admirable mouvement des idées et des sentiments qui entraîne tous les esprits dans une voie de libéralisme. Les antiques distinctions du national et de l'étranger, restes d'un état de violence et de guerre aujourd'hui disparu, s'effacent progressivement. Les barrières s'abaissent aux frontières, et les peuples se confondent dans une fraternité qui s'appuie sur la liberté et sur l'égalité réciproques et qui forme la loi suprême de l'humanité. Or il faut que tout concoure à ce mouvement fécond et d'ailleurs irrésistible ; il faut détruire tous les vestiges de l'ancien système de défiance, il faut reconnaître dans les autres peuples des frères égaux en droits et favoriser le plus largement possible la diffusion des idées libérales qui servent de base à la paix universelle.

Ici nous nous abstiendrons de réfuter. Nous avons discuté tant que l'on a opposé des arguments juridiques. Dès qu'on entre dans la phraséologie d'une sentimentalité cosmopolite, nous nous récusons, car nous essayons de faire œuvre de jurisconsulte et point de rhéteur.

A dire vrai, il ne nous serait pas bien difficile de démontrer combien les respectables hommes de science qu'anime cet enthousiasme s'exagèrent l'importance du mouvement auquel ils sont mêlés ; combien la masse des esprits et la pratique des gouvernements sont peu accessibles à ces généreuses utopies. L'état actuel de l'Europe ne dément-il pas avec force cette fraternité des peuples dont on annonce l'avènement et qui semble une ironie amère quand on écoute les bruits de guerre qui viennent de partout ? Nous pourrions même, attaquant l'idée de front, faire ressortir que cette fraternité internationale n'est ni possible, ni même désirable ; — qu'elle n'est pas possible parce qu'elle a à vaincre des dissemblances trop profondes dans les caractères, les tempéraments et les climats, parce qu'elle ne pourrait régner qu'au jour où tous les hommes auraient renoncé aux innombrables sujets de discorde qui les divisent et que ce jour n'est pas proche ; — qu'elle n'est même pas désirable parce qu'en éteignant le sentiment national, le chauvinisme, si l'on veut, elle enlèverait à l'activité humaine un ressort puissant encore, quoi qu'on dise, et l'une des passions les plus pures qui puissent agiter l'âme d'un homme. Enfin il serait aisé de faire voir que ces théories, fort innocentes quand elles sont maniées dans la science par les hommes respectés que chacun vénère, changent totalement d'aspect aux mains de sectaires anarchiques qui rêvent on ne sait trop quelle république universelle (le savent-ils eux-mêmes ?), à laquelle ils ne semblent juqu'à présent vouloir donner d'autres bases que le meurtre et l'incendie.

257. Cette démonstration n'est pas de notre ressort et nous ne la tenterons pas. Nous pensons que nous n'avons à faire ici que du droit. Or le droit, qui entre les particuliers n'est pas autre chose que la conciliation du juste et de l'utile dans la mesure qui convient le mieux à la conservation et au développement de l'homme, ne saurait être essentiellement différent dans son application aux relations internationales. Il s'agit donc de rechercher quelle est la part qu'il convient de faire aux principes et aux motifs d'utilité pour favoriser le plus largement possible les progrès de la civilisation et le développement de l'humanité. Nous venons de voir ce que

sont les principes : chaque Souveraineté a le droit de refuser tout effet aux actes qui émanent d'une autre Souveraineté. Il reste maintenant à déterminer quelle sera l'influence des raisons d'utilité.

258. Nous avons vu à quel haut point les droits de la Souveraineté se trouvaient engagés dans la question de l'effet des jugements étrangers ; qu'il y allait de son indépendance, de sa dignité, de sa justice. Mais il ne faut pas oublier que si la Souveraineté a des droits, elle a aussi des devoirs ; à vrai dire, elle n'a ceux-là qu'à cause de ceux-ci, pour en assurer l'accomplissement. Or le devoir essentiel du Souverain, quel qu'il soit et quelle que soit son origine, consiste dans la conservation et le développement de la société humaine à laquelle il commande. Là est le but et la raison d'être de son institution, là doit être par conséquent la règle de ses actions, la mesure de ses droits. S'il faut lui reconnaître l'indépendance, c'est parce que la servitude serait contraire à la réalisation de sa mission sociale. Mais cette indépendance n'est pas telle qu'elle ne puisse faire des concessions à la règle supérieure qui a trait au but de la société. Instituée pour le développement de la société humaine, cette indépendance doit cesser lorsque ce développement exige qu'elle cède.

Tel est incontestablement le cas de l'exécution des jugements étrangers. Nous avons reconnu de bonne grâce que l'application logique et stricte du principe que toute Souveraineté est territoriale, avait pour conséquence d'isoler chaque peuple de ses voisins, d'appeler des représailles, de nuire aux relations internationales. C'est donc constater que ce principe dans sa rigueur est contraire au développement de la société humaine, lorsqu'il aboutit à ces conséquences extrêmes. Et aussitôt apparaît la nécessité d'en limiter l'application, en reconnaissant à la Souveraineté la faculté de renoncer à ses droits absolus et d'autoriser l'exécution sur son territoire des actes émanés d'une autorité étrangère.

La Souveraineté pourra donc accorder cette autorisation. En le faisant elle donnera satisfaction aux intérêts privés, elle fera acte de courtoisie envers les Souverains étrangers et méritera une bienveillance égale, de même que par sa rigueur elle aurait provoqué une réciprocité désavantageuse.

Mais toute difficulté n'a pas disparu, et cette autorisation même en soulève de nouvelles. En quelle forme sera-t-elle donnée? Par qui sera-t-elle donnée? Sous quelles conditions?

259. Cette autorisation peut résulter soit d'une déclaration de volonté unilatérale, d'une loi, soit d'un accord convenu avec une nation étrangère, d'un traité diplomatique.

Le second procédé nous paraît de beaucoup préférable au premier.

Une disposition de loi est, de sa nature, générale dans ses termes ; elle est faite pour s'appliquer sans acception de personnes et de circonstances aux faits qu'elle prévoit, et par conséquent le consentement que la loi nationale donnerait à l'exécution des jugements étrangers offrirait les mêmes inconvénients que nous avons reconnus à la théorie qui nie la nécessité de ce consentement. La loi nationale en faisant ainsi agirait en aveugle, elle accepterait sans connaissance de cause les jugements étrangers, sans distinguer entre ceux qui présentent des garanties de bonne justice et ceux qui n'en offrent aucune. Voulût-elle même distinguer, elle ne le pourrait pas. Comment en effet classer les peuples en nations civilisées dont les jugements peuvent être acceptés, et nations non civilisées dont les jugements doivent être repoussés? L'opération présenterait autant de difficultés que de danger et d'inconvenance.

La conséquence logique de cet inconvénient sera que la disposition législative devra se montrer très sévère quant aux conditions sous lesquelles elle donnera son consentement ; car ce ne serait pas assez pour sauvegarder les intérêts en jeu de se contenter de la réciprocité et des conditions générales de validité et d'ordre public ; il faudrait, nous le dirons tout à l'heure, permettre la revision au fond ; en sorte que la loi reprendrait d'une main ce qu'elle donnerait de l'autre.

Bien plus raisonnable est la voie des traités diplomatiques. Ici chaque peuple sait ce qu'il fait ; on ne pose pas un principe absolu, applicable en général à toutes les situations ; on suit un procédé plus sage et plus rationnel. La Souveraineté qui veut abandonner une partie de ses droits ne le fait qu'à bon escient, qu'après s'être assurée que cet abandon est justifié, que les jugements qui viendront du pays avec lequel elle traite présenteront toutes les garanties désirables de bonne justice, qu'après avoir vérifié que l'organisation des tribunaux est régulière, que le personnel judiciaire est à la hauteur de sa mission, que les lois de procédure ne sacrifient aucun droit. Ces constatations faites avec succès, il devient possible de se montrer largement libéral envers ceux qu'on sait mériter cette bienveillance ; on peut écarter la faculté de revision, et réduire au strict nécessaire les précautions qui sont prises encore pour assurer le respect de la Souveraineté et l'observation des règles essentielles de la justice.

D'ailleurs la situation que crée un traité entre les nations qui l'ont conclu est infiniment plus stable que toutes celles qui peuvent résulter de la loi. Par le traité, chaque Souveraineté a assuré pour ses jugements en pays étranger un traitement égal à celui qu'elle consent à accorder sur son territoire aux jugements de l'autre Souveraineté. Cette réciprocité est bien le but poursuivi par la disposition législative qui la consacre unilatéralement ; mais cela ne veut pas dire qu'elle sera nécessairement accordée, le législateur étranger pouvant parfaitement accepter le bienfait que lui concède la loi nationale, et ne rien donner en échange. Grâce aux traités, les peuples ne sont pas dupes de leurs voisins

auxquels ils n'accordent que juste ce qu'ils en reçoivent ;
ils sont même à l'abri des entraînements d'un libéralisme
généreux, mais imprudent. L'étranger eût-il même payé de
retour la bienveillance dont il est l'objet, chacun des deux
peuples reste encore libre de modifier sa législation, d'y biffer le texte qui autorise l'exécution des jugements étrangers.
S'il y a une convention diplomatique, aucun danger pareil
n'est à craindre ; les deux pays sont liés l'un envers l'autre,
et cet engagement est à l'abri de tous les changements que
peut subir la législation de chacun d'eux.

260. Il est donc de beaucoup préférable de conclure des
raités ; ils jouent entre les peuples le rôle que les conventions particulières jouent entre les hommes. Tout homme
a des droits que les autres hommes ne peuvent violer ; mais
il peut faire abandon d'une partie de ses droits en vue d'un
intérêt de justice et d'utilité.

Cet abandon, quel homme le fait spontanément, unilatéralement, dans un pur intérêt de bienveillance ? Aucun, parce
que l'homme ne consent à abdiquer son droit qu'en échange
d'un avantage qu'il acquiert, et l'homme se connaît assez
pour savoir qu'il ne peut obtenir l'avantage qu'il recherche qu'en faisant lui-même une concession, pour savoir que
qui ne donne rien n'a rien. Aussi prend-il bien soin d'avoir
recours à des conventions, qui seules peuvent lui assurer
ce dont il a besoin, car il est douteux que le désintéressement et la générosité provoquent dans l'humanité des imitations bien fréquentes, et ce ne seraient que des bienfaits
perdus. Eh bien ! il en est de l'humanité comme des individus. On ne peut se dissimuler que la loi des peuples est de
vivre en une certaine société, tout comme les hommes en
particulier ; on ne peut non plus nier que l'esprit qui anime
chaque homme dans ses relations individuelles avec ses
semblables, est le même qui préside aux relations des peuples entre eux, on ne peut attendre de la réunion des hommes

mieux ou autrement que de l'homme isolé. Donnant donnant, telle est la règle qui préside au commerce des peuples, il est évident que son application ne peut se faire que par des traités.

261. Mais, comme il n'y a pas encore de traités conclus sur cette matière entre tous les peuples, qu'il n'y en aura jamais assez pour réunir toute l'humanité dans une même convention, il faut se demander non seulement sur quel pied devront se négocier les traités, mais aussi quelles devront être les prescriptions de la loi faite pour les cas non régis par les traités.

262. Nous venons de présenter les traités comme le moyen pratique de corriger les inconvénients que présenterait l'application rigoureuse des principes. Ils sauvegardent les droits de la Souveraineté, puisque c'est elle qui volontairement en stipule les clauses. Ils donnent une large satisfaction aux intérêts en jeu, en faisant acte de courtoisie internationale en créant une entente entre les peuples sur un point important, en établissant la sécurité des relations entre nationaux de divers pays par la certitude que les décisions judiciaires recevront effet sur les différents territoires, en favorisant à tous ces points de vue le développement des rapports de peuple à peuple et en aidant ainsi aux progrès de la civilisation. Voilà comment nous répondons aux reproches que nous avons rencontrés dans l'exposé de notre solution théorique et qui tendaient à montrer notre doctrine comme entravant le progrès général ; nous croyons que cette réponse est de nature à satisfaire les plus difficiles.

Elle n'implique pas pourtant que la Souveraineté nationale ait, en signant le traité, abdiqué tous ses droits et que les jugements du pays étranger seront exécutoires *de plano*. La Souveraineté continuera à intervenir pour revêtir d'un *exequatur* la sentence étrangère. Il faut en effet un ordre exprès de la Souveraineté territoriale pour que les fonctionnaires et même les particuliers obéissent à un acte d'une Souveraineté étrangère. Seulement comme les stipulants auront avant le traité acquis la certitude que la sentence présentera toutes les garanties désirables de bonne justice, le jugement étranger sera de ce chef inattaquable ; il sera tenu pour bon et bien rendu et les plaideurs ne pourront pas recommencer le procès. Toutefois, si nul moyen n'est en principe admis contre un tel jugement, il faut ajouter immédiatement que le débiteur condamné pourrait invoquer soit le défaut de validité, car on ne saurait appliquer le traité à un acte informe qui n'est pas un jugement, soit la violation de l'ordre public, car aucun traité ne peut déroger aux principes qui intéressent essentiellement l'ordre social. Sur ce dernier point cependant, il y a une réserve à faire. C'est la loi qui attache à telle ou telle disposition le caractère d'ordre public ; et par suite elle peut apporter des dérogations à ces règles d'ordre public qu'elle a établies elle-même, et si une loi venait ratifier un traité qui porterait atteinte aux principes d'ordre public, les stipulations de ce traité devraient être exécutées en vertu de la loi qui les valide.

263. Encore un point. Certaines conventions diplomatiques récentes, d'ailleurs étrangères à notre sujet, réservent aux États contractants la faculté de rompre l'accord et de se retirer quand il leur plaira. Une semblable stipulation, faisant perdre au traité son caractère de convention obligatoire, supprimerait une grande partie des avantages que nous avons trouvés dans la conclusion des conventions internationales. Aussi ne devrait-elle pas être admise dans les traités qu'il s'agirait de faire sur notre sujet. Mais il ne serait que prudent de réserver à chacun des États contractants le droit de rompre le traité, si l'autre pays modifiait son organisation judiciaire, ou d'une façon générale por-

tait atteinte à l'état de choses qui avait mérité la confiance du premier État et avait provoqué la conclusion du traité.

264. En résumé donc, voici sur quelles bases seront conclus les traités internationaux en notre matière : réciprocité, *exequatur*, respect de la décision au fond, vérification des conditions de validité et des principes, au moins en thèse générale, d'ordre public. Ces stipulations d'ailleurs devraient, conformément à ce que nous avons dit plus haut, s'appliquer également à l'autorité de la chose jugée et à la force exécutoire.

265. Quelle devra être la loi applicable à défaut de traités ? Nous retrouvons ici la controverse que nous examinions au début de cette quatrième partie. Certains veulent qu'elle consacre l'autorité de la chose jugée *de plano*. Nous ne recommencerons pas à démontrer que cette autorité de chose jugée doit être, comme tout acte de Souveraineté, soumise à la condition que l'on impose à la force exécutoire, savoir l'*exequatur* de la Souveraineté étrangère sur le territoire de laquelle on veut donner cet effet au jugement.

Pour la force exécutoire, tous s'accordent à reconnaître que l'*exequatur* du Souverain territorial est nécessaire pour permettre l'exécution matérielle du jugement. L'unanimité cesse lorsqu'on veut déterminer à quelles conditions l'*exequatur* sera donné. Dans une opinion considérable par le nombre et l'autorité de ses défenseurs, l'*exequatur* devrait être donné après simple vérification des conditions de validité du jugement et des principes d'ordre public. Dans notre pensée, l'autorité à laquelle on demandera de permettre l'exécution d'une sentence étrangère devrait avoir le droit d'entrer dans l'appréciation du fond même du jugement, de s'assurer qu'il a été bien rendu, étant donnés les faits et la loi qui leur est applicable ; en conséquence elle pourrait refuser l'*exequatur* non seulement pour défaut de validité ou violation de l'ordre public, mais aussi pour mal jugé. Nous avons déjà, dans notre Seconde Partie, exposé cette controverse qui se place sous l'interprétation des art. 2123 C. C. et 546 C. P. C.; nous renvoyons donc à cette Seconde Partie pour l'ensemble de la question, nous contentant d'insister seulement ici sur les points essentiels.

266. Sur quoi se fonde la nécessité d'un *exequatur*? D'après ce que nous avons dit, à la fois sur les droits du Souverain, en théorie, et sur le doute que la justice étrangère soit bonne, au point de vue pratique. Donc l'*exequatur* doit être donné dans des conditions telles qu'il assure le respect des droits du Souverain et qu'il constate le bien jugé des tribunaux étrangers. Or il est aisé de montrer que l'*exequatur* que proposent certains auteurs ne satisfait ni à l'une ni à l'autre de ces exigences.

Il ne sauvegarde pas les droits du Souverain, car un simple *visa*, qui n'est qu'une formalité, ne saurait constituer une intervention suffisante du Souverain territorial, en dehors des stipulations des traités. Assurément le Souverain qui traite peut borner son intervention à cette forme d'un *pareatis*, parce qu'à l'avance il est convaincu que cela peut suffire et que d'ailleurs le Souverain étranger lui rendra la pareille. Mais lorsqu'il fait une loi, le Souverain irait vraiment trop loin dans la voie de la bienveillance s'il se dépouillait aussi complètement de ses prérogatives sans avoir pris ses précautions, sans s'être assuré d'une bienveillance égale.

De même et encore plus clairement, l'*exequatur* sous les seules conditions de validité et d'ordre public néglige entièrement le second intérêt qu'il a mission de protéger, il pourrait assurer le plein effet de jugements qui, valables en la forme et respectueux de l'ordre public, consacreraient dans le fond des iniquités flagrantes.

Le seul moyen de réaliser le double but que poursuit la nécessité de l'*exequatur*, c'est de reconnaître à l'autorité chargée de le donner, la faculté de reviser au fond le jugement qui lui est soumis.

Nous avons dit *reviser au fond;* rappelons que dans notre système, ce n'est pas un nouveau procès qui s'engage, mais une véritable instance en *exequatur*, instance dans laquelle tous les moyens de fond et de forme peuvent être plaidés, mais où la seule question que l'on puisse soumettre au juge et qu'il puisse résoudre est celle-ci : Le jugement étranger peut-il être exécuté ? Nous avons montré dans notre Seconde Partie quelles sont les conséquences fécondes de cette précision essentielle, nous avons indiqué aussi quelle était sa portée exacte. Il est à peine besoin d'ajouter qu'elle respecte les droits de la Souveraineté étrangère que nos adversaires déclarent offensés, car elle donne exécution au jugement étranger et ne fait pas rejuger l'affaire par les tribunaux nationaux.

267. Il est donc nécessaire que la Souveraineté territoriale intervienne spécialement pour l'exécution de chaque acte judiciaire étranger ; qu'elle le fasse par un *exequatur,* soit qu'il y ait un traité, soit qu'il n'y en ait pas, mais au premier cas sans revision du fond, au second cas avec revision. Il reste à se demander quel est l'organe de la Souveraineté qui devra être chargé de délivrer cet *exequatur.*

Ici il n'est pas sans intérêt, comme nous le faisions pressentir au début de cette Quatrième Partie (1), de savoir ce qu'il faut penser de la théorie de trois pouvoirs. Il ne s'agit pas évidemment de discuter ici une doctrine que l'on a appuyée avec quelque imprudence sur l'imposante autorité de Montesquieu. Mais il faut remarquer que

(1) V. suprà, n° 231.

si le pouvoir judiciaire est un attribut de la Souveraineté distinct du pouvoir exécutif, comme c'est, dans la Souveraineté, ce pouvoir judiciaire qui se trouverait atteint par l'exécution des actes judiciaires étrangers, logiquement c'est à lui seul que devrait appartenir le droit d'autoriser cette exécution, s'il le jugeait convenable; l'*exequatur* devrait toujours être donné par un juge. D'ailleurs la faculté de conclure des traités ne serait pas dans cette manière de voir opposée à la théorie elle-même, à cause des relations qui existent entre les différents pouvoirs et qui obligent par exemple le pouvoir exécutif à exécuter et le pouvoir judiciaire à appliquer les lois qui sont l'œuvre du pouvoir législatif. Les conventions diplomatiques conclues par le pouvoir exécutif serait légitimement obligatoires pour le pouvoir judiciaire.

La solution est logique et incontestable dans la théorie des trois pouvoirs. Elle pourrait souffrir quelques difficultés dans la doctrine opposée. Ici en effet l'autorité judiciaire n'est qu'une branche du pouvoir exécutif; c'est donc ce dernier pouvoir qui se trouverait blessé par l'exécution du jugement étranger, c'est lui qui devrait donner l'*exequatur*. Or ce pouvoir exécutif comprend selon quelques-uns trois autorités : le gouvernement, l'administration, la justice, et selon d'autres deux seulement: l'administration et la justice ; en tous cas, l'autorité judiciaire se trouve en lui distincte de l'autorité administrative. Eh bien, il n'est pas parfaitement sûr que l'acte par lequel le Souverain territorial autorise l'exécution d'un jugement étranger, par lequel il ordonne à tous ceux auxquels il commande d'en respecter les décisions et de les ramener à exécution, soit un acte du pouvoir judiciaire ; et l'on peut être fortement tenté d'y voir un acte rentrant plutôt dans l'autorité administrative, d'autant plus que, comme nous l'avons déjà dit plusieurs fois (1), il est très difficile de séparer l'autorité

(1) V. suprà n°ˢ 95 et 238.

de la chose jugée de la force exécutoire, d'une part, parce qu'elle produit souvent le même résultat pratique, et d'autre part, parce qu'il ne saurait y avoir reconnaissance de la force exécutoire sans reconnaissance préalable de l'autorité de la chose jugée. Cela est si vrai que dans plusieurs pays, en Danemark, par exemple, l'exécution des jugements nationaux est assurée par des fontionnaires distincts des juges, et que la formule exécutoire ne leur est pas délivrée par les tribunaux qui les ont rendus.

Nous croyons cependant que, même dans cette doctrine, il est préférable de donner compétence pour l'*exequatur* à l'autorité judiciaire. En droit d'abord, reconnaître l'autorité de la chose jugée à une sentence étrangère, permettre à un particulier d'accomplir tels ou tels actes en vertu de ce jugement, n'est-ce pas encore dire le droit, n'est-ce pas un acte de juridiction, n'est-ce pas de l'office du juge ? En fait, il y a des avantages évidents à laisser aux juges le soin de donner l'*exequatur*. Et d'abord la question se présentera souvent incidemment, au cours d'un procès, cela surtout pour l'autorité de la chose jugée. Ce serait une source nouvelle de frais et de lenteurs, s'il fallait interrompre l'instance engagée pour aller demander à une autorité administrative l'*exequatur* nécessaire à la continuation du procès. Enfin il s'agit de matières judiciaires, il peut être nécessaire d'examiner le bien jugé au fond, en tous cas il faut vérifier des conditions de validité et d'ordre public ; il est indéniable que cette mission est essentiellement celle d'un juge.

268. Nous avons raisonné jusqu'ici sans tenir compte d'un élément qui avait une importance considérable dans l'ancien droit français et qui est encore la base essentielle d'une législation de l'Europe : la nationalité de celui qui a été condamné à l'étranger. A notre avis, cette considération ne doit aucunement influer sur la solution théorique. Si

l'on interroge en effet les motifs sur lesquels repose notre solution, on se convaincra qu'ils sont indépendants de la nationalité des plaideurs et se réfèrent seulement à la nationalité du juge. Les droits du Souverain, les exigences de la justice, voilà ces motifs. Or ils sont applicables dans tous les cas et ne comportent aucune recherche de la nationalité du condamné. Que ce soit un national, que ce soit un étranger, dans tous les cas, les droits de la Souveraineté veulent être respectés, les lois de la justice veulent être appliquées. Il est donc permis ici d'user de libéralisme, de répudier l'antique système de faveur pour le régnicole, de défaveur pour l'aubain, d'assurer à tous ce à quoi tous ont droit, une justice égale et équitable.

269. Nous venons d'examiner ainsi la question capitale de notre sujet, savoir quel effet on doit attribuer aux jugements étrangers. Nous avons eu l'occasion de dire que c'était la seule chose dont notre législateur se soit occupé ; il l'a fait en termes qui peuvent paraître douteux ; mais enfin il l'a fait. Or on a pu se convaincre, en lisant notre Seconde Partie, que la matière soulève des difficultés innombrables. En l'absence de textes précis sur chacune d'elles, nous avons dû recourir aux principes rationnels pour donner une solution. C'est dire que nous considérons notre tâche comme terminée ici, après avoir formulé les principes théoriques applicables au seul point que le législateur ait touché. Pour tout le reste, nous ne pouvons que renvoyer à ce que nous avons dit dans notre Seconde Partie ; nous ne saurions que répéter ici les mêmes choses.

270. On peut dire que la matière que nous venons de traiter est en ce moment à l'ordre du jour dans les préoccupations des jurisconsultes et même des Gouvernements. Elle était inscrite sur le programme des délibérations du

Congrès des juriconsultes tenu à Lima en 1877 (1) et du second Congrès tenu dans la même ville en 1878 (2). Déjà le Congrès international de l'Association pour la réforme et la codification du Droit des Gens tenant sa quatrième session à Brême, du 23 au 29 septembre 1876, avait posé la question, qui fut étudiée et résolue à la session d'Anvers du 30 août au 3 septembre 1877, à la suite d'un mémoire de M. Alexander (3). Il en fut de même à la réunion de l'Institut de Droit International à la session tenue à Paris en 1878, où M. Clunet fut rapporteur (4). Nous avons constaté aussi que plusieurs des Codes récents ont prévu et réglé avec soin la question qui nous occupe. Enfin, dans le courant du mois de février de l'année 1877 le Gouvernement hollandais prit l'initiative de demander aux autres Gouvernements la réunion d'une grande commission internationale appelée à fixer les règles de la compétence internationale et de l'exécution des jugements, et dont les solutions auraient été soumises à l'agrément des divers législateurs (5). La proposition, vivement attaquée au sein des États Généraux Néerlandais (6), fut très froidement accueillie à l'étranger et essuya en somme un échec complet (7). On ne peut que déplorer l'insuccès d'une tentative qui honore ceux qui l'ont faite. Mais il démontre combien certaines idées de la science contemporaine ont peu de chances de devenir bientôt des doctrines pratiques, combien les peuples sont encore attachés à leurs législations nationales, législations qui, à peu

---

(1) V. le compte rendu par M. Pradier-Fodéré dans le *Bulletin de la Société de Législation comparée*, 1878, p. 371.

(2) V. le compte rendu par M. Daireaux dans le même *Bulletin*, 1879, p. 425.

(3) V. les comptes rendus des deux sessions dans le *Journal*, 1876, p. 418, et 1877, p. 580.

(4) V. les discussions qui eurent lieu et la solution qui fut adoptée, dans le *Journal*, 1879, p. 102, et dans les *Annales de l'Institut de Droit international*, 1879-80, t. I, p. 86.

(5) V. *Annuaire de l'Institut de Droit international*, 1877, p. 198.

(6) V. *Bulletin de la Législation comparée*, 1878-79, p. 155.

(7) V. le *Journal*, 1879, p. 373.

d'exceptions près, ne poussent pas le libéralisme très loin ;
combien dans cet état des lois et des esprits, il est nécessaire d'en revenir à la solution que nous avons proposée
et de réclamer des traités sur la matière, sans avoir l'imprudence d'écrire ou de lire dans la loi l'exécution sans
revision.

TABLE DES MATIÈRES

5015 — Tours, imp. Rouillé-Ladevèze, rue Chaude, 6.